2023

경비업법

법령집

강경수, 권순재 공편

- 경비업법·시행령·시행규칙 개정사항
- 경비업법·시행령·시행규칙 개정이유
- 경비업 허가 신청사항

도서출판 진영사

2023 경비업법 법령집

강경수, 권순재 공편

2023년 8월 23일 초판 인쇄
2023년 8월 25일 초판 발행

발행인: 박진영
발행처: 도서출판 진영사
인천광역시 부평구 주부토로 236 인천테크노밸리 U1 지식산업센터 B동 1507호
전화 : 032)505-4207
팩스 : 032)505-4206
E-mail : 0183734207@hanmail.net
신고번호 : 제2007-000001호(2007.01.19.)

ISBN: 978-89-6541-621-0 93360
값: 15,000원

목 차

1. 경비업법 개정 연혁 ··· 4

2. 법률, 시행령, 시행규칙 3단 비교 ··· 6

3. 경비업법 시행령 제정 · 개정문 (용역경비업법 포함) ··· 63

4. 경비업법 제정 · 개정이유 (용역경비업법 포함) ··· 93

5. 경비업법 시행령 제정 · 개정문(용역경비업법 포함) ··· 113

6. 경비업법 시행령 제정 · 개정이유(용역경비업법 포함) ··· 141

7. 경비업법 시행규칙 제정 · 개정문(용역경비업법 포함) ··· 163

8. 경비업법 시행규칙 제정 · 개정이유(용역경비업법 포함) ··· 226

경비업법 개정 연혁

1. 경비업법
[시행 2023. 5. 16.]
[법률 제19021호, 2022. 11. 15., 일부개정]

2. 경비업법
[시행 2022. 11. 15.]
[법률 제19021호, 2022. 11. 15., 일부개정]

3. 경비업법
[시행 2021. 7. 13.]
[법률 제17894호, 2021. 1. 12., 타법개정]

4. 경비업법
[시행 2021. 1. 12.]
[법률 제17894호, 2021. 1. 12., 타법개정]

5. 경비업법
[시행 2021. 1. 1.]
[법률 제17689호, 2020. 12. 22., 타법개정]

6. 경비업법
[시행 2019. 4. 16.]
[법률 제16316호, 2019. 4. 16., 일부개정]

7. 경비업법
[시행 2018. 4. 25.]
[법률 제14909호, 2017. 10. 24., 일부개정]

8. 경비업법
[시행 2017. 7. 26.]
[법률 제14839호, 2017. 7. 26., 타법개정]

9. 경비업법
[시행 2016. 1. 26.]
[법률 제13814호, 2016. 1. 26., 일부개정]

10. 경비업법
[시행 2016. 1. 6.]
[법률 제13719호, 2016. 1. 6., 타법개정]

11. 경비업법
[시행 2016. 1. 6.]
[법률 제13718호, 2016. 1. 6., 타법개정]

12. 경비업법
[시행 2015. 10. 21.]
[법률 제13397호, 2015. 7. 20., 일부개정]

13. 경비업법
[시행 2014. 12. 30.]
[법률 제12911호, 2014. 12. 30., 일부개정]

14. 경비업법
[시행 2014. 11. 19.]
[법률 제12844호, 2014. 11. 19., 타법개정]

15. 경비업법
[시행 2014. 6. 8.]
[법률 제11872호, 2013. 6. 7., 일부개정]

16. 경비업법
[시행 2013. 3. 23.]
[법률 제11690호, 2013. 3. 23., 타법개정]

17. 경비업법
[시행 2009. 4. 1.]
[법률 제9579호, 2009. 4. 1., 일부개정]

18. 경비업법
[시행 2008. 12. 26.]
[법률 제9192호, 2008. 12. 26., 일부개정]

19. 경비업법

[시행 2008. 2. 29.]
[법률 제8872호, 2008. 2. 29., 타법개정]

20. 경비업법

[시행 2008. 2. 29.]
[법률 제8852호, 2008. 2. 29., 타법개정]

21. 경비업법

[시행 2006. 2. 5.]
[법률 제7671호, 2005. 8. 4., 일부개정]

22. 경비업법

[시행 2005. 5. 31.]
[법률 제7544호, 2005. 5. 31., 일부개정]

23. 경비업법

[시행 2003. 12. 19.]
[법률 제6787호, 2002. 12. 18., 일부개정]

24. 경비업법

[시행 2001. 7. 8.]
[법률 제6467호, 2001. 4. 7., 전부개정]

25. 경비업법

[시행 1999. 10. 1.]
[법률 제5940호, 1999. 3. 31., 일부개정]

26. 용역경비업법

[시행 1998. 1. 1.]
[법률 제5453호, 1997. 12. 13., 타법개정]

27. 용역경비업법

[시행 1996. 7. 1.]
[법률 제5124호, 1995. 12. 30., 일부개정]

28. 용역경비업법

[시행 1991. 7. 31.]
[법률 제4369호, 1991. 5. 31., 타법개정]

29. 용역경비업법

[시행 1990. 1. 28.]
[법률 제4148호, 1989. 12. 27., 일부개정]

30. 용역경비업법

[시행 1984. 1. 31.] [법률 제3678호, 1983. 12. 30., 일부개정]

31. 용역경비업법

[시행 1981. 2. 14.]
[법률 제3372호, 1981. 2. 14., 일부개정]

32. 용역경비업법

[시행 1977. 4. 1.]
[법률 제2946호, 1976. 12. 31., 제정]

3단비교표 (법률-시행령-시행규칙)[1)]

「경비업법」

경비업법 [법률 제19021호, 2022. 11. 15., 일부개정]	경비업법 시행령 [대통령령 제33464호, 2023. 5. 15., 일부개정]	경비업법 시행규칙 [행정안전부령 제418호, 2023. 7. 17., 일부개정]
제1장 총칙		
제1조(목적) 이 법은 경비업의 육성 및 발전과 그 체계적 관리에 관하여 필요한 사항을 정함으로써 경비업의 건전한 운영에 이바지함을 목적으로 한다.	**제1조(목적)** 이 영은 경비업법에서 위임된 사항과 그 시행에 관하여 필요한 사항을 규정함을 목적으로 한다.	**제1조(목적)** 이 규칙은 경비업법 및 동법시행령에서 위임된 사항과 그 시행에 관하여 필요한 사항을 규정함을 목적으로 한다.
제2조(정의) 이 법에서 사용하는 용어의 정의는 다음과 같다. 1. "경비업"이라 함은 다음 각목의 1에 해당하는 업무(이하 "경비업무"라 한다)의 전부 또는 일부를 도급받아 행하는 영업을 말한다. 가. 시설경비업무: 경비를 필요로 하는 시설 및 장소(이하 "경비대상시설"이라 한다) 에서의 도난·화재 그 밖의 혼잡 등으로 인한 위험발생을 방지하는 업무 나. 호송경비업무: 운반 중에 있는 현금·유가증권·귀금속·상품 그 밖의 물건에 대하여 도난·화재 등 위험발생을 방지하는 업무 다. 신변보호업무: 사람의 생명이나 신체에 대한 위해의 발생을 방지하고 그 신변을 보호하는 업무 라. 기계경비업무: 경비대상시설에 설치한 기기에 의	**제2조(국가중요시설)** 경비업법(이하 "법"이라 한다) 제2조제1호마목에서 "대통령령이 정하는 국가중요시설"이라 함은 공항·항만, 원자력발전소 등의 시설 중 국가정보원장이 지정하는 국가보안목표시설과 「통합방위법」 제21조제4항의 규정에 의하여 국방부장관이 지정하는 국가중요시설을 말한다. **제6조(특수경비업자의 업무개시전의 조치)** ① 법 제2조제1호마목의 규정에 의한 특수경비업무를 수행하는 경비업자(이하 "특수경비업자"라 한다)는 법 제4조제3항제5호의 규정에 의하여 첫 업무개시의 신고를 하기 전에 시·도 경찰청장의 비밀취급인가를 받아야 한다. 〈개정 2020. 12. 31.〉 ② 시·도 경찰청장은 제1항의 규정에 의하여 특수경비업자에게 비밀취급인가를 하고자 하는	**제2조(호송경비의 통지)** 경비업법(이하 "법"이라 한다) 제4조제1항의 규정에 의하여 경비업의 허가를 받은 법인(이하 "경비업자"라 한다)은 법 제2조제1호나목의 규정에 의한 호송경비업무를 수행하기 위하여 관할경찰서의 협조를 얻고자 하는 때에는 현금 등의 운반을 위한 출발전일까지 출발지의 경찰서장에게 별지 제1호서식의 호송경비통지서(전자문서로 된 통지서를 포함한다)를 제출하여야 한다.

1) 법제처, 국가법령정보센터

경비업법 [법률 제19021호, 2022. 11. 15., 일부개정]	경비업법 시행령 [대통령령 제33464호, 2023. 5. 15., 일부개정]	경비업법 시행규칙 [행정안전부령 제418호, 2023. 7. 17., 일부개정]
하여 감지·송신된 정보를 그 경비대상시설외의 장소에 설치한 관제시설의 기기로 수신하여 도난·화재 등 위험발생을 방지하는 업무 마. 특수경비업무: 공항(항공기를 포함한다) 등 대통령령이 정하는 국가중요시설(이하 "국가중요시설"이라 한다)의 경비 및 도난·화재 그 밖의 위험발생을 방지하는 업무 2. "경비지도사"라 함은 경비원을 지도·감독 및 교육하는 자를 말하며 일반경비지도사와 기계경비지도사로 구분한다. 3. "경비원"이라 함은 제4조제1항의 규정에 의하여 경비업의 허가를 받은 법인(이하 "경비업자"라 한다)이 채용한 고용인으로서 다음 각목의 1에 해당하는 자를 말한다. 가. 일반경비원: 제1호 가목 내지 라목의 경비업무를 수행하는 자 나. 특수경비원: 제1호 마목의 경비업무를 수행하는 자 4. "무기"라 함은 인명 또는 신체에 위해를 가할 수 있도록 제작된 권총·소총 등을 말한다. 5. "집단민원현장"이란 다음 각 목의 장소를 말한다. 가. 「노동조합 및 노동관계조정법」에 따라 노동관계 당	때에는 법 제25조의 규정에 의하여 특수경비업자로 하여금 경찰청장을 거쳐 국가정보원장에게 보안측정을 요청하도록 하여야 한다.〈개정 2020. 12. 31.〉 **제7조(기계경비업자의 대응체제)** 법 제2조제1호라목의 규정에 의한 기계경비업무를 수행하는 경비업자(이하 "기계경비업자" 라 한다)는 법 제8조의 규정에 의하여 관제시설 등에서 경보를 수신한 때에는 경보를 수신한 때부터 늦어도 25분 이내에는 도착시킬 수 있는 대응체제를 갖추어야 한다. **제30조(경비가 필요한 시설 등에 대한 경비의 요청)** 시·도 경찰청장은 행사장 그밖에 많은 사람이 모이는 시설 또는 장소에서 혼잡 등으로 인한 위험의 발생을 방지하기 위하여 법 제2조제3호의 규정에 의한 경비원에 의한 경비가 필요하다고 인정되는 때에는 행사개최일 전에 당해 행사의 주최자에게 경비원에 의한 경비를 실시하거나 부득이한 사유로 그것을 실시할 수 없는 경우에는 행사개최 24시간 전까지 시·도 경찰청장에게 그 사실을 통지하여 줄 것을 요청할 수 있다.	

경비업법 [법률 제19021호, 2022. 11. 15., 일부개정]	경비업법 시행령 [대통령령 제33464호, 2023. 5. 15., 일부개정]	경비업법 시행규칙 [행정안전부령 제418호, 2023. 7. 17., 일부개정]
사자가 노동쟁의 조정신청을 한 사업장 또는 쟁의행위가 발생한 사업장 나. 「도시 및 주거환경정비법」에 따른 정비사업과 관련하여 이해대립이 있어 다툼이 있는 장소 다. 특정 시설물의 설치와 관련하여 민원이 있는 장소 라. 주주총회와 관련하여 이해대립이 있어 다툼이 있는 장소 마. 건물·토지 등 부동산 및 동산에 대한 소유권·운영권·관리권·점유권 등 법적 권리에 대한 이해대립이 있어 다툼이 있는 장소 바. 100명 이상의 사람이 모이는 국제·문화·예술·체육 행사장 사. 「행정대집행법」에 따라 대집행을 하는 장소		
제3조(법인) 경비업은 법인이 아니면 이를 영위할 수 없다.		
제2장 경비업의 허가 등		
제4조(경비업의 허가) ① 경비업을 영위하고자 하는 법인은 도급받아 행하고자 하는 경비업무를 특정하여 그 법인의 주사무소의 소재지를 관할하는 시·도경찰청장의 허가를 받아야 한다. 도급받아 행하고자 하는 경비업무를 변경하는 경우에도 또한 같다.〈개정 2020. 12. 22.〉 ② 제1항에 따른 허가를 받으려	**제3조(허가신청 등)** ① 법 제4조제1항에 따라 경비업의 허가를 받으려는 경우에는 허가신청서에, 경비업의 허가를 받은 법인(이하 "경비업자"라 한다)이 허가를 받은 경비업무를 변경하거나 새로운 경비업무를 추가하려는 경우에는 변경허가신청서에 행정안전부령으로 정하는 서류를 첨부하여 법인의 주사무소를 관할	**제2조(호송경비의 통지)** 경비업법(이하 "법"이라 한다) 제4조제1항의 규정에 의하여 경비업의 허가를 받은 법인(이하 "경비업자"라 한다)은 법 제2조제1호 나목의 규정에 의한 호송경비업무를 수행하기 위하여 관할경찰서의 협조를 얻고자 하는 때에는 현금 등의 운반을 위한 출발 전일까지 출발지의 경찰서장에

경비업법 [법률 제19021호, 2022. 11. 15., 일부개정]	경비업법 시행령 [대통령령 제33464호, 2023. 5. 15., 일부개정]	경비업법 시행규칙 [행정안전부령 제418호, 2023. 7. 17., 일부개정]
는 법인은 다음 각 호의 요건을 갖추어야 한다.〈개정 2013. 6. 7., 2022. 11. 15.〉 1. 대통령령으로 정하는 1억 원 이상의 자본금의 보유 2. 다음 각 목의 경비인력 요건 가. 시설경비업무: 경비원 10명 이상 및 경비지도사 1명 이상 나. 시설경비업무 외의 경비업무: 대통령령으로 정하는 경비 인력 3. 제2호의 경비인력을 교육할 수 있는 교육장을 포함하여 대통령령으로 정하는 시설과 장비의 보유 4. 그 밖에 경비업무 수행을 위하여 대통령령으로 정하는 사항 ③ 제1항의 규정에 의하여 경비업의 허가를 받은 법인은 다음 각호의 1에 해당하는 때에는 시·도 경찰청장에게 신고하여야 한다.〈개정 2020. 12. 22.〉 1. 영업을 폐업하거나 휴업한 때 2. 법인의 명칭이나 대표자·임원을 변경한 때 3. 법인의 주사무소나 출장소를 신설·이전 또는 폐지한 때 4. 기계경비업무의 수행을 위한 관제시설을 신설·이전 또는 폐지한 때 5. 특수경비업무를 개시하거나 종료한 때 6. 그 밖에 대통령령이 정하는 중요사항을 변경한 때	하는 시·도 경찰청장 또는 해당 시·도 경찰청 소속의 경찰서장에게 제출하여야 한다. 이 경우 신청서를 제출받은 경찰서장은 지체 없이 관할 시·도 경찰청장에게 보내야 한다.〈개정 2011. 4. 4., 2013. 3. 23., 2014. 11. 19., 2017. 7. 26., 2020. 12. 31.〉 ② 제1항의 규정에 의하여 허가 또는 변경허가 신청서를 제출하는 법인은 별표 1의 규정에 의한 경비인력·자본금·시설 및 장비를 갖추어야 한다. 다만, 경비업의 허가 또는 변경허가를 신청하는 때에 별표 1의 규정에 의한 시설 등(자본금을 제외한다. 이하 이 항에서 같다)을 갖출 수 없는 경우에는 허가 또는 변경허가의 신청 시 시설 등의 확보계획서를 제출한 후 허가 또는 변경허가를 받은 날부터 1월 이내에 별표 1의 규정에 의한 시설 등을 갖추고 시·도 경찰청장의 확인을 받아야 한다.〈개정 2020. 12. 31.〉 **제5조(폐업 또는 휴업 등의 신고)** ① 경비업자는 폐업을 한 경우에는 법 제4조제3항제1호에 따라 폐업을 한 날부터 7일 이내에 폐업신고서에 허가증을 첨부하여 법인의 주사무소를 관할하는 시·도 경찰청장 또는 해당 시·도 경찰청 소속의 경찰서장에게 제출하여야 한다. 이 경우	게 별지 제1호서식의 호송경비통지서(전자문서로 된 통지서를 포함한다)를 제출하여야 한다. **제3조(허가신청 등)** ① 법 제4조제1항 및 「경비업법 시행령」(이하 "영"이라 한다) 제3조제1항에 따라 경비업의 허가를 받으려는 경우 또는 경비업자가 허가를 받은 경비업무를 변경하거나 새로운 경비업무를 추가하려는 경우에는 별지 제2호서식의 경비업 허가신청서 또는 변경허가신청서(전자문서로 된 신청서를 포함한다)에 다음 각 호의 서류(전자문서를 포함한다)를 첨부하여 법인의 주사무소를 관할하는 시·도 경찰청장 또는 해당 시·도 경찰청 소속의 경찰서장에게 제출하여야 한다. 이 경우 신청서를 제출받은 경찰서장은 지체 없이 관할 시·도 경찰청장에게 보내야 한다.〈개정 2004. 12. 10., 2006. 9. 7., 2011. 4. 4., 2020. 12. 31.〉 1. 법인의 정관 1부 2. 법인 임원의 이력서 1부 3. 경비인력·시설 및 장비의 확보계획서 1부(경비업 허가의 신청시 이를 갖출 수 없는 경우에 한한다) ② 제1항에 따른 신청서를 제출받은 시·도 경찰청장은 「전자정부법」 제36조제1항에 따른 행정정보의 공동이용을 통하여 법인의 등기사항증명서를 확인하

경비업법 [법률 제19021호, 2022. 11. 15., 일부개정]	경비업법 시행령 [대통령령 제33464호, 2023. 5. 15., 일부개정]	경비업법 시행규칙 [행정안전부령 제418호, 2023. 7. 17., 일부개정]
④ 제1항 및 제3항의 규정에 의한 허가 또는 신고의 절차, 신고의 기한 등 허가 및 신고에 관하여 필요한 사항은 대통령령으로 정한다.	폐업신고서를 제출받은 경찰서장은 지체 없이 관할 시·도 경찰청장에게 보내야 한다.〈개정 2011. 4. 4., 2020. 12. 31.〉 ② 경비업자는 휴업을 한 경우에는 법 제4조제3항제1호에 따라 휴업한 날부터 7일 이내에 휴업신고서를 법인의 주사무소를 관할하는 시·도 경찰청장 또는 해당 시·도 경찰청 소속의 경찰서장에게 제출하여야 하고, 휴업신고서를 제출받은 경찰서장은 지체 없이 관할 시·도 경찰청장에게 보내야 한다. 이 경우 휴업신고를 한 경비업자가 신고한 휴업기간이 끝나기 전에 영업을 다시 시작하거나 신고한 휴업기간을 연장하려는 경우에는 영업을 다시 시작한 후 7일 이내에 또는 신고한 휴업기간이 끝난 후 7일 이내에 영업재개신고서 또는 휴업기간연장신고서를 제출하여야 한다. 〈개정 2011. 4. 4., 2020. 12. 31.〉 ③ 법 제4조제3항제3호의 규정에 의하여 신설·이전 또는 폐지한 때에 신고를 하여야 하는 출장소는 주사무소 외의 장소로서 일상적으로 일정 지역안의 경비업무를 지휘·총괄하는 영업거점인 지점·지사 또는 사업소 등의 장소로 한다. ④ 법 제4조제3항제6호에서 "그 밖에 대통령령이 정하는 중요사항"이라 함은 정관의 목적을 말한다.〈개정 2003. 11. 11.〉	여야 한다.〈신설 2006. 9. 7., 2008. 12. 5., 2010. 9. 10., 2020. 12. 31.〉 **제5조(폐업 또는 휴업 등의 신고)** ① 영 제5조제1항의 규정에 의한 폐업신고서와 동조제2항의 규정에 의한 휴업신고서·영업재개신고서 및 휴업기간연장신고서는 별지 제5호서식에 의한다.〈개정 2003. 11. 17.〉 ② 법 제4조제3항제2호에 따른 법인의 명칭·대표자·임원, 같은 항 제3호에 따른 주사무소·출장소나 영 제5조제4항에 따른 정관의 목적이 변경되어 법 제4조제3항에 따른 신고를 하는 경우에는 별지 제6호서식의 경비업 허가사항 등의 변경신고서(전자문서로 된 신고서를 포함한다)에 다음 각 호의 서류(전자문서를 포함한다)를 첨부하여 법인의 주사무소를 관할하는 시·도 경찰청장 또는 해당 시·도 경찰청 소속의 경찰서장에게 제출하여야 한다. 변경신고서를 제출받은 경찰서장은 이를 지체 없이 관할 시·도 경찰청장에게 보내야 한다.〈개정 2003. 11. 17., 2004. 12. 10., 2006. 2. 2., 2006. 9. 7., 2011. 4. 4., 2020. 12. 31.〉 1. 명칭 변경의 경우: 허가증 원본 2. 대표자 변경의 경우 가. 삭제 〈2006.9.7〉 나. 법인 대표자의 이력서 1부

경비업법 [법률 제19021호, 2022. 11. 15., 일부개정]	경비업법 시행령 [대통령령 제33464호, 2023. 5. 15., 일부개정]	경비업법 시행규칙 [행정안전부령 제418호, 2023. 7. 17., 일부개정]
	⑤ 법 제4조제3항제2호부터 제6호까지의 규정에 따른 신고는 그 사유가 발생한 날부터 30일 이내에 하여야 한다. 〈개정 2014. 12. 30.〉 [제목개정 2003. 11. 11.] **제6조(특수경비업자의 업무개시전의 조치)** ① 법 제2조제1호마목의 규정에 의한 특수경비업무를 수행하는 경비업자(이하 "특수경비업자"라 한다)는 법 제4조제3항제5호의 규정에 의하여 첫 업무개시의 신고를 하기 전에 시·도 경찰청장의 비밀취급인가를 받아야 한다. 〈개정 2020. 12. 31.〉 ② 시·도 경찰청장은 제1항의 규정에 의하여 특수경비업자에게 비밀취급인가를 하고자 하는 때에는 법 제25조의 규정에 의하여 특수경비업자로 하여금 경찰청장을 거쳐 국가정보원장에게 보안측정을 요청하도록 하여야 한다.〈개정 2020. 12. 31.〉	다. 허가증 원본 3. 임원 변경의 경우: 법인 임원의 이력서 1부 4. 주사무소 또는 출장소 변경의 경우: 허가증 원본 5. 정관의 목적 변경의 경우: 법인의 정관 1부 ③ 제2항에 따른 신고서를 제출받은 시·도 경찰청장은 「전자정부법」 제36조제1항에 따른 행정정보의 공동이용을 통하여 법인의 등기사항증명서를 확인하여야 한다.〈신설 2006. 9. 7., 2008. 12. 5., 2010. 9. 10., 2020. 12. 31.〉 ④ 법 제4조제3항제5호의 규정에 의한 특수경비업무의 개시 또는 종료의 신고는 별지 제7호서식에 의한다.〈개정 2006. 9. 7.〉 [제목개정 2003. 11. 17.]
제4조의2(허가의 제한) ① 누구든지 제4조제1항에 따른 허가를 받은 경비업체와 동일한 명칭으로 경비업 허가를 받을 수 없다. ② 제19조제1항제2호 및 제7호의 사유로 경비업체의 허가가 취소된 경우 허가가 취소된 날부터 10년이 지나지 아니한 때에는 누구든지 허가가 취소된 경비업체와 동일한 명칭으로 제4조제1항에 따른 허가를 받을		

경비업법 [법률 제19021호, 2022. 11. 15., 일부개정]	경비업법 시행령 [대통령령 제33464호, 2023. 5. 15., 일부개정]	경비업법 시행규칙 [행정안전부령 제418호, 2023. 7. 17., 일부개정]
수 없다. ③ 제19조제1항제2호 및 제7호의 사유로 허가가 취소된 법인은 법인명 또는 임원의 변경에도 불구하고 허가가 취소된 날부터 5년이 지나지 아니한 때에는 제4조제1항에 따른 허가를 받을 수 없다. [본조신설 2013. 6. 7.]		
제5조(임원의 결격사유) 다음 각 호의 어느 하나에 해당하는 자는 경비업을 영위하는 법인(제4호에 해당하는 자의 경우에는 특수경비업무를 수행하는 법인을 말하고, 제5호에 해당하는 자의 경우에는 허가취소사유에 해당하는 경비업무와 동종의 경비업무를 수행하는 법인을 말한다)의 임원이 될 수 없다. 1. 피성년후견인 2. 파산선고를 받고 복권되지 아니한 자 3. 금고 이상의 형의 선고를 받고 그 형이 실효되지 아니한 자 4. 이 법 또는 「대통령 등의 경호에 관한 법률」에 위반하여 벌금형의 선고를 받고 3년이 지나지 아니한 자 5. 이 법(제19조제1항제2호 및 제7호는 제외한다) 또는 이 법에 의한 명령에 위반하여 허가가 취소된 법인의 허가취소 당시의 임원이었던 자로서 그 취소 후 3년이 지나지 아니한 자 6. 제19조제1항제2호 및 제7호	**제4조(허가절차 등)** ① 시·도 경찰청장은 제3조제1항의 규정에 의하여 허가 또는 변경허가의 신청을 받은 때에는 경비업을 영위하고자 하는 법인의 임원중 법 제5조의 규정에 의한 결격사유에 해당하는 자가 있는지의 유무, 경비인력·시설 및 장비의 확보 또는 확보가능성의 여부, 자본금과 대표자·임원의 경력 및 신용 등을 검토하여 허가여부를 결정하여야 한다. 〈개정 2020. 12. 31.〉 ② 시·도 경찰청장은 제1항에 따른 검토를 한 후 경비업을 허가하거나 변경허가를 한 경우에는 해당 법인의 주사무소를 관할하는 경찰서장을 거쳐 신청인에게 허가증을 발급하여야 한다.〈개정 2011. 4. 4., 2020. 12. 31.〉 ③ 경비업자는 경비업 허가증을 잃어버리거나 경비업 허가증이 못쓰게 된 경우에는 허가증 재교부신청서에 다음 각 호의 구분에 따른 서류를 첨부하여 법인의 주사무소를 관할하는 시·	

경비업법 [법률 제19021호, 2022. 11. 15., 일부개정]	경비업법 시행령 [대통령령 제33464호, 2023. 5. 15., 일부개정]	경비업법 시행규칙 [행정안전부령 제418호, 2023. 7. 17., 일부개정]
의 사유로 허가가 취소된 법인의 허가취소 당시의 임원이었던 자로서 허가가 취소된 날부터 5년이 지나지 아니한 자	도 경찰청장 또는 해당 시·도 경찰청 소속의 경찰서장에게 재발급을 신청하여야 하고, 신청서를 제출받은 경찰서장은 지체 없이 관할 시·도 경찰청장에게 보내야 한다.〈개정 2011. 4. 4., 2020. 12. 31.〉 1. 허가증을 잃어버린 경우에는 그 사유서 2. 허가증이 못쓰게 된 경우에는 그 허가증	
제6조(허가의 유효기간 등) ① 제4조제1항의 규정에 의한 경비업 허가의 유효기간은 허가받은 날부터 5년으로 한다. ② 제1항의 규정에 의한 유효기간이 만료된 후 계속하여 경비업을 하고자 하는 법인은 행정안전부령으로 정하는 바에 따라 갱신허가를 받아야 한다.〈개정 2008. 2. 29., 2013. 3. 23., 2014. 11. 19., 2017. 7. 26.〉		**제6조(허가갱신)** ① 법 제6조제2항에 따라 경비업의 갱신허가를 받으려는 자는 허가의 유효기간 만료일 30일 전까지 별지 제2호서식의 경비업 갱신허가신청서(전자문서로 된 신청서를 포함한다)에 허가증 원본 및 정관(변경사항이 있는 경우만 해당한다)을 첨부하여 법인의 주사무소를 관할하는 시·도 경찰청장 또는 해당 시·도 경찰청 소속의 경찰서장에게 제출하여야 한다. 경비업 갱신허가신청서를 제출받은 경찰서장은 이를 지체 없이 관할 시·도 경찰청장에게 보내야 한다.〈개정 2011. 4. 4., 2020. 12. 31.〉 ② 제1항에 따른 신청서를 제출받은 시·도 경찰청장은 「전자정부법」 제36조제1항에 따른 행정정보의 공동이용을 통하여 법인의 등기사항증명서를 확인하여야 한다.〈신설 2006. 9. 7., 2008. 12. 5., 2010. 9. 10., 2020. 12. 31.〉

경비업법 [법률 제19021호, 2022. 11. 15., 일부개정]	경비업법 시행령 [대통령령 제33464호, 2023. 5. 15., 일부개정]	경비업법 시행규칙 [행정안전부령 제418호, 2023. 7. 17., 일부개정]
		③ 시·도 경찰청장은 법 제6조제2항의 규정에 의하여 갱신허가를 하는 때에는 유효기간이 만료되는 허가증을 회수한 후 별지 제3호서식의 허가증을 교부하여야 한다.〈개정 2006. 9. 7., 2020. 12. 31.〉
제7조(경비업자의 의무) ① 경비업자는 경비대상시설의 소유자 또는 관리자(이하 "시설주"라 한다)의 관리권의 범위안에서 경비업무를 수행하여야 하며, 다른 사람의 자유와 권리를 침해하거나 그의 정당한 활동에 간섭하여서는 아니된다. ② 경비업자는 경비업무를 성실하게 수행하여야 하고, 도급을 의뢰받은 경비업무가 위법 또는 부당한 것일 때에는 이를 거부하여야 한다. ③ 경비업자는 불공정한 계약으로 경비원의 권익을 침해하거나 경비업의 건전한 육성과 발전을 해치는 행위를 하여서는 아니된다. ④ 경비업자의 임·직원이거나 임·직원이었던 자는 다른 법률에 특별한 규정이 있는 경우를 제외하고는 그 직무상 알게 된 비밀을 누설하거나 다른 사람에게 제공하여 이용하도록 하는 등 부당한 목적을 위하여 사용하여서는 아니 된다. ⑤ 경비업자는 허가받은 경비업무외의 업무에 경비원을 종사하게 하여서는 아니된다. ⑥ 경비업자는 집단민원현장에	**제7조의2(특수경비업자가 할 수 있는 영업)** ① 법 제7조제9항에서 "경비장비의 제조·설비·판매업, 네트워크를 활용한 정보산업, 시설물 유지관리업 및 경비원 교육업 등 대통령령이 정하는 경비관련업"이란 다음 각 호의 영업을 말한다. 1. 별표 1의2에 따른 영업 2. 제1호에 따른 영업에 부수되는 것으로서 경찰청장이 지정·고시하는 영업 ② 제1항에 따른 영업의 범위에 관하여는 법 또는 이 영에 특별한 규정이 있는 경우를 제외하고는 「통계법」에 따라 통계청장이 고시하는 한국표준산업분류표에 따른다. [전문개정 2014. 6. 3.]	**제6조의2(집단민원현장에 선임·배치된 경비지도사의 직무)** 법 제7조제6항에 따라 경비업자는 집단민원현장에 선임·배치된 경비지도사로 하여금 다음 각 호의 직무를 수행하도록 하여야 한다. 1. 법 제15조의2에 따른 경비원 등의 의무 위반행위 예방 및 제지 2. 법 제16조에 따른 경비원의 복장 착용 등에 대한 지도·감독 3. 법 제16조의2에 따른 경비원의 장비 휴대 및 사용에 대한 지도·감독 4. 법 제18조제1항 단서에 따라 집단민원현장에 비치된 경비원 명부의 관리 [본조신설 2014. 6. 5.]

경비업법 [법률 제19021호, 2022. 11. 15., 일부개정]	경비업법 시행령 [대통령령 제33464호, 2023. 5. 15., 일부개정]	경비업법 시행규칙 [행정안전부령 제418호, 2023. 7. 17., 일부개정]
경비원을 배치하는 때에는 경비지도사를 선임하고 그 장소에 배치하여 행정안전부령으로 정하는 바에 따라 경비원을 지도·감독하게 하여야 한다.〈신설 2013. 6. 7., 2014. 11. 19., 2017. 7. 26.〉 ⑦ 특수경비업무를 수행하는 경비업자(이하 "특수경비업자"라 한다)는 제4조제3항제5호의 규정에 의한 특수경비업무의 개시신고를 하는 때에는 국가중요시설에 대한 특수경비업무의 수행이 중단되는 경우 시설주의 동의를 얻어 다른 특수경비업자중에서 경비업무를 대행할 자(이하 "경비대행업자"라 한다)를 지정하여 허가관청에 신고하여야 한다. 경비대행업자의 지정을 변경하는 경우에도 또한 같다.〈개정 2013. 6. 7.〉 ⑧ 특수경비업자는 국가중요시설에 대한 특수경비업무를 중단하게 되는 경우에는 미리 이를 제7항의 규정에 의한 경비대행업자에게 통보하여야 하며, 경비대행업자는 통보받은 즉시 그 경비업무를 인수하여야 한다. 이 경우 제7항의 규정은 경비대행업자에 대하여 이를 준용한다.〈개정 2013. 6. 7., 2014. 12. 30.〉 ⑨ 특수경비업자는 이 법에 의한 경비업과 경비장비의 제조·설비·판매업, 네트워크를 활용한 정보산업, 시설물 유지관리업 및 경비원 교육업 등 대통령		

경비업법 [법률 제19021호, 2022. 11. 15., 일부개정]	경비업법 시행령 [대통령령 제33464호, 2023. 5. 15., 일부개정]	경비업법 시행규칙 [행정안전부령 제418호, 2023. 7. 17., 일부개정]
령이 정하는 경비관련업외의 영업을 하여서는 아니된다.〈개정 2002. 12. 18., 2013. 6. 7.〉 [2002. 12. 18. 법률 제6787호에 의하여 2002. 4. 25. 헌법재판소에서 위헌 결정된 이 조를 개정함.] [헌법불합치, 2020헌가19, 2023. 3. 23, 1. 경비업법(2001. 4. 7. 법률 제6467호로 전부개정된 것) 제7조 제5항 중 '시설경비업무'에 관한 부분과 경비업법(2013. 6. 7. 법률 제11872호로 개정된 것) 제19조 제1항 제2호 중 '시설경비업무'에 관한 부분은 헌법에 합치되지 아니한다. 2. 법원 기타 국가기관 및 지방자치단체는 입법자가 개정할 때까지 위 법률조항의 적용을 중지하여야 한다. 3. 입법자는 2024. 12. 31.까지 위 법률조항들을 개정하여야 한다.]		

경비업법 [법률 제19021호, 2022. 11. 15., 일부개정]	경비업법 시행령 [대통령령 제33464호, 2023. 5. 15., 일부개정]	경비업법 시행규칙 [행정안전부령 제418호, 2023. 7. 17., 일부개정]
제7조의2(경비업무 도급인 등의 의무) ① 누구든지 제4조제1항에 따른 허가를 받지 아니한 자에게 경비업무를 도급하여서는 아니 된다. ② 누구든지 집단민원현장에 경비인력을 20명 이상 배치하려고 할 때에는 그 경비인력을 직접 고용하여서는 아니 되고, 경비업자에게 경비업무를 도급하여야 한다. 다만, 시설주 등이 집단민원현장 발생 3개월 전까지 직접 고용하여 경비업무를 수행하는 피고용인의 경우에는 그러하지 아니하다. ③ 제1항 및 제2항에 따라 경비업무를 도급하는 자는 그 경비업무를 수급한 경비업자의 경비원 채용 시 무자격자나 부적격자 등을 채용하도록 관여하거나 영향력을 행사해서는 아니 된다.〈신설 2015. 7. 20.〉 ④ 제3항에 따른 무자격자 및 부적격자의 구체적인 범위 등은 대통령령으로 정한다.〈신설 2015. 7. 20.〉 [본조신설 2013. 6. 7.]	**제7조의3(무자격자 및 부적격자 등의 범위)** 다음 각 호의 경비업무를 도급하려는 자는 법 제7조의2제3항에 따라 다음 각 호의 구분에 해당하는 사람을 그 경비업무를 수급한 경비업자의 경비원으로 채용하도록 관여하거나 영향력을 행사해서는 아니된다. 1. 시설경비업무, 신변보호업무(집단민원현장의 시설경비업무 또는 신변보호업무는 제외한다), 호송경비업무 또는 기계경비업무 가. 법 제10조제1항에 따라 경비지도사 또는 일반경비원이 될 수 없는 사람 나. 「아동·청소년의 성보호에 관한 법률」 제56조제1항제14호에 따라 경비업무에 종사할 수 없는 사람 2. 특수경비업무 가. 법 제10조제2항에 따라 특수경비원이 될 수 없는 사람 나. 「아동·청소년의 성보호에 관한 법률」 제56조제1항제14호에 따라 경비업무에 종사할 수 없는 사람	

경비업법 [법률 제19021호, 2022. 11. 15., 일부개정]	경비업법 시행령 [대통령령 제33464호, 2023. 5. 15., 일부개정]	경비업법 시행규칙 [행정안전부령 제418호, 2023. 7. 17., 일부개정]
	3. 집단민원현장의 시설경비업무 또는 신변보호업무 가. 법 제10조제1항에 따라 경비지도사 또는 일반경비원이 될 수 없는 사람 나. 법 제18조제6항에 따라 집단민원현장에 일반경비원으로 배치할 수 없는 사람 다. 「아동·청소년의 성보호에 관한 법률」 제56조제1항제14호에 따라 경비업무에 종사할 수 없는 사람 [본조신설 2015. 10. 20.]	
제3장 기계경비업무		
제8조(대응체제) 기계경비업무를 수행하는 경비업자(이하 "기계경비업자"라 한다)는 경비대상시설에 관한 경보를 수신한 때에는 신속하게 그 사실을 확인하는 등 필요한 대응조치를 취하여야 하며, 이를 위한 대응체제를 갖추어야 한다.	**제7조(기계경비업자의 대응체제)** 법 제2조제1호라목의 규정에 의한 기계경비업무를 수행하는 경비업자(이하 "기계경비업자"라 한다)는 법 제8조의 규정에 의하여 관제시설 등에서 경보를 수신한 때에는 경보를 수신한 때부터 늦어도 25분 이내에는 도착시킬 수 있는 대응체제를 갖추어야 한다.	
제9조(오경보의 방지 등) ① 기계경비업자는 경비계약을 체결하는 때에는 오경보를 막기 위하여 계약상대방에게 기기사용요령 및 기계경비운영체계 등에 관하여 설명하여야 하며, 각종 기기가 오작동되지 아니하도록 관리하여야 한다. ② 기계경비업자는 대응조치 등 업무의 원활한 운영과 개선을 위하여 대통령령이 정하는 바에	**제8조(오경보의 방지를 위한 설명 등)** ① 법 제9조제1항의 규정에 의하여 기계경비업자가 계약상대방에게 하여야 하는 설명은 다음 각호의 사항을 기재한 서면 또는 전자문서(이하 "서면등"이라 하며, 이 조에서 전자문서는 계약상대방이 원하는 경우에 한한다)를 교부하는 방법에 의한다. 1. 당해 기계경비업무와 관련된	

경비업법 [법률 제19021호, 2022. 11. 15., 일부개정]	경비업법 시행령 [대통령령 제33464호, 2023. 5. 15., 일부개정]	경비업법 시행규칙 [행정안전부령 제418호, 2023. 7. 17., 일부개정]
따라 관련 서류를 작성·비치하여야 한다.	관제시설 및 출장소(제5조제3항의 규정에 의한 출장소를 말한다. 이하 같다)의 명칭·소재지 2. 기계경비업자가 경비대상시설에서 발생한 경보를 수신한 경우에 취하는 조치 3. 기계경비업무용 기기의 설치장소 및 종류와 그밖의 기계장치의 개요 4. 오경보의 발생원인과 송신기기의 유지·관리방법 ② 기계경비업자는 제1항 각호의 사항을 기재한 서면등과 함께 법 제26조의 규정에 의한 손해배상의 범위와 손해배상액에 관한 사항을 기재한 서면 등을 계약상대방에게 교부하여야 한다. **제9조(기계경비업자의 관리 서류)** ① 기계경비업자는 법 제9조제2항의 규정에 의하여 출장소별로 다음 각호의 사항을 기재한 서류를 갖추어 두어야 한다. 1. 경비대상시설의 명칭·소재지 및 경비계약기간 2. 기계경비지도사의 명단·배치일자·배치장소와 출동차량의 대수 3. 경보의 수신 및 현장도착 일시와 조치의 결과 4. 오경보인 경우 오경보가 발생한 경비대상시설 및 그 오경보에 대한 조치의 결과 ② 제1항제3호 및 제4호의 규정에 의한 사항을 기재한 서류는	

경비업법 [법률 제19021호, 2022. 11. 15., 일부개정]	경비업법 시행령 [대통령령 제33464호, 2023. 5. 15., 일부개정]	경비업법 시행규칙 [행정안전부령 제418호, 2023. 7. 17., 일부개정]
	당해 경보를 수신한 날부터 1년간 이를 보관하여야 한다.	
제4장 경비지도사 및 경비원		
제10조(경비지도사 및 경비원의 결격사유) ① 다음 각 호의 어느 하나에 해당하는 자는 경비지도사 또는 일반경비원이 될 수 없다. 〈개정 2013. 6. 7., 2014. 12. 30., 2021. 1. 12.〉 1. 18세 미만인 사람 또는 피성년후견인 2. 파산선고를 받고 복권되지 아니한 자 3. 금고 이상의 실형의 선고를 받고 그 집행이 종료(집행이 종료된 것으로 보는 경우를 포함한다)되거나 집행이 면제된 날부터 5년이 지나지 아니한 자 4. 금고 이상의 형의 집행유예선고를 받고 그 유예기간중에 있는 자 5. 다음 각 목의 어느 하나에 해당하는 죄를 범하여 벌금형을 선고받은 날부터 10년이 지나지 아니하거나 금고 이상의 형을 선고받고 그 집행이 종료된(종료된 것으로 보는 경우를 포함한다) 날 또는 집행이 유예·면제된 날부터 10년이 지나지 아니한 자 가. 「형법」 제114조의 죄 나. 「폭력행위 등 처벌에 관한 법률」 제4조의 죄 다. 「형법」 제297조, 제297조의2, 제298조부터 제301	**제10조(경비지도사의 구분)** 법 제10조 내지 제12조의 규정에 의한 경비지도사는 다음 각호와 같이 구분한다. 1. 일반경비지도사: 다음 각목의 경비업무에 종사하는 경비원을 지도·감독 및 교육하는 경비지도사 가. 시설경비업무 나. 호송경비업무 다. 신변보호업무 라. 특수경비업무 2. 기계경비지도사: 기계경비업무에 종사하는 경비원을 지도·감독 및 교육하는 경비지도사 **제10조의2(특수경비원의 결격사유)** 법 제10조제2항제2호에서 "심신상실자, 알코올 중독자 등 대통령령으로 정하는 정신적 제약이 있는 자"란 다음 각 호의 사람을 말한다. 1. 심신상실자 2. 마약·대마·향정신성의약품 또는 알코올 중독자 3. 「치매관리법」 제2조제1호에 따른 치매, 조현병·조현정동장애·양극성정동장애(조울병)·재발성우울장애 등의 정신질환이나 정신 발육지연, 뇌전증 등이 있는 사람. 다만, 해당 분야 전문의가 특수경비원으로서 적	**제7조(특수경비원의 신체조건)** 법 제10조제2항제5호에서 "행정안전부령이 정하는 신체조건"이라 함은 팔과 다리가 완전하고 두 눈의 맨눈시력 각각 0.2 이상 또는 교정시력 각각 0.8 이상을 말한다.

경비업법 [법률 제19021호, 2022. 11. 15., 일부개정]	경비업법 시행령 [대통령령 제33464호, 2023. 5. 15., 일부개정]	경비업법 시행규칙 [행정안전부령 제418호, 2023. 7. 17., 일부개정]
조까지, 제301조의2, 제302조, 제303조, 제305조, 제305조의2의 죄 라. 「성폭력범죄의 처벌 등에 관한 특례법」 제3조부터 제11조까지 및 제15조(제3조부터 제9조까지의 미수범만 해당한다)의 죄 마. 「아동·청소년의 성보호에 관한 법률」 제7조 및 제8조의 죄 바. 다목부터 마목까지의 죄로서 다른 법률에 따라 가중처벌되는 죄 6. 다음 각 목의 어느 하나에 해당하는 죄를 범하여 벌금형을 선고받은 날부터 5년이 지나지 아니하거나 금고 이상의 형을 선고받고 그 집행이 유예된 날부터 5년이 지나지 아니한 자 가. 「형법」 제329조부터 제331조까지, 제331조의2 및 제332조부터 제343조까지의 죄 나. 가목의 죄로서 다른 법률에 따라 가중처벌되는 죄 다. 삭제 〈2014.12.30〉 라. 삭제 〈2014.12.30〉 7. 제5호 다목부터 바목까지의 어느 하나에 해당하는 죄를 범하여 치료감호를 선고받고 그 집행이 종료된 날 또는 집행이 면제된 날부터 10년이 지나지 아니한 자 또는 제6호 각 목의 어느 하나에	합하다고 인정하는 사람은 제외한다. [본조신설 2021. 7. 13.]	

경비업법 [법률 제19021호, 2022. 11. 15., 일부개정]	경비업법 시행령 [대통령령 제33464호, 2023. 5. 15., 일부개정]	경비업법 시행규칙 [행정안전부령 제418호, 2023. 7. 17., 일부개정]
해당하는 죄를 범하여 치료감호를 선고받고 그 집행이 면제된 날부터 5년이 지나지 아니한 자 8. 이 법이나 이 법에 따른 명령을 위반하여 벌금형을 선고받은 날부터 5년이 지나지 아니하거나 금고 이상의 형을 선고받고 그 집행이 유예된 날부터 5년이 지나지 아니한 자 ② 다음 각 호의 어느 하나에 해당하는 자는 특수경비원이 될 수 없다.〈개정 2008. 2. 29., 2009. 4. 1., 2013. 3. 23., 2013. 6. 7., 2014. 11. 19., 2014. 12. 30., 2017. 7. 26., 2021. 1. 12.〉 1. 18세 미만이거나 60세 이상인 사람 또는 피성년후견인 2. 심신상실자, 알코올 중독자 등 대통령령으로 정하는 정신적 제약이 있는 자 3. 제1항제2호부터 제8호까지의 어느 하나에 해당하는 자 4. 금고 이상의 형의 선고유예를 받고 그 유예기간중에 있는 자 5. 행정안전부령으로 정하는 신체조건에 미달되는 자 ③ 경비업자는 제1항 각호 또는 제2항 각호의 결격사유에 해당하는 자를 경비지도사 또는 경비원으로 채용 또는 근무하게 하여서는 아니된다.		

경비업법 [법률 제19021호, 2022. 11. 15., 일부개정]	경비업법 시행령 [대통령령 제33464호, 2023. 5. 15., 일부개정]	경비업법 시행규칙 [행정안전부령 제418호, 2023. 7. 17., 일부개정]
제10조의2(특수경비원의 당연 퇴직) 특수경비원이 제10조제2항에 따른 결격사유에 해당하게 될 때에는 당연 퇴직된다. 다만, 제10조제2항제1호는 나이가 60세가 되어 퇴직하는 경우에는 60세가 된 날이 1월부터 6월 사이에 있으면 6월 30일에, 7월부터 12월 사이에 있으면 12월 31일에 각각 당연 퇴직되고, 제10조제2항제3호 중 제10조제1항제2호는 파산선고를 받은 사람으로서 「채무자 회생 및 파산에 관한 법률」에 따라 신청기한 내에 면책신청을 하지 아니하였거나 면책불허가 결정 또는 면책 취소가 확정된 경우만 해당하며, 제10조제2항제4호는 「성폭력범죄의 처벌 등에 관한 특례법」 제2조, 「아동·청소년의 성보호에 관한 법률」 제2조제2호 및 직무와 관련하여 「형법」 제355조 또는 제356조에 규정된 죄를 범한 사람으로서 금고 이상의 형의 선고유예를 받은 경우만 해당한다.		
제11조(경비지도사의 시험 등) ① 경비지도사는 제10조제1항 각 호의 1에 해당하지 아니하는 자로서 경찰청장이 시행하는 경비지도사시험에 합격하고 행정안전부령으로 정하는 교육을 받은 자이어야 한다.〈개정 2008. 2. 29., 2013. 3. 23., 2014. 11. 19., 2017. 7. 26.〉 ② 경찰청장은 제1항의 규정에	**제11조(경비지도사시험의 시행 및 공고)** ① 경찰청장은 법 제11조제1항에 따른 경비지도사시험(이하 "시험"이라 한다)의 실시계획을 매년 수립해야 한다.〈개정 2019. 3. 12.〉 ② 경찰청장은 제1항의 규정에 의한 시험의 실시계획에 따라 시험을 실시하고자 하는 때에는 응시자격·시험과목·시험일시·	**제8조(응시원서 등)** ① 법 제11조의 규정에 의한 경비지도사시험에 응시하고자 하는 자는 별지 제8호서식의 응시원서(전자문서로 된 원서를 포함한다)를 영 제31조제2항에 따라 경비지도사시험의 관리를 위탁받은 기관 또는 단체(이하 이 조에서 "시험관리기관"이라 한다)에 제출해야 한다.〈개정 2004. 12. 10.,

경비업법 [법률 제19021호, 2022. 11. 15., 일부개정]	경비업법 시행령 [대통령령 제33464호, 2023. 5. 15., 일부개정]	경비업법 시행규칙 [행정안전부령 제418호, 2023. 7. 17., 일부개정]
의한 교육을 받은 자에게 행정안전부령으로 정하는 바에 따라 경비지도사자격증을 교부하여야 한다.〈개정 2008. 2. 29., 2013. 3. 23., 2014. 11. 19., 2017. 7. 26.〉 ③ 경비지도사시험은 매년 1회 이상 시행하며, 시험과목, 시험공고, 시험의 일부가 면제되는 자의 범위 그 밖에 경비지도사시험에 관하여 필요한 사항은 대통령령으로 정한다. 〈개정 2017. 10. 24.〉	시험장소 및 선발예정인원 등을 시험시행일 90일 전까지 공고하여야 한다.〈개정 2012. 5. 1.〉 ③ 제2항의 규정에 의한 공고는 관보게재와 각 시·도 경찰청 게시판 및 인터넷 홈페이지에 게시하는 방법에 의한다.〈개정 2020. 12. 31.〉 **제13조(시험의 일부면제)** 법 제11조제3항에 따라 다음 각 호의 어느 하나에 해당하는 사람은 경비지도사 제1차 시험을 면제한다. 1. 「경찰공무원법」에 따른 경찰공무원으로 7년 이상 재직한 사람 2. 「대통령 등의 경호에 관한 법률」에 따른 경호공무원 또는 별정직공무원으로 7년 이상 재직한 사람 3. 「군인사법」에 따른 각 군 전투병과 또는 군사경찰병과 부사관 이상 간부로 7년 이상 재직한 사람 4. 「경비업법」에 따른 경비업무에 7년 이상(특수경비업무의 경우에는 3년 이상) 종사하고 행정안전부령으로 정하는 교육과정을 이수한 사람 5. 「고등교육법」에 따른 대학 이상의 학교를 졸업한 사람으로서 재학 중 제12조제3항에 따른 경비지도사 시험과목을 3과목 이상을 이수하고 졸업한 후 경비업무에	2019. 4. 23.〉 ② 영 제13조에 따라 경비지도사 제1차 시험을 면제받으려는 사람은 같은 조 각 호의 면제 사유를 증명할 수 있는 서류로서 영 제11조제2항에 따른 공고에서 정하는 서류를 시험관리기관에 제출해야 한다. 〈신설 2019. 4. 23.〉 ③ 시험관리기관은 제2항에 따른 서류 중 재직증명서 또는 경력증명서를 제출받은 경우에는 「전자정부법」 제36조제1항에 따른 행정정보의 공동이용을 통하여 제출인의 국민연금가입자가입증명 또는 건강보험자격득실확인서를 확인해야 한다. 다만, 제출인이 확인에 동의하지 않는 경우에는 해당 서류를 제출하도록 해야 한다.〈신설 2019. 4. 23.〉 [제목개정 2019. 4. 23.] **제9조(경비지도사에 대한 교육)** ① 법 제11조제1항에서 "행정안전부령이 정하는 교육"이라 함은 경비지도사에 대한 별표 1의 규정에 의한 과목 및 시간의 교육을 말한다.〈개정 2008. 3. 6., 2013. 3. 23., 2014. 11. 19., 2017. 7. 26.〉 ② 제1항의 규정에 의한 교육에 소요되는 비용은 경비지도사의 교육을 받는 자의 부담으로 한다. **제11조(경비지도사자격증의 교부)** 경찰청장은 법 제11조에 따른

경비업법 [법률 제19021호, 2022. 11. 15., 일부개정]	경비업법 시행령 [대통령령 제33464호, 2023. 5. 15., 일부개정]	경비업법 시행규칙 [행정안전부령 제418호, 2023. 7. 17., 일부개정]
	종사한 경력이 3년 이상인 사람 6. 「고등교육법」에 따른 전문대학을 졸업한 사람으로서 재학 중 제12조제3항에 따른 경비지도사 시험과목을 3과목 이상을 이수하고 졸업한 후 경비업무에 종사한 경력이 5년 이상인 사람 7. 일반경비지도사의 자격을 취득한 후 기계경비지도사의 시험에 응시하는 사람 또는 기계경비지도사의 자격을 취득한 후 일반경비지도사의 시험에 응시하는 사람 8. 「공무원임용령」에 따른 행정직군 교정직렬 공무원으로 7년 이상 재직한 사람 [전문개정 2011. 4. 4.] **제31조(권한의 위임 및 위탁)** ① 경찰청장은 법 제27조제1항의 규정에 의하여 다음 각호의 권한을 시·도 경찰청장에게 위임한다.〈개정 2020. 12. 31.〉 1. 법 제20조의 규정에 의한 경비지도사의 자격의 취소 및 정지에 관한 권한 2. 법 제21조제2호의 규정에 의한 경비지도사 자격의 취소 및 정지에 관한 청문의 권한 ② 경찰청장 또는 경찰관서장은 법 제27조제2항의 규정에 의하여 법 제11조제1항의 규정에 의한 경비지도사시험의 관리와 경비지도사의 교육에 관한 업무	경비지도사시험에 합격하고 제9조에 따른 경비지도사 교육을 받은 사람에게는 별지 제9호서식의 경비지도사자격증 교부대장에 정해진 사항을 기재한 후, 별지 제10호서식의 경비지도사 자격증을 교부해야 한다.

경비업법 [법률 제19021호, 2022. 11. 15., 일부개정]	경비업법 시행령 [대통령령 제33464호, 2023. 5. 15., 일부개정]	경비업법 시행규칙 [행정안전부령 제418호, 2023. 7. 17., 일부개정]
	를 경비업무에 관한 인력과 전문성을 갖춘 기관으로서 경찰청장이 지정하여 고시하는 기관 또는 단체에 위탁한다.	
제12조(경비지도사의 선임 등) ① 경비업자는 대통령령이 정하는 바에 따라 경비지도사를 선임하여야 한다. ② 제1항의 규정에 의하여 선임된 경비지도사의 직무는 다음과 같다.〈개정 2013. 6. 7.〉 1. 경비원의 지도·감독·교육에 관한 계획의 수립·실시 및 그 기록의 유지 2. 경비현장에 배치된 경비원에 대한 순회점검 및 감독 3. 경찰기관 및 소방기관과의 연락방법에 대한 지도 4. 집단민원현장에 배치된 경비원에 대한 지도·감독 5. 그 밖에 대통령령이 정하는 직무 ③ 선임된 경비지도사는 제2항 각호의 규정에 의한 직무를 대통령령이 정하는 바에 따라 성실하게 수행하여야 한다.	**제16조(경비지도사의 선임·배치)** ① 경비업자는 법 제12조제1항의 규정에 의하여 별표 3의 기준에 따라 경비지도사를 선임·배치하여야 한다. ② 경비업자는 제1항의 규정에 의하여 선임·배치된 경비지도사에 결원이 있거나 자격정지 등의 사유로 그 직무를 수행할 수 없는 때에는 15일 이내에 경비지도사를 새로이 충원하여야 한다. **제17조(경비지도사의 직무 및 준수사항)** ① 법 제12조제2항제5호에서 "대통령령이 정하는 직무"란 다음 각 호의 직무를 말한다.〈개정 2014. 6. 3.〉 1. 기계경비업무를 위한 기계장치의 운용·감독(기계경비지도사의 경우에 한한다) 2. 오경보방지 등을 위한 기기관리의 감독(기계경비지도사의 경우에 한한다) ② 경비지도사는 법 제12조제3항에 따라 같은 조 제2항제1호·제2호의 직무 및 제1항 각 호의 직무를 월 1회 이상 수행하여야 한다.〈개정 2011. 4. 4.〉 ③ 경비지도사는 법 제12조제2항제1호에 따라 경비원에 대한 교육을 실시하고, 행정안전부령으로 정하는 경비원 직무교육 실시대장에 그 내용을 기록하여	

경비업법 [법률 제19021호, 2022. 11. 15., 일부개정]	경비업법 시행령 [대통령령 제33464호, 2023. 5. 15., 일부개정]	경비업법 시행규칙 [행정안전부령 제418호, 2023. 7. 17., 일부개정]
	2년간 보존하여야 한다.〈신설 2011. 4. 4., 2013. 3. 23., 2014. 11. 19., 2017. 7. 26.〉 **제18조(일반경비원에 대한 교육)** ① 경비업자는 일반경비원을 채용한 경우 법 제13조제1항 본문에 따라 해당 일반경비원에게 경비업자의 부담으로 다음 각 호의 기관 또는 단체에서 실시하는 일반경비원 신임교육을 받도록 하여야 한다. 〈개정 2016. 6. 28.〉 1. 법 제22조제1항에 따른 경비협회 2. 「경찰공무원 교육훈련규정」 제2조제3호에 따른 경찰교육기관 3. 경비업무 관련 학과가 개설된 대학 등 경비원에 대한 교육을 전문적으로 수행할 수 있는 인력과 시설을 갖춘 기관 또는 단체 중 경찰청장이 지정하여 고시하는 기관 또는 단체 ② 경비업자는 법 제13조제1항 단서에 따라 다음 각 호의 어느 하나에 해당하는 사람을 일반경비원으로 채용한 경우에는 해당 일반경비원을 일반경비원 신임교육 대상에서 제외할 수 있다.〈개정 2016. 6. 28.〉 1. 법 제13조제1항 본문 및 같은 조 제3항에 따른 일반경비원 또는 특수경비원 신임교육을 받은 사람으로서 채	

경비업법 [법률 제19021호, 2022. 11. 15., 일부개정]	경비업법 시행령 [대통령령 제33464호, 2023. 5. 15., 일부개정]	경비업법 시행규칙 [행정안전부령 제418호, 2023. 7. 17., 일부개정]
	용 전 3년 이내에 경비업무에 종사한 경력이 있는 사람 2. 「경찰공무원법」에 따른 경찰공무원으로 근무한 경력이 있는 사람 3. 「대통령 등의 경호에 관한 법률」에 따른 경호공무원 또는 별정직공무원으로 근무한 경력이 있는 사람 4. 「군인사법」에 따른 부사관 이상으로 근무한 경력이 있는 사람 5. 경비지도사 자격이 있는 사람 6. 채용 당시 법 제13조제2항에 따른 일반경비원 신임교육을 받은 지 3년이 지나지 아니한 사람 ③ 경비업자는 법 제13조제1항에 따라 소속 일반경비원에게 법 제12조에 따라 선임한 경비지도사가 수립한 교육계획에 따라 매월 행정안전부령으로 정하는 시간 이상의 직무교육을 받도록 하여야 한다.〈개정 2014. 11. 19., 2016. 6. 28., 2017. 7. 26.〉 ④ 법 제13조제2항에서 "대통령령으로 정하는 교육기관"이란 제18조제1항 각 호의 기관 또는 단체를 말한다.〈신설 2016. 6. 28.〉 ⑤ 제1항에 따른 신임교육의 과목 및 시간, 제3항에 따른 직무교육의 과목 등 일반경비원의 교육 실시에 필요한 사항은 행정안전부령으로 정한다.	

경비업법 [법률 제19021호, 2022. 11. 15., 일부개정]	경비업법 시행령 [대통령령 제33464호, 2023. 5. 15., 일부개정]	경비업법 시행규칙 [행정안전부령 제418호, 2023. 7. 17., 일부개정]
	〈개정 2014. 11. 19., 2016. 6. 28., 2017. 7. 26.〉 [전문개정 2014. 6. 3.] **제19조(특수경비원에 대한 교육)** ① 특수경비업자는 특수경비원을 채용한 경우 법 제13조제3항에 따라 해당 특수경비원에게 특수경비업자의 부담으로 다음 각 호의 기관 또는 단체에서 실시하는 특수경비원 신임교육을 받도록 하여야 한다.〈개정 2014. 11. 19., 2016. 6. 28., 2017. 7. 26.〉 1. 「경찰공무원 교육훈련규정」 제2조제3호에 따른 경찰교육기관 2. 행정안전부령으로 정하는 기준에 적합한 기관 또는 단체 중 경찰청장이 지정하여 고시하는 기관 또는 단체 ② 제1항에도 불구하고 특수경비업자는 채용 전 3년 이내에 특수경비업무에 종사하였던 경력이 있는 사람을 특수경비원으로 채용한 경우에는 해당 특수경비원을 특수경비원 신임교육 대상에서 제외할 수 있다. ③ 특수경비업자는 법 제13조제3항에 따라 소속 특수경비원에게 법 제12조에 따라 선임한 경비지도사가 수립한 교육계획에 따라 매월 행정안전부령으로 정하는 시간 이상의 직무교육을 받도록 하여야 한다.〈개정 2014. 11. 19., 2016. 6. 28., 2017.	

경비업법 [법률 제19021호, 2022. 11. 15., 일부개정]	경비업법 시행령 [대통령령 제33464호, 2023. 5. 15., 일부개정]	경비업법 시행규칙 [행정안전부령 제418호, 2023. 7. 17., 일부개정]
	7. 26.〉 ④ 제1항에 따른 신임교육의 과목 및 시간, 제3항에 따른 직무교육의 과목 등 특수경비원의 교육 실시에 필요한 사항은 행정안전부령으로 정한다.〈개정 2014. 11. 19., 2017. 7. 26.〉 [전문개정 2014. 6. 3.]	
제13조(경비원의 교육 등) ① 경비업자는 경비업무를 적정하게 실시하기 위하여 경비원으로 하여금 대통령령으로 정하는 바에 따라 경비원 신임교육 및 직무교육을 받게 하여야 한다. 다만, 경비업자는 대통령령으로 정하는 경력 또는 자격을 갖춘 일반경비원을 신임교육 대상에서 제외할 수 있다.〈개정 2013. 6. 7., 2016. 1. 26.〉 ② 경비원이 되려는 사람은 대통령령으로 정하는 교육기관에서 미리 일반경비원 신임교육을 받을 수 있다.〈신설 2016. 1. 26.〉 ③ 특수경비업자는 대통령령으로 정하는 바에 따라 특수경비원으로 하여금 특수경비원 신임교육과 정기적인 직무교육을 받게 하여야 하고, 특수경비원 신임교육을 받지 아니한 자를 특수경비업무에 종사하게 하여서는 아니 된다.〈개정 2013. 6. 7., 2016. 1. 26.〉 ④ 제3항에 의한 특수경비원의 교육시 관할경찰서 소속 경찰공무원이 교육기관에 입회하여 대	**제18조(일반경비원에 대한 교육)** ① 경비업자는 일반경비원을 채용한 경우 법 제13조제1항 본문에 따라 해당 일반경비원에게 경비업자의 부담으로 다음 각 호의 기관 또는 단체에서 실시하는 일반경비원 신임교육을 받도록 하여야 한다. 〈개정 2016. 6. 28.〉 1. 법 제22조제1항에 따른 경비협회 2. 「경찰공무원 교육훈련규정」 제2조제3호에 따른 경찰교육기관 3. 경비업무 관련 학과가 개설된 대학 등 경비원에 대한 교육을 전문적으로 수행할 수 있는 인력과 시설을 갖춘 기관 또는 단체 중 경찰청장이 지정하여 고시하는 기관 또는 단체 ② 경비업자는 법 제13조제1항 단서에 따라 다음 각 호의 어느 하나에 해당하는 사람을 일반경비원으로 채용한 경우에는 해당 일반경비원을 일반경비원 신임교육 대상에서 제외할 수 있다.〈개정 2016. 6. 28.〉	

경비업법 [법률 제19021호, 2022. 11. 15., 일부개정]	경비업법 시행령 [대통령령 제33464호, 2023. 5. 15., 일부개정]	경비업법 시행규칙 [행정안전부령 제418호, 2023. 7. 17., 일부개정]
통령령이 정하는 바에 따라 지도·감독하여야 한다.〈개정 2016. 1. 26.〉	1. 법 제13조제1항 본문 및 같은 조 제3항에 따른 일반경비원 또는 특수경비원 신임교육을 받은 사람으로서 채용 전 3년 이내에 경비업무에 종사한 경력이 있는 사람 2. 「경찰공무원법」에 따른 경찰공무원으로 근무한 경력이 있는 사람 3. 「대통령 등의 경호에 관한 법률」에 따른 경호공무원 또는 별정직공무원으로 근무한 경력이 있는 사람 4. 「군인사법」에 따른 부사관 이상으로 근무한 경력이 있는 사람 5. 경비지도사 자격이 있는 사람 6. 채용 당시 법 제13조제2항에 따른 일반경비원 신임교육을 받은 지 3년이 지나지 아니한 사람 ③ 경비업자는 법 제13조제1항에 따라 소속 일반경비원에게 법 제12조에 따라 선임한 경비지도사가 수립한 교육계획에 따라 매월 행정안전부령으로 정하는 시간 이상의 직무교육을 받도록 하여야 한다.〈개정 2014. 11. 19., 2016. 6. 28., 2017. 7. 26.〉 ④ 법 제13조제2항에서 "대통령령으로 정하는 교육기관"이란 제18조제1항 각 호의 기관 또는 단체를 말한다.〈신설 2016. 6. 28.〉 ⑤ 제1항에 따른 신임교육의 과	

경비업법 [법률 제19021호, 2022. 11. 15., 일부개정]	경비업법 시행령 [대통령령 제33464호, 2023. 5. 15., 일부개정]	경비업법 시행규칙 [행정안전부령 제418호, 2023. 7. 17., 일부개정]
	목 및 시간, 제3항에 따른 직무교육의 과목 등 일반경비원의 교육 실시에 필요한 사항은 행정안전부령으로 정한다.〈개정 2014. 11. 19., 2016. 6. 28., 2017. 7. 26.〉 [전문개정 2014. 6. 3.] **제19조(특수경비원에 대한 교육)** ① 특수경비업자는 특수경비원을 채용한 경우 법 제13조제3항에 따라 해당 특수경비원에게 특수경비업자의 부담으로 다음 각 호의 기관 또는 단체에서 실시하는 특수경비원 신임교육을 받도록 하여야 한다.〈개정 2014. 11. 19., 2016. 6. 28., 2017. 7. 26.〉 1. 「경찰공무원 교육훈련규정」 제2조제3호에 따른 경찰교육기관 2. 행정안전부령으로 정하는 기준에 적합한 기관 또는 단체 중 경찰청장이 지정하여 고시하는 기관 또는 단체 ② 제1항에도 불구하고 특수경비업자는 채용 전 3년 이내에 특수경비업무에 종사하였던 경력이 있는 사람을 특수경비원으로 채용한 경우에는 해당 특수경비원을 특수경비원 신임교육 대상에서 제외할 수 있다. ③ 특수경비업자는 법 제13조제3항에 따라 소속 특수경비원에게 법 제12조에 따라 선임한 경비지도사가 수립한 교육계획에	

경비업법 [법률 제19021호, 2022. 11. 15., 일부개정]	경비업법 시행령 [대통령령 제33464호, 2023. 5. 15., 일부개정]	경비업법 시행규칙 [행정안전부령 제418호, 2023. 7. 17., 일부개정]
	따라 매월 행정안전부령으로 정하는 시간 이상의 직무교육을 받도록 하여야 한다.〈개정 2014. 11. 19., 2016. 6. 28., 2017. 7. 26.〉 ④ 제1항에 따른 신임교육의 과목 및 시간, 제3항에 따른 직무교육의 과목 등 특수경비원의 교육 실시에 필요한 사항은 행정안전부령으로 정한다.〈개정 2014. 11. 19., 2017. 7. 26.〉 [전문개정 2014. 6. 3.]	
제14조(특수경비원의 직무 및 무기사용 등) ① 특수경비업자는 특수경비원으로 하여금 배치된 경비구역 안에서 관할 경찰서장 및 공항경찰대장 등 국가중요시설의 경비책임자(이하 "관할 경찰관서장"이라 한다)와 국가중요시설의 시설주의 감독을 받아 시설을 경비하고 도난·화재 그 밖의 위험의 발생을 방지하는 업무를 수행하게 하여야 한다. ② 특수경비원은 국가중요시설에 대한 경비업무 수행 중 국가중요시설의 정상적인 운영을 해치는 장해를 일으켜서는 아니된다. ③ 시·도 경찰청장은 국가중요시설에 대한 경비업무의 수행을 위하여 필요하다고 인정하는 때에는 시설주의 신청에 의하여 무기를 구입한다. 이 경우 시설주는 그 무기의 구입대금을 지불하고, 구입한 무기를 국가에 기부채납하여야 한다. 〈개정 2020. 12. 22.〉	**제20조(특수경비원 무기휴대의 절차 등)** ① 시설주는 법 제14조제4항의 규정에 의하여 특수경비원이 휴대할 무기를 대여받고자 하는 때에는 무기대여신청서를 관할경찰서장 및 공항경찰대장 등 국가중요시설의 경비책임자(이하 "관할경찰관서장"이라 한다)를 거쳐 시·도 경찰청장에게 제출하여야 한다. 〈개정 2020. 12. 31.〉 ② 시설주는 법 제14조제4항의 규정에 의하여 관할경찰관서장으로부터 대여받은 무기를 특수경비원에게 휴대하게 하는 경우에는 동조제9항의 규정에 의하여 관할경찰관서장의 사전승인을 얻어야 한다. ③ 제2항의 규정에 의한 사전승인을 함에 있어서 관할경찰관서장은 국가중요시설에 총기 또는 폭발물의 소지자나 무장간첩 침입의 우려가 있는지의 여부 등을 고려하는 등 특수경비원에게	**제18조(무기의 관리수칙 등)** ① 법 제14조제4항에 따라 무기를 대여받은 국가중요시설의 시설주(이하 "시설주"라 한다) 또는 같은 조 제7항에 따른 관리책임자(이하 "관리책임자"라 한다)는 다음 각 호의 관리수칙에 따라 무기(탄약을 포함한다. 이하 같다)를 관리해야 한다. 〈개정 2015. 9. 24., 2020. 12. 31., 2021. 12. 31.〉 1. 무기의 관리를 위한 책임자를 지정하고 관할경찰관서장에게 이를 통보할 것 2. 무기고 및 탄약고는 단층에 설치하고 환기·방습·방화 및 총받침대 등의 시설을 할 것 3. 탄약고는 무기고와 사무실 등 많은 사람을 수용하거나 많은 사람이 오고 가는 시설과 떨어진 곳에 설치할 것 4. 무기고 및 탄약고에는 이중잠금장치를 하여야 하며, 열쇠는 관리책임자가 보관하

경비업법 [법률 제19021호, 2022. 11. 15., 일부개정]	경비업법 시행령 [대통령령 제33464호, 2023. 5. 15., 일부개정]	경비업법 시행규칙 [행정안전부령 제418호, 2023. 7. 17., 일부개정]
④ 시·도 경찰청장은 국가중요시설에 대한 경비업무의 수행을 위하여 필요하다고 인정하는 때에는 관할경찰관서장으로 하여금 시설주의 신청에 의하여 시설주로부터 국가에 기부채납된 무기를 대여하게 하고, 시설주는 이를 특수경비원으로 하여금 휴대하게 할 수 있다. 이 경우 특수경비원은 정당한 사유없이 무기를 소지하고 배치된 경비구역을 벗어나서는 아니된다.〈개정 2020. 12. 22.〉 ⑤ 시설주가 제4항의 규정에 의하여 대여받은 무기에 대하여 시설주 및 관할 경찰관서장은 무기의 관리책임을 지고, 관할 경찰관서장은 시설주 및 특수경비원의 무기관리상황을 대통령령이 정하는 바에 따라 지도·감독하여야 한다.〈개정 2014. 12. 30.〉 ⑥ 관할 경찰관서장은 무기의 적정한 관리를 위하여 제4항의 규정에 의하여 무기를 대여받은 시설주에 대하여 필요한 명령을 발할 수 있다. 〈개정 2014. 12. 30.〉 ⑦ 시설주로부터 무기의 관리를 위하여 지정받은 책임자(이하 "관리책임자"라 한다)는 다음 각호에 의하여 이를 관리하여야 한다. 1. 무기출납부 및 무기장비운영카드를 비치·기록하여야 한다. 2. 무기는 관리책임자가 직접 지급·회수하여야 한다.	무기를 지급하여야 할 필요성이 있는지의 여부에 관하여 판단하여야 한다. ④ 시설주는 제3항의 규정에 의한 무기지급의 필요성이 해소되었다고 인정되는 때에는 특수경비원으로부터 즉시 무기를 회수하여야 한다. ⑤ 법 제14조제9항의 규정에 의하여 특수경비원이 휴대할 수 있는 무기종류는 권총 및 소총으로 한다. ⑥ 「위해성 경찰장비의 사용기준 등에 관한 규정」 제18조 및 별표 2의 규정은 법 제14조제9항의 규정에 의한 안전검사의 기준에 관하여 이를 준용한다.〈개정 2014. 11. 19.〉 ⑦ 시설주, 법 제14조제7항의 규정에 의한 관리책임자와 특수경비원은 행정안전부령이 정하는 무기관리수칙을 준수하여야 한다.〈개정 2008. 2. 29., 2013. 3. 23., 2014. 11. 19., 2017. 7. 26.〉 **제21조(무기관리에 대한 지도·감독)** 관할경찰관서장은 법 제14조제5항의 규정에 의하여 시설주 및 특수경비원의 무기관리상황을 매월 1회 이상 점검하여야 한다.	되, 근무시간 이후에는 열쇠를 당직책임자에게 인계하여 보관시킬 것 5. 관할경찰관서장이 정하는 바에 의하여 무기의 관리실태를 매월 파악하여 다음 달 3일까지 관할경찰관서장에게 통보할 것 6. 대여받은 무기를 빼앗기거나 대여받은 무기가 분실·도난 또는 훼손되는 등의 사고가 발생한 때에는 관할경찰관서장에게 그 사유를 지체없이 통보할 것 7. 대여받은 무기를 빼앗기거나 대여받은 무기가 분실·도난 또는 훼손된 때에는 경찰청장이 정하는 바에 의하여 그 전액을 배상할 것. 다만, 전시·사변, 천재·지변 그 밖의 불가항력의 사유가 있다고 시·도 경찰청장이 인정한 때에는 그러하지 아니하다. 8. 시설주는 자체계획을 수립하여 보관하고 있는 무기를 매주 1회 이상 손질할 수 있게 할 것 ② 시설주 또는 관리책임자는 고의 또는 과실로 무기(부속품을 포함한다)를 빼앗기거나 무기가 분실·도난 또는 훼손되도록 한 특수경비원에 대하여 특수경비업자에게 교체 또는 징계 등의 조치를 요청할 수 있다. 이 경우 특수경비업자는 특별한 사유가 없는 한 이에 응하여야 한다.

경비업법 [법률 제19021호, 2022. 11. 15., 일부개정]	경비업법 시행령 [대통령령 제33464호, 2023. 5. 15., 일부개정]	경비업법 시행규칙 [행정안전부령 제418호, 2023. 7. 17., 일부개정]
⑧ 특수경비원은 국가중요시설의 경비를 위하여 무기를 사용하지 아니하고는 다른 수단이 없다고 인정되는 때에는 필요한 한도 안에서 무기를 사용할 수 있다. 다만, 다음 각호의 1에 해당하는 때를 제외하고는 사람에게 위해를 끼쳐서는 아니된다. 1. 무기 또는 폭발물을 소지하고 국가중요시설에 침입한 자가 특수경비원으로부터 3회 이상 투기(投棄) 또는 투항(投降)을 요구받고도 이에 불응하면서 계속 항거하는 경우 이를 억제하기 위하여 무기를 사용하지 아니하고는 다른 수단이 없다고 인정되는 때 2. 국가중요시설에 침입한 무장간첩이 특수경비원으로부터 투항(投降)을 요구받고도 이에 불응한 때 ⑨ 특수경비원의 무기휴대, 무기종류, 그 사용기준 및 안전검사의 기준 등에 관하여 필요한 사항은 대통령령으로 정한다.		③ 법 제14조제4항의 규정에 의하여 무기를 대여받은 시설주 또는 관리책임자가 특수경비원에게 무기를 출납하고자 하는 때에는 다음 각호의 관리수칙에 따라 무기를 관리하여야 한다. 1. 관할경찰관서장이 무기를 회수하여 집중적으로 관리하도록 지시하는 경우 또는 출납하는 탄약의 수를 증감하거나 출납을 중지하도록 지시하는 경우에는 이에 따를 것 2. 탄약의 출납은 소총에 있어서는 1정당 15발 이내, 권총에 있어서는 1정당 7발 이내로 하되, 생산된 후 오래된 탄약을 우선적으로 출납할 것 3. 무기를 지급받은 특수경비원으로 하여금 무기를 매주 1회 이상 손질하게 할 것 4. 수리가 필요한 무기가 있는 때에는 그 목록과 무기장비운영카드를 첨부하여 관할경찰관서장에게 수리를 요청할 것 ④ 법 제14조제4항의 규정에 의하여 시설주로부터 무기를 지급받은 특수경비원은 다음 각호의 관리수칙에 따라 무기를 관리하여야 한다. 1. 무기를 지급받거나 반납하는 때 또는 무기의 인계 인수를 하는 때에는 반드시 "앞에 총"의 자세에서 "검사 총"을 할 것 2. 무기를 지급받은 때에는 별

경비업법 [법률 제19021호, 2022. 11. 15., 일부개정]	경비업법 시행령 [대통령령 제33464호, 2023. 5. 15., 일부개정]	경비업법 시행규칙 [행정안전부령 제418호, 2023. 7. 17., 일부개정]
		도의 지시가 없는 한 탄약은 무기로부터 분리하여 휴대하여야 하며, 소총은 "우로 어깨걸어 총"의 자세를 유지하고, 권총은 "권총집에 넣어 총"의 자세를 유지할 것 3. 지급받은 무기를 다른 사람에게 보관·휴대 또는 손질시키지 아니할 것 4. 무기를 손질 또는 조작하는 때에는 총구를 반드시 공중으로 향하게 할 것 5. 무기를 반납하는 때에는 손질을 철저히 한 후 반납하도록 할 것 6. 근무시간 이후에는 무기를 시설주에게 반납하거나 교대근무자에게 인계할 것 ⑤ 시설주는 다음 각 호의 특수경비원에 대하여 무기를 지급해서는 안 되며, 지급된 무기가 있는 경우 이를 즉시 회수해야 한다.〈개정 2021. 12. 31.〉 1. 형사사건으로 인하여 조사를 받고 있는 사람 2. 사직 의사를 표명한 사람 3. 정신질환자 4. 그 밖에 무기를 지급하기에 부적합하다고 인정되는 사람 ⑥ 시설주는 무기를 수송하는 때에는 출발하기 전에 관할경찰서장에게 그 사실을 통보하여야 하며, 통보를 받은 관할경찰서장은 1인 이상의 무장경찰관을 무기를 수송하는 자동차 등에 함께 타도록 하여야 한다.
제15조(특수경비원의 의무) ① 특		

경비업법 [법률 제19021호, 2022. 11. 15., 일부개정]	경비업법 시행령 [대통령령 제33464호, 2023. 5. 15., 일부개정]	경비업법 시행규칙 [행정안전부령 제418호, 2023. 7. 17., 일부개정]
수경비원은 직무를 수행함에 있어 시설주·관할 경찰관서장 및 소속상사의 직무상 명령에 복종하여야 한다. ② 특수경비원은 소속상사의 허가 또는 정당한 사유없이 경비구역을 벗어나서는 아니된다. ③ 특수경비원은 파업·태업 그 밖에 경비업무의 정상적인 운영을 저해하는 일체의 쟁의행위를 하여서는 아니된다. ④ 특수경비원이 무기를 휴대하고 경비업무를 수행하는 때에는 다음 각호의 1에 정하는 무기의 안전사용수칙을 지켜야 한다. 1. 특수경비원은 사람을 향하여 권총 또는 소총을 발사하고자 하는 때에는 미리 구두 또는 공포탄에 의한 사격으로 상대방에게 경고하여야 한다. 다만, 다음 각목의 1에 해당하는 경우로서 부득이한 때에는 경고하지 아니할 수 있다. 가. 특수경비원을 급습하거나 타인의 생명·신체에 대한 중대한 위험을 야기하는 범행이 목전에 실행되고 있는 등 상황이 급박하여 경고할 시간적 여유가 없는 경우 나. 인질·간첩 또는 테러사건에 있어서 은밀히 작전을 수행하는 경우 2. 특수경비원은 무기를 사용하는 경우에 있어서 범죄와 무관한 다중의 생명·신체에		

경비업법 [법률 제19021호, 2022. 11. 15., 일부개정]	경비업법 시행령 [대통령령 제33464호, 2023. 5. 15., 일부개정]	경비업법 시행규칙 [행정안전부령 제418호, 2023. 7. 17., 일부개정]
위해를 가할 우려가 있는 때에는 이를 사용하여서는 아니된다. 다만, 무기를 사용하지 아니하고는 타인 또는 특수경비원의 생명·신체에 대한 중대한 위협을 방지할 수 없다고 인정되는 때에는 필요한 최소한의 범위 안에서 이를 사용할 수 있다. 3. 특수경비원은 총기 또는 폭발물을 가지고 대항하는 경우를 제외하고는 14세 미만의 자 또는 임산부에 대하여는 권총 또는 소총을 발사하여서는 아니된다.		
제15조의2(경비원 등의 의무) ① 경비원은 직무를 수행함에 있어 타인에게 위력을 과시하거나 물리력을 행사하는 등 경비업무의 범위를 벗어난 행위를 하여서는 아니된다. ② 누구든지 경비원으로 하여금 경비업무의 범위를 벗어난 행위를 하게 하여서는 아니된다. [본조신설 2005. 8. 4.]		
제16조(경비원의 복장 등) ① 경비업자는 경찰공무원 또는 군인의 제복과 색상 및 디자인 등이 명확히 구별되는 소속 경비원의 복장을 정하고 이를 확인할 수 있는 사진을 첨부하여 주된 사무소를 관할하는 시·도 경찰청장에게 행정안전부령으로 정하는 바에 따라 신고하여야 한다. 〈개정 2014. 11. 19., 2017. 7. 26., 2020. 12. 22.〉		**제19조(경비원의 복장 등 신고 등)** ① 법 제16조제1항에 따라 경비원의 복장 신고(변경신고를 포함한다)를 하려는 경비업자는 소속 경비원에게 복장을 착용하도록 하기 전에 별지 제13호의2 서식의 경비원 복장 등 신고서(전자문서로 된 신고서를 포함한다. 이하 같다)를 경비업자의 주된 사무소를 관할하는 시·도 경찰청장에게 제출하여야 한

경비업법 [법률 제19021호, 2022. 11. 15., 일부개정]	경비업법 시행령 [대통령령 제33464호, 2023. 5. 15., 일부개정]	경비업법 시행규칙 [행정안전부령 제418호, 2023. 7. 17., 일부개정]
② 경비업자는 경비업무 수행 시 경비원에게 소속 경비업체를 표시한 이름표를 부착하도록 하고, 제1항에 따라 신고된 동일한 복장을 착용하게 하여야 하며, 복장에 소속 회사를 오인할 수 있는 표시를 하거나 다른 회사의 복장을 착용하게 하여서는 아니 된다. 다만, 집단민원현장이 아닌 곳에서 신변보호업무를 수행하는 경우 또는 경비업무의 성격상 부득이한 사유가 있어 관할 경찰관서장이 허용하는 경우에는 그러하지 아니하다. ③ 시·도 경찰청장은 제1항에 따라 제출받은 사진을 검토한 후 경비업자에게 복장 변경 등에 대한 시정명령을 할 수 있다.〈개정 2020. 12. 22.〉 ④ 제3항에 따른 시정명령을 받은 경비업자는 이를 이행하여야 하고, 시·도 경찰청장에게 행정안전부령으로 정하는 바에 따라 이행보고를 하여야 한다.〈개정 2014. 11. 19., 2017. 7. 26., 2020. 12. 22.〉 ⑤ 그 밖에 경비원의 복장 등에 필요한 사항은 행정안전부령으로 정한다.〈개정 2014. 11. 19., 2017. 7. 26.〉 [전문개정 2013. 6. 7.]		다.〈개정 2020. 12. 31.〉 ② 법 제16조제4항에 따라 경비원 복장 시정명령에 대한 이행보고를 하려는 경비업자는 별지 제13호의3서식의 시정명령 이행보고서(전자문서로 된 보고서를 포함한다. 이하 같다)에 이행사실을 입증할 수 있는 사진 등의 서류를 첨부하여 시정명령을 한 시·도 경찰청장에게 제출하여야 한다. 〈개정 2020. 12. 31.〉 ③ 경비업자는 제1항에 따른 신고서 또는 제2항에 따른 이행보고서를 경비업자의 주된 사무소를 관할하는 시·도 경찰청장 소속 경찰서장을 거쳐 제출할 수 있다. 이 경우 신고서 또는 이행보고서를 받은 경찰서장은 지체 없이 경비업자의 주된 사무소를 관할하는 시·도 경찰청장에게 해당 신고서 또는 이행보고서를 보내야 한다. 〈개정 2020. 12. 31.〉 ④ 경비원은 경비업무 수행 시 이름표를 경비원 복장의 상의 가슴 부위에 부착하여 경비원의 이름을 외부에서 알아볼 수 있도록 하여야 한다. [전문개정 2014. 6. 5.]
제16조의2(경비원의 장비 등) ① 경비원이 휴대할 수 있는 장비의 종류는 경적·단봉·분사기 등 행정안전부령으로 정하되, 근무 중에만 이를 휴대할 수 있다.〈개정		**제20조(경비원의 휴대장비)** ① 법 제16조의2제1항에 따라 경비원은 근무 중 경적, 단봉, 분사기, 안전방패, 무전기 및 그 밖에 경비 업무 수행에 필요한 것으로

경비업법 [법률 제19021호, 2022. 11. 15., 일부개정]	경비업법 시행령 [대통령령 제33464호, 2023. 5. 15., 일부개정]	경비업법 시행규칙 [행정안전부령 제418호, 2023. 7. 17., 일부개정]
2014. 11. 19., 2017. 7. 26.〉 ② 경비업자가 경비원으로 하여금 분사기를 휴대하여 직무를 수행하게 하는 경우에는 「총포·도검·화약류 등 단속법」에 따라 미리 분사기의 소지허가를 받아야 한다. ③ 누구든지 제1항의 장비를 임의로 개조하여 통상의 용법과 달리 사용함으로써 다른 사람의 생명·신체에 위해를 가하여서는 아니 된다. ④ 경비원은 경비업무를 위하여 필요하다고 인정되는 상당한 이유가 있을 때에는 필요한 최소한도에서 제1항의 장비를 사용할 수 있다. ⑤ 그 밖에 경비원의 장비 등에 관하여 필요한 사항은 행정안전부령으로 정한다.〈개정 2014. 11. 19., 2017. 7. 26.〉 [본조신설 2013. 6. 7.]		서 공격적인 용도로 제작되지 아니하는 장비를 휴대할 수 있으며, 안전모 및 방검복 등 안전장비를 착용할 수 있다. ② 제1항에 따른 경비원 장비의 구체적인 기준은 별표 5에 따른다. [전문개정 2014. 6. 5.]
제16조의3(출동차량 등) ① 경비업자는 출동차량 등의 도색 및 표지를 경찰차량 및 군차량과 명확히 구별될 수 있게 하여야 한다. ② 경비업자는 출동차량 등의 도색 및 표지를 정하고 이를 확인할 수 있는 사진을 첨부하여 주된 사무소를 관할하는 시·도 경찰청장에게 행정안전부령으로 정하는 바에 따라 신고하여야 한다.〈개정 2014. 11. 19., 2017. 7. 26., 2020. 12. 22.〉 ③ 시·도 경찰청장은 제2항에		**제21조(출동차량 등의 신고 등)** ① 법 제16조의3제2항에 따라 출동차량 등에 대한 신고(변경신고를 포함한다)를 하려는 경비업자는 출동차량 등을 운행하기 전에 별지 제13호의4서식의 출동차량 등 신고서(전자문서로 된 신고서를 포함한다. 이하 같다)를 경비업자의 주된 사무소를 관할하는 시·도 경찰청장에게 제출하여야 한다.〈개정 2020. 12. 31.〉 ② 법 제16조의3제4항에 따라 출동차량 등의 시정명령에 대한 이행보고를 하려는 경비업자는

경비업법 [법률 제19021호, 2022. 11. 15., 일부개정]	경비업법 시행령 [대통령령 제33464호, 2023. 5. 15., 일부개정]	경비업법 시행규칙 [행정안전부령 제418호, 2023. 7. 17., 일부개정]
따라 제출받은 사진을 검토한 후 경비업자에게 도색 및 표지 변경 등에 대한 시정명령을 할 수 있다.〈개정 2020. 12. 22.〉 ④ 제3항에 따른 시정명령을 받은 경비업자는 이를 이행하여야 하고, 시·도경찰청장에게 행정안전부령으로 정하는 바에 따라 이행보고를 하여야 한다.〈개정 2014. 11. 19., 2017. 7. 26., 2020. 12. 22.〉 ⑤ 그 밖에 출동차량 등에 필요한 사항은 행정안전부령으로 정한다.〈개정 2014. 11. 19., 2017. 7. 26.〉 [본조신설 2013. 6. 7.]		별지 제13호의3서식의 시정명령 이행보고서에 이행사실을 입증할 수 있는 사진 등의 서류를 첨부하여 시정명령을 한 시·도 경찰청장에게 제출하여야 한다. 〈개정 2020. 12. 31.〉 ③ 경비업자는 제1항에 따른 신고서 및 제2항에 따른 이행보고서를 경비업자의 주된 사무소를 관할하는 시·도 경찰청장 소속의 경찰서장을 거쳐 제출할 수 있다. 이 경우 신고서 또는 이행보고서를 받은 경찰서장은 지체 없이 경비업자의 주된 사무소를 관할하는 시·도 경찰청장에게 해당 신고서 또는 이행보고서를 보내야 한다. 〈개정 2020. 12. 31.〉 [전문개정 2014. 6. 5.]
제17조(결격사유 확인을 위한 범죄경력조회 등) ① 경찰청장, 시·도 경찰청장 또는 관할 경찰관서장은 직권으로 또는 제2항에 따른 범죄경력조회 요청이 있는 경우에는 경비업자의 임원, 경비지도사 또는 경비원이 제5조제3호·제4호, 제10조제1항제3호부터 제8호까지 또는 같은 조 제2항제3호·제4호에 따른 결격사유에 해당하는지를 확인하기 위하여 「형의 실효 등에 관한 법률」 제6조에 따른 범죄경력조회를 할 수 있다.〈개정 2020. 12. 22., 2021. 1. 12.〉 ② 경비업자는 선출·선임·채용 또는 배치하려는 임원, 경비지도사 또는 경비원이 제5조제3		**제22조(결격사유 확인을 위한 범죄경력조회 요청)** ① 법 제17조제2항에 따른 범죄경력조회 요청은 별지 제13호의5서식의 범죄경력조회 신청서(전자문서로 된 신청서를 포함한다)에 따른다. ② 경비업자는 제1항에 따라 범죄경력조회를 요청하는 경우 다음 각 호의 서류를 첨부하여야 한다. 1. 경비업 허가증 사본 2. 별지 제13호의6서식의 취업자 또는 취업예정자 범죄경력조회 동의서 [전문개정 2014. 6. 5.]

경비업법 [법률 제19021호, 2022. 11. 15., 일부개정]	경비업법 시행령 [대통령령 제33464호, 2023. 5. 15., 일부개정]	경비업법 시행규칙 [행정안전부령 제418호, 2023. 7. 17., 일부개정]
호·제4호, 제10조제1항제3호부터 제8호까지 또는 같은 조 제2항제3호·제4호에 따른 결격사유에 해당하는지를 확인하기 위하여 주된 사무소, 출장소 또는 배치장소를 관할하는 시·도경찰청장 또는 경찰관서장에게 「형의 실효 등에 관한 법률」 제6조에 따른 범죄경력조회를 요청할 수 있다.〈개정 2020. 12. 22., 2021. 1. 12.〉 ③ 제2항에 따른 범죄경력조회 요청을 받은 시·도 경찰청장 또는 관할 경찰관서장은 경비업자에게 그 결과를 통보할 때에는 경비업자의 임원, 경비지도사 또는 경비원이 제5조제3호·제4호, 제10조제1항제3호부터 제8호까지 또는 같은 조 제2항제3호·제4호에 따른 결격사유에 해당하는지 여부만을 통보하여야 한다.〈개정 2020. 12. 22., 2021. 1. 12.〉 ④ 시·도 경찰청장 또는 관할 경찰관서장은 경비업자의 임원, 경비지도사 또는 경비원이 제5조 각 호, 제10조제1항 각 호 또는 제2항 각 호의 결격사유에 해당하는 사실을 알게 되거나 이 법 또는 이 법에 따른 명령을 위반한 때에는 경비업자에게 그 사실을 통보하여야 한다. 〈개정 2020. 12. 22.〉 [전문개정 2013. 6. 7.]		
제18조(경비원의 명부와 배치허가 등) ① 경비업자는 행정안전부령	**제22조(집단민원현장 배치 불허가 기준)** 법 제18조제3항제2호에	**제23조(경비원의 명부)** 경비업자는 법 제18조제1항에 따라 다음 각

경비업법 [법률 제19021호, 2022. 11. 15., 일부개정]	경비업법 시행령 [대통령령 제33464호, 2023. 5. 15., 일부개정]	경비업법 시행규칙 [행정안전부령 제418호, 2023. 7. 17., 일부개정]
으로 정하는 바에 따라 경비원의 명부를 작성·비치하여야 한다. 다만, 집단민원현장에 배치되는 일반경비원의 명부는 그 경비원이 배치되는 장소에도 작성·비치하여야 한다.〈개정 2008. 2. 29., 2013. 3. 23., 2013. 6. 7., 2014. 11. 19., 2017. 7. 26.〉 ② 경비업자가 경비원을 배치하거나 배치를 폐지한 경우에는 행정안전부령으로 정하는 바에 따라 관할 경찰관서장에게 신고하여야 한다. 다만, 다음 제1호의 경우에는 경비원을 배치하기 48시간 전까지 행정안전부령으로 정하는 바에 따라 배치허가를 신청하고, 관할 경찰관서장의 배치허가를 받은 후에 경비원을 배치하여야 하며(제2호 및 제3호의 경우에는 경비원을 배치하기 전까지 신고하여야 한다), 이 경우 관할 경찰관서장은 배치허가를 함에 있어 필요한 조건을 붙일 수 있다.〈개정 2005. 8. 4., 2008. 2. 29., 2013. 3. 23., 2013. 6. 7., 2014. 11. 19., 2017. 7. 26.〉 1. 제2조제1호가목에 따른 시설경비업무 또는 같은 호 다목에 따른 신변보호업무 중 집단민원현장에 배치된 일반경비원 2. 집단민원현장이 아닌 곳에서 제2조제1호 다목의 규정에 의한 신변보호업무를 수행하는 일반경비원	서 "대통령령으로 정하는 기준"이란 100분의 21을 말한다.	호의 장소에 별지 제14호서식의 경비원 명부(제2호 및 제3호의 경우에는 해당 장소에 배치된 경비원의 명부를 말한다)를 작성·비치하여 두고, 이를 항상 정리하여야 한다. 1. 주된 사무소 2. 영 제5조제3항에 따른 출장소 3. 집단민원현장 [전문개정 2014. 6. 5.] **제24조(경비원의 배치 및 배치폐지의 신고)** ① 경비업자는 법 제18조제2항에 따라 경비업무를 수행하기 위하여 20일 이상 경비원을 배치하거나 그 기간을 연장하려는 때에는 경비원을 배치한 후 7일 이내에 별지 제15호서식의 경비원 배치신고서(전자문서로 된 신고서를 포함하며, 이하 "배치신고서"라 한다)를 배치지를 관할하는 경찰관서장에게 제출해야 한다. 다만, 법 제18조제2항제2호 및 제3호에 해당하는 경비원을 배치하는 경우에는 경비원을 배치하는 기간과 관계없이 경비원을 배치하기 전까지 제출해야 한다.〈개정 2014. 6. 5., 2021. 7. 13.〉 ② 법 제18조제2항제3호에 해당하는 특수경비원을 배치하는 경비업자는 배치신고서에 특수경비원 전원의 별지 제15호의2 서식의 병력(病歷)신고 및 개인정보 이용 동의서(이하 이 조에서 "동의서"라 한다)를 첨부하여

경비업법 [법률 제19021호, 2022. 11. 15., 일부개정]	경비업법 시행령 [대통령령 제33464호, 2023. 5. 15., 일부개정]	경비업법 시행규칙 [행정안전부령 제418호, 2023. 7. 17., 일부개정]
3. 특수경비원 ③ 관할 경찰관서장은 제2항 각 호 외의 부분 단서에 따른 배치허가 신청을 받은 경우 다음 각 호의 사유에 해당하는 때에는 배치허가를 하여서는 아니 된다. 이 경우 관할 경찰관서장은 다음 각 호의 사유를 확인하기 위하여 소속 경찰관으로 하여금 그 배치장소를 방문하여 조사하게 할 수 있다.〈신설 2013. 6. 7.〉 1. 제15조의2제1항 및 제2항을 위반하여 경비업무의 범위를 벗어난 행위를 할 우려가 있는 경우 2. 경비원 중 제10조제1항 또는 제2항에 해당하는 결격자나 제13조에 따른 신임교육을 받지 아니한 사람이 대통령령으로 정하는 기준 이상으로 포함되어 있는 경우 3. 제24조에 따라 경비원의 복장·장비 등에 대하여 내려진 필요한 명령을 이행하지 아니하는 경우 ④ 제2항 각 호 외의 부분 단서에 따른 배치허가 신청을 받은 관할 경찰관서장은 배치되는 경비원 중 제10조제1항 또는 제2항에 해당하는 결격자가 있는 경우에는 그 사람을 제외하고 배치허가를 하여야 한다.〈신설 2013. 6. 7.〉 ⑤ 경비업자는 경비원을 배치하여 경비업무를 수행하게 하는 때에는 행정안전부령으로 정하		관할 경찰관서장에게 제출해야 한다.〈신설 2021. 7. 13.〉 ③ 제2항에 따른 동의서를 제출받은 관할 경찰관서장은 국민건강보험공단 등 관계기관에 치료경력의 조회를 요청할 수 있다.〈신설 2021. 7. 13.〉 ④ 관할 경찰관서장은 제2항에 따른 동의서의 기재내용 또는 관계기관의 조회결과를 확인하여 필요한 경우 경비업자에게 다음 각 호의 서류를 제출하도록 요청할 수 있다. 이 경우 경비업자는 해당 특수경비원의 서류(제출일 기준 6개월 이내에 발급된 서류에 한정한다)를 관할 경찰관서장에게 제출해야 한다.〈신설 2021. 7. 13.〉 1. 영 제10조의2 각 호에 해당하지 않음을 증명하는 해당 분야 전문의의 진단서 1부 2. 영 제10조의2제3호 단서에 해당하는 경우 이를 증명하는 해당 분야 전문의의 진단서 1부 ⑤ 제1항의 규정에 의하여 경비원의 배치신고를 한 경비업자가 경비원의 배치를 폐지한 때에는 배치폐지를 한 날부터 7일 이내에 별지 제15호서식의 경비원 배치폐지신고서(전자문서로 된 신고서를 포함한다)를 배치지의 관할경찰관서장에게 제출하여야 한다. 다만, 경비원 배치신고시에 기재한 배치폐지 예정일에 경비원의 배치를 폐지한 경우에는 그러하지

경비업법 [법률 제19021호, 2022. 11. 15., 일부개정]	경비업법 시행령 [대통령령 제33464호, 2023. 5. 15., 일부개정]	경비업법 시행규칙 [행정안전부령 제418호, 2023. 7. 17., 일부개정]
는 바에 따라 배치된 경비원의 인적사항과 배치일시·배치장소 등 근무상황을 기록하여 보관하여야 한다.〈신설 2013. 6. 7., 2014. 11. 19., 2017. 7. 26.〉 ⑥ 경비업자는 다음 각 호의 어느 하나에 해당하는 죄를 범하여 벌금형을 선고받고 5년이 지나지 아니하거나 금고 이상의 형을 선고받고 그 집행이 유예된 날부터 5년이 지나지 아니한 자를 집단민원현장에 일반경비원으로 배치하여서는 아니 된다.〈신설 2013. 6. 7., 2016. 1. 6.〉 1. 「형법」 제257조부터 제262조까지, 제264조, 제276조부터 제281조까지의 죄, 제284조의 죄, 제285조의 죄, 제320조의 죄, 제324조제2항의 죄, 제350조의2의 죄, 제351조의 죄(제350조, 제350조의2의 상습범으로 한정한다), 제369조제1항의 죄 2. 「폭력행위 등 처벌에 관한 법률」 제2조 또는 제3조의 죄 ⑦ 경비업자는 제1항에 따른 경비원 명부에 없는 자를 경비업무에 종사하게 하여서는 아니 되고, 제2항에 따라 경비원을 배치하는 경우에는 제13조에 따른 신임교육을 이수한 자를 배치하여야 한다.〈신설 2013. 6. 7.〉 ⑧ 관할 경찰관서장은 경비업자가 다음 각 호의 어느 하나에 해당하는 때에는 배치폐지를 명		아니하다.〈개정 2004. 12. 10., 2009. 7. 1., 2021. 7. 13.〉 ⑥ 시·도 경찰청장 또는 경찰서장은 일반경비원 또는 특수경비원이나 일반경비원 또는 특수경비원으로 근무했던 사람이 요청하는 경우에는 별지 제12호의2서식의 배치폐지 또는 현재 배치여부 확인증을 발급할 수 있다.〈신설 2019. 4. 23., 2020. 12. 31., 2021. 7. 13., 2023. 7. 17.〉 **제24조의2(집단민원현장에의 일반경비원 배치허가 신청 등)** ① 법 제18조제2항 각 호 외의 부분 단서에 따라 집단민원현장에 일반경비원 배치허가를 신청하려는 경비업자는 별지 제15호의3서식의 집단민원현장 일반경비원 배치허가 신청서(전자문서에 의한 신청서를 포함하며, 이하 "배치허가 신청서"라 한다)에 집단민원현장에 배치될 일반경비원의 신임교육 이수증(영 제18조제2항에 따른 일반경비원 신임교육 면제 대상의 경우 신임교육 면제 대상에 해당함을 입증할 수 있는 서류를 말한다) 각 1부를 첨부하여 관할 경찰관서장에게 제출해야 한다.〈개정 2021. 7. 13.〉 ② 제1항에 따른 배치허가 신청서를 받은 관할 경찰관서장은 경비원 배치예정 일시 전까지 배치허가 여부를 결정하여 경비업자에게 통보하여야 한다.

경비업법 [법률 제19021호, 2022. 11. 15., 일부개정]	경비업법 시행령 [대통령령 제33464호, 2023. 5. 15., 일부개정]	경비업법 시행규칙 [행정안전부령 제418호, 2023. 7. 17., 일부개정]
할 수 있다.〈신설 2013. 6. 7.〉 1. 제2항 각 호 외의 부분 단서를 위반하여 배치허가를 받지 아니하고 경비원을 배치하거나 경비원 명단 및 배치일시·배치장소 등 배치허가 신청의 내용을 거짓으로 한 때 2. 제6항의 결격사유에 해당하는 자를 집단민원현장에 일반경비원으로 배치한 때 3. 제7항을 위반하여 신임교육을 이수하지 아니한 자를 제2항 각 호의 경비원으로 배치한 때 4. 경비업자 또는 경비원이 위력이나 흉기 또는 그 밖의 위험한 물건을 사용하여 집단적 폭력사태를 일으킨 때 5. 경비업자가 제2항 각 호 외의 부분 본문을 위반하여 신고하지 아니하고 일반경비원을 배치한 때 [제목개정 2013. 6. 7.]		③ 제2항에 따라 일반경비원 배치허가를 받은 경비업자가 경비원 배치기간을 연장하려는 경우에는 배치기간이 만료되기 48시간 전까지 배치허가 신청서를 관할 경찰관서장에게 제출하여 허가를 받아야 한다. ④ 제2항에 따라 일반경비원 배치허가를 받은 경비업자가 집단민원현장에 새로운 경비원을 배치하려는 경우에는 새로운 경비원을 배치하기 48시간 전까지 배치허가 신청서를 관할 경찰관서장에게 제출하여 허가를 받아야 한다. ⑤ 제2항에 따라 일반경비원 배치허가를 받은 경비업자가 경비원의 배치를 폐지한 때에는 배치폐지를 한 날부터 48시간 이내에 별지 제15호의4서식의 집단민원현장 일반경비원 배치폐지 신고서(전자문서로 된 신고서를 포함한다)를 관할 경찰관서장에게 제출해야 한다.〈개정 2021. 7. 13.〉 ⑥ 제2항에 따라 일반경비원 배치허가를 받은 경비업자가 집단민원현장에 배치된 경비지도사를 변경한 경우에는 변경된 내용을 관할 경찰관서장에게 통보하여야 한다. [본조신설 2014. 6. 5.] **제24조의3(경비원 근무상황 기록부)** ① 경비업자는 법 제18조제5항에 따라 경비업무를 수행하는

경비업법 [법률 제19021호, 2022. 11. 15., 일부개정]	경비업법 시행령 [대통령령 제33464호, 2023. 5. 15., 일부개정]	경비업법 시행규칙 [행정안전부령 제418호, 2023. 7. 17., 일부개정]
		경비원의 인적사항, 배치일시, 배치장소, 배치폐지일시 및 근무여부 등 근무상황을 기록한 근무상황기록부(전자문서로 된 근무상황기록부를 포함한다. 이하 같다)를 작성하여 주된 사무소 및 출장소에 갖추어 두어야 한다. ② 경비업자는 제1항에 따른 근무상황기록부를 1년 동안 보관하여야 한다. [본조신설 2014. 6. 5.]
제5장 행정처분 등		
제19조(경비업 허가의 취소 등) ① 허가관청은 경비업자가 다음 각 호의 어느 하나에 해당하는 때에는 그 허가를 취소하여야 한다.〈개정 2002. 12. 18., 2013. 6. 7., 2017. 10. 24.〉 1. 허위 그 밖의 부정한 방법으로 허가를 받은 때 2. 제7조제5항의 규정에 위반하여 허가받은 경비업무외의 업무에 경비원을 종사하게 한 때 3. 제7조제9항의 규정에 위반하여 경비업 및 경비관련업외의 영업을 한 때 4. 정당한 사유없이 허가를 받은 날부터 2년 이내에 경비도급실적이 없거나 계속하여 1년 이상 휴업한 때 5. 정당한 사유없이 최종 도급계약 종료일의 다음 날부터 2년 이내에 경비 도급실적이 없을 때 6. 영업정지처분을 받고 계속하여 영업을 한 때	**제24조(행정처분의 기준)** 법 제19조제2항에 따른 행정처분의 기준은 별표 4와 같다.	

경비업법 [법률 제19021호, 2022. 11. 15., 일부개정]	경비업법 시행령 [대통령령 제33464호, 2023. 5. 15., 일부개정]	경비업법 시행규칙 [행정안전부령 제418호, 2023. 7. 17., 일부개정]
7. 제15조의2제2항을 위반하여 소속 경비원으로 하여금 경비업무의 범위를 벗어난 행위를 하게 한 때 8. 제18조제8항에 따른 관할 경찰관서장의 배치폐지 명령에 따르지 아니한 때 ② 허가관청은 경비업자가 다음 각 호의 어느 하나에 해당하는 때에는 대통령령으로 정하는 행정처분의 기준에 따라 그 허가를 취소하거나 6개월 이내의 기간을 정하여 영업의 전부 또는 일부에 대하여 영업정지를 명할 수 있다.〈신설 2013. 6. 7., 2020. 12. 22.〉 1. 제4조제1항 후단을 위반하여 시·도 경찰청장의 허가 없이 경비업무를 변경한 때 2. 제7조제2항을 위반하여 도급을 의뢰받은 경비업무가 위법한 것임에도 이를 거부하지 아니한 때 3. 제7조제6항을 위반하여 경비지도사를 집단민원현장에 선임·배치하지 아니한 때 4. 제8조를 위반하여 경비대상 시설에 관한 경보 대응체제를 갖추지 아니한 때 5. 제9조제2항을 위반하여 관련 서류를 작성·비치하지 아니한 때 6. 제10조제3항을 위반하여 결격사유에 해당하는 경비원을 배치하거나 결격사유에 해당하는 경비지도사를 선임·배		

경비업법 [법률 제19021호, 2022. 11. 15., 일부개정]	경비업법 시행령 [대통령령 제33464호, 2023. 5. 15., 일부개정]	경비업법 시행규칙 [행정안전부령 제418호, 2023. 7. 17., 일부개정]
치한 때 7. 제12조제1항을 위반하여 경비지도사를 선임한 때 8. 제13조를 위반하여 경비원으로 하여금 교육을 받게 하지 아니한 때 9. 제16조에 따른 경비원의 복장 등에 관한 규정을 위반한 때 10. 제16조의2에 따른 경비원의 장비 등에 관한 규정을 위반한 때 11. 제16조의3에 따른 경비원의 출동차량 등에 관한 규정을 위반한 때 12. 제18조제1항 단서를 위반하여 집단민원현장에 일반경비원 명부를 작성·비치하지 아니한 때 13. 제18조제2항 각 호 외의 부분 단서를 위반하여 배치허가를 받지 아니하고 경비원을 배치하거나 경비원 명단 및 배치일시·배치장소 등 배치허가 신청의 내용을 거짓으로 한 때 14. 제18조제6항을 위반하여 결격사유에 해당하는 일반경비원을 집단민원현장에 배치한 때 15. 제24조에 따른 감독상 명령에 따르지 아니한 때 16. 제26조를 위반하여 손해를 배상하지 아니한 때 ③ 허가관청은 제1항 및 제2항에 의하여 허가취소 또는 영업정지처분을 하는 때에는 경비업		

경비업법 [법률 제19021호, 2022. 11. 15., 일부개정]	경비업법 시행령 [대통령령 제33464호, 2023. 5. 15., 일부개정]	경비업법 시행규칙 [행정안전부령 제418호, 2023. 7. 17., 일부개정]
자가 허가받은 경비업무중 허가취소 또는 영업정지사유에 해당되는 경비업무에 한하여 처분을 하여야 한다. 다만, 제1항제2호 및 제7호에 해당하여 허가취소를 하는 때에는 그러하지 아니하다.〈개정 2013. 6. 7.〉 [2002. 12. 18. 법률 제6787호에 의하여 2002. 4. 25. 헌법재판소에서 위헌 결정된 이 조를 개정함.] [헌법불합치, 2020헌가19, 2023. 3. 23, 1. 경비업법(2001. 4. 7. 법률 제6467호로 전부개정된 것) 제7조 제5항 중 '시설경비업무'에 관한 부분과 경비업법(2013. 6. 7. 법률 제11872호로 개정된 것) 제19조 제1항 제2호 중 '시설경비업무'에 관한 부분은 헌법에 합치되지 아니한다. 2. 법원 기타 국가기관 및 지방자치단체는 입법자가 개정할 때까지 위 법률조항의 적용을 중지하여야 한다. 3. 입법자는 2024. 12. 31.까지 위 법률조항들을 개정하여야 한다.]		
제20조(경비지도사자격의 취소 등) ① 경찰청장은 경비지도사가 다음 각호의 1에 해당하는 때에는 그 자격을 취소하여야 한다. 〈개정 2014. 12. 30.〉 1. 제10조제1항 각호의 결격사유에 해당하게 된 때 2. 허위 그 밖의 부정한 방법으로 경비지도사자격증을 교부받은 때 3. 경비지도사자격증을 다른 사	**제25조(경비지도사의 자격정지처분의 기준)** 법 제20조제2항의 규정에 의한 경비지도사에 대한 자격정지처분의 기준은 별표 5와 같다.	

경비업법 [법률 제19021호, 2022. 11. 15., 일부개정]	경비업법 시행령 [대통령령 제33464호, 2023. 5. 15., 일부개정]	경비업법 시행규칙 [행정안전부령 제418호, 2023. 7. 17., 일부개정]
람에게 빌려주거나 양도한 때 4. 자격정지 기간 중에 경비지도사로 선임되어 활동한 때 ② 경찰청장은 경비지도사가 다음 각호의 1에 해당하는 때에는 대통령령이 정하는 바에 따라 1년의 범위 내에서 그 자격을 정지시킬 수 있다. 〈개정 2020. 12. 22.〉 1. 제12조제3항의 규정에 위반하여 직무를 성실하게 수행하지 아니한 때 2. 제24조의 규정에 의한 경찰청장 또는 시·도 경찰청장의 명령을 위반한 때 ③ 경찰청장은 제1항의 규정에 의하여 경비지도사의 자격을 취소한 때에는 경비지도사자격증을 회수하여야 하고, 제2항의 규정에 의하여 경비지도사의 자격을 정지한 때에는 그 정지기간동안 경비지도사자격증을 회수하여 보관하여야 한다.		
제21조(청문) 경찰청장 또는 시·도 경찰청장은 다음 각호의 1에 해당하는 처분을 하고자 하는 경우에는 청문을 실시하여야 한다. 1. 제19조의 규정에 의한 경비업 허가의 취소 또는 영업정지 2. 제20조제1항 또는 제2항의 규정에 의한 경비지도사자격의 취소 또는 정지		
제6장 경비협회		
제22조(경비협회) ① 경비업자는 경비업무의 건전한 발전과 경비원의 자질향상 및 교육훈련 등을 위	**제26조(경비협회)** ① 경비업자가 법 제22조제1항에 따라 경비협회(이하 "협회"라 한다)를 설립하려는	

경비업법 [법률 제19021호, 2022. 11. 15., 일부개정]	경비업법 시행령 [대통령령 제33464호, 2023. 5. 15., 일부개정]	경비업법 시행규칙 [행정안전부령 제418호, 2023. 7. 17., 일부개정]
하여 대통령령이 정하는 바에 따라 경비협회를 설립할 수 있다. ② 경비협회는 법인으로 한다. ③ 경비협회의 업무는 다음과 같다. 1. 경비업무의 연구 2. 경비원 교육·훈련 및 그 연구 3. 경비원의 후생·복지에 관한 사항 4. 경비진단에 관한 사항 5. 그 밖에 경비업무의 건전한 운영과 육성에 관하여 필요한 사항 ④ 경비협회에 관하여 이 법에 특별한 규정이 있는 것을 제외하고는 민법 중 사단법인에 관한 규정을 준용한다.	경우에는 정관을 작성하여야 한다.〈개정 2014. 12. 30.〉 ② 협회는 정관이 정하는 바에 의하여 회원으로부터 회비를 징수할 수 있다.	
제23조(공제사업) ① 경비협회는 다음 각 호의 공제사업을 할 수 있다.〈개정 2015. 7. 20.〉 1. 제26조에 따른 경비업자의 손해배상책임을 보장하기 위한 사업 2. 경비업자가 경비업을 운영할 때 필요한 입찰보증, 계약보증(이행보증을 포함한다), 하도급보증을 위한 사업 3. 경비원의 복지향상과 업무상 재해로 인한 손실을 보상하는 사업 4. 경비업무와 관련한 연구 및 경비원 교육·훈련에 관한 사업 ② 경비협회는 제1항의 규정에 의한 공제사업을 하고자 하는 때에는 공제규정을 제정하여야 한다.	**제27조(공제사업)** ① 협회는 법 제23조제1항의 규정에 의하여 공제사업을 하는 경우 공제사업의 회계는 다른 사업의 회계와 구분하여 경리하여야 한다. ② 삭제〈2015. 10. 20.〉	

경비업법 [법률 제19021호, 2022. 11. 15., 일부개정]	경비업법 시행령 [대통령령 제33464호, 2023. 5. 15., 일부개정]	경비업법 시행규칙 [행정안전부령 제418호, 2023. 7. 17., 일부개정]
③ 제2항의 공제규정에는 공제사업의 범위, 공제계약의 내용, 공제금, 공제료 및 공제금에 충당하기 위한 책임준비금 등 공제사업의 운영에 관하여 필요한 사항을 정하여야 한다. ④ 경찰청장은 제1항에 따른 공제사업의 건전한 육성과 가입자의 보호를 위하여 공제사업의 감독에 관한 기준을 정할 수 있다.〈신설 2015. 7. 20.〉 ⑤ 경찰청장은 제2항에 따른 공제규정을 승인하거나 제4항에 따라 공제사업의 감독에 관한 기준을 정하는 경우에는 미리 금융위원회와 협의하여야 한다. 〈신설 2015. 7. 20.〉 ⑥ 경찰청장은 제1항에 따른 공제사업에 대하여 「금융위원회의 설치 등에 관한 법률」에 따른 금융감독원의 원장에게 검사를 요청할 수 있다. 〈신설 2015. 7. 20.〉		
제7장 보칙		
제24조(감독) ① 경찰청장 또는 시·도 경찰청장은 경비업무의 적정한 수행을 위하여 경비업자 및 경비지도사를 지도·감독하며 필요한 명령을 할 수 있다. 〈개정 2020. 12. 22.〉 ② 시·도 경찰청장 또는 관할 경찰관서장은 소속 경찰공무원으로 하여금 관할구역안에 있는 경비업자의 주사무소 및 출장소와 경비원배치장소에 출입하여 근무상황 및 교육훈련상황 등을		

경비업법 [법률 제19021호, 2022. 11. 15., 일부개정]	경비업법 시행령 [대통령령 제33464호, 2023. 5. 15., 일부개정]	경비업법 시행규칙 [행정안전부령 제418호, 2023. 7. 17., 일부개정]
감독하며 필요한 명령을 하게 할 수 있다. 이 경우 출입하는 경찰공무원은 그 권한을 표시하는 증표를 관계인에게 내보여야 한다.〈개정 2020. 12. 22.〉 ③ 시 · 도 경찰청장 또는 관할 경찰관서장은 경비업자 또는 배치된 경비원이 이 법이나 이 법에 따른 명령, 「폭력행위 등 처벌에 관한 법률」을 위반하는 행위를 하는 경우 그 위반행위의 중지를 명할 수 있다.〈신설 2013. 6. 7., 2020. 12. 22.〉 ④ 시 · 도 경찰청장 또는 관할 경찰관서장은 경비업무 장소가 집단민원현장으로 판단되는 경우에는 그 때부터 48시간 이내에 경비업자에게 경비원 배치 허가를 받을 것을 고지하여야 한다.〈신설 2015. 7. 20., 2020. 12. 22.〉		
제25조(보안지도 · 점검 등) 시 · 도 경찰청장은 대통령령이 정하는 바에 따라 특수경비업자에 대하여 보안지도 · 점검을 실시하여야 하고, 필요한 경우 관계기관에 보안측정을 요청하여야 한다.	**제6조(특수경비업자의 업무개시전의 조치)** ① 법 제2조제1호마목의 규정에 의한 특수경비업무를 수행하는 경비업자(이하 "특수경비업자"라 한다)는 법 제4조제3항제5호의 규정에 의하여 첫 업무개시의 신고를 하기 전에 시 · 도 경찰청장의 비밀취급인가를 받아야 한다. 〈개정 2020. 12. 31.〉 ② 시 · 도 경찰청장은 제1항의 규정에 의하여 특수경비업자에게 비밀취급인가를 하고자 하는 때에는 법 제25조의 규정에 의하여 특수경비업자로 하여금 경	

경비업법 [법률 제19021호, 2022. 11. 15., 일부개정]	경비업법 시행령 [대통령령 제33464호, 2023. 5. 15., 일부개정]	경비업법 시행규칙 [행정안전부령 제418호, 2023. 7. 17., 일부개정]
	찰청장을 거쳐 국가정보원장에게 보안측정을 요청하도록 하여야 한다.〈개정 2020. 12. 31.〉 **제29조(보안지도점검)** 시·도 경찰청장은 법 제25조의 규정에 의하여 특수경비업자에 대하여 연 2회 이상의 보안지도·점검을 실시하여야 한다.	
제26조(손해배상 등) ① 경비업자는 경비원이 업무수행 중 고의 또는 과실로 경비대상에 손해가 발생하는 것을 방지하지 못한 때에는 그 손해를 배상하여야 한다. ② 경비업자는 경비원이 업무수행 중 고의 또는 과실로 제3자에게 손해를 입힌 경우에는 이를 배상하여야 한다.	**제8조(오경보의 방지를 위한 설명 등)** ① 법 제9조제1항의 규정에 의하여 기계경비업자가 계약상대방에게 하여야 하는 설명은 다음 각호의 사항을 기재한 서면 또는 전자문서(이하 "서면등"이라 하며, 이 조에서 전자문서는 계약상대방이 원하는 경우에 한한다)를 교부하는 방법에 의한다. 1. 당해 기계경비업무와 관련된 관제시설 및 출장소(제5조제3항의 규정에 의한 출장소를 말한다. 이하 같다)의 명칭·소재지 2. 기계경비업자가 경비대상시설에서 발생한 경보를 수신한 경우에 취하는 조치 3. 기계경비업무용 기기의 설치장소 및 종류와 그밖의 기계장치의 개요 4. 오경보의 발생원인과 송신기기의 유지·관리방법 ② 기계경비업자는 제1항 각호의 사항을 기재한 서면등과 함께 법 제26조의 규정에 의한 손해배상의 범위와 손해배상액에 관한 사	

경비업법 [법률 제19021호, 2022. 11. 15., 일부개정]	경비업법 시행령 [대통령령 제33464호, 2023. 5. 15., 일부개정]	경비업법 시행규칙 [행정안전부령 제418호, 2023. 7. 17., 일부개정]
	항을 기재한 서면 등을 계약상대방에게 교부하여야 한다.	
제27조(위임 및 위탁) ① 이 법에 의한 경찰청장의 권한은 대통령령이 정하는 바에 따라 그 일부를 시·도 경찰청장에게 위임할 수 있다.〈개정 2020. 12. 22.〉 ② 경찰청장은 제11조의 규정에 의한 경비지도사의 시험 및 교육에 관한 업무를 대통령령이 정하는 바에 따라 관계전문기관 또는 단체에 위탁할 수 있다.	**제31조(권한의 위임 및 위탁)** ① 경찰청장은 법 제27조제1항의 규정에 의하여 다음 각호의 권한을 시·도 경찰청장에게 위임한다.〈개정 2020. 12. 31.〉 1. 법 제20조의 규정에 의한 경비지도사의 자격의 취소 및 정지에 관한 권한 2. 법 제21조제2호의 규정에 의한 경비지도사 자격의 취소 및 정지에 관한 청문의 권한 ② 경찰청장 또는 경찰관서장은 법 제27조제2항의 규정에 의하여 법 제11조제1항의 규정에 의한 경비지도사시험의 관리와 경비지도사의 교육에 관한 업무를 경비업무에 관한 인력과 전문성을 갖춘 기관으로서 경찰청장이 지정하여 고시하는 기관 또는 단체에 위탁한다.	
제27조의2(수수료) 이 법에 따른 경비업의 허가를 받거나 허가증을 재교부 받고자 하는 자는 대통령령이 정하는 바에 따라 수수료를 납부하여야 한다.		
제27조의3(벌칙 적용에서 공무원 의제) 제27조제2항에 따라 위탁받은 업무에 종사하는 관계전문기관 또는 단체의 임직원은 「형법」 제129조부터 제132조까지의 규정을 적용할 때에는 공무원으로 본다.		
제8장 벌칙		
제28조(벌칙) ① 제 장해를 일으킨		

경비업법 [법률 제19021호, 2022. 11. 15., 일부개정]	경비업법 시행령 [대통령령 제33464호, 2023. 5. 15., 일부개정]	경비업법 시행규칙 [행정안전부령 제418호, 2023. 7. 17., 일부개정]
특수경비원은 5년 이하의 징역 또는 5천만 원 이하의 14조제2항의 규정에 위반하여 국가중요시설의 정상적인 운영을 해치는 벌금에 처한다. 〈개정 2017. 10. 24.〉 ② 다음 각 호의 어느 하나에 해당하는 자는 3년 이하의 징역 또는 3천만 원 이하의 벌금에 처한다.〈개정 2005. 8. 4., 2013. 6. 7., 2015. 7. 20.〉 1. 제4조제1항의 규정에 의한 허가를 받지 아니하고 경비업을 영위한 자 2. 제7조제4항의 규정에 위반하여 직무상 알게 된 비밀을 누설하거나 부당한 목적을 위하여 사용한 자 3. 제7조제8항의 규정에 위반하여 경비업무의 중단을 통보하지 아니하거나 경비업무를 즉시 인수하지 아니한 특수경비업자 또는 경비대행업자 4. 집단민원현장에 경비원을 배치하면서 제7조의2제1항을 위반하여 제4조제1항에 따른 허가를 받지 아니한 자에게 경비업무를 도급한 자 5. 제7조의2제2항을 위반하여 집단민원현장에 20명 이상의 경비인력을 배치하면서 그 경비인력을 직접 고용한 자 6. 제7조의2제3항을 위반하여 경비업자의 경비원 채용 시 무자격자나 부적격자 등을 채용하도록 관여하거나 영향력을 행		

경비업법 [법률 제19021호, 2022. 11. 15., 일부개정]	경비업법 시행령 [대통령령 제33464호, 2023. 5. 15., 일부개정]	경비업법 시행규칙 [행정안전부령 제418호, 2023. 7. 17., 일부개정]
사한 도급인 7. 과실로 인하여 제14조제2항의 규정에 위반하여 국가중요시설의 정상적인 운영을 해치는 장해를 일으킨 특수경비원 8. 특수경비원으로서 경비구역 안에서 시설물의 절도, 손괴, 위험물의 폭발 등의 사유로 인한 위급사태가 발생한 때에 제15조제1항 또는 제2항의 규정에 위반한 자 9. 제15조의2제2항의 규정을 위반하여 경비원에게 경비업무의 범위를 벗어난 행위를 하게 한 자 ③ 제14조제4항 후단의 규정에 위반하여 정당한 사유없이 무기를 소지하고 배치된 경비구역을 벗어난 특수경비원은 2년 이하의 징역 또는 2천만 원 이하의 벌금에 처한다. ④ 다음 각 호의 어느 하나에 해당하는 자는 1년 이하의 징역 또는 1천만 원 이하의 벌금에 처한다.〈개정 2005. 8. 4., 2013. 6. 7., 2020. 12. 22.〉 1. 제14조제7항의 규정에 위반한 관리책임자 2. 제15조제3항의 규정에 위반하여 쟁의행위를 한 특수경비원 3. 제15조의2제1항을 위반하여 경비업무의 범위를 벗어난 행위를 한 경비원 4. 제16조의2제1항에서 정한 장		

경비업법 [법률 제19021호, 2022. 11. 15., 일부개정]	경비업법 시행령 [대통령령 제33464호, 2023. 5. 15., 일부개정]	경비업법 시행규칙 [행정안전부령 제418호, 2023. 7. 17., 일부개정]
비 외에 흉기 또는 그 밖의 위험한 물건을 휴대하고 경비업무를 수행한 경비원 또는 경비원에게 이를 휴대하고 경비업무를 수행하게 한 자 5. 제18조제8항을 위반하여 경찰관서장의 배치폐지 명령을 따르지 아니한 자 6. 제24조제3항에 따른 시·도 경찰청장 또는 관할 경찰관서장의 중지명령에 따르지 아니한 자 ⑤ 삭제〈2013. 6. 7.〉		
제29조(형의 가중처벌) ① 특수경비원이 무기를 휴대하고 경비업무를 수행 중에 제14조제8항의 규정 및 제15조제4항의 규정에 의한 무기의 안전수칙을 위반하여 「형법」 제258조의2제1항(제257조제1항의 죄로 한정한다)·제2항(제258조제1항·제2항의 죄로 한정한다), 제259조제1항, 제260조제1항, 제262조, 제268조, 제276조제1항, 제277조제1항, 제281조제1항, 제283조제1항, 제324조제2항, 제350조의2 및 제366조의 죄를 범한 때에는 그 죄에 정한 형의 2분의 1까지 가중처벌한다.〈개정 2013. 6. 7., 2016. 1. 6.〉 ② 경비원이 경비업무 수행 중에 제16조의2제1항에서 정한 장비 외에 흉기 또는 그 밖의 위험한 물건을 휴대하고 「형법」 제258조의2제1항(제257조제1항의 죄로 한정한다)·제2항(제		

경비업법 [법률 제19021호, 2022. 11. 15., 일부개정]	경비업법 시행령 [대통령령 제33464호, 2023. 5. 15., 일부개정]	경비업법 시행규칙 [행정안전부령 제418호, 2023. 7. 17., 일부개정]
258조제1항·제2항의 죄로 한정한다), 제259조제1항, 제261조, 제262조, 제268조, 제276조제1항, 제277조제1항, 제281조제1항, 제283조제1항, 제324조제2항, 제350조의2 및 제366조의 죄를 범한 때에는 그 죄에 정한 형의 2분의 1까지 가중처벌한다. 〈신설 2013. 6. 7., 2016. 1. 6.〉		
제30조(양벌규정) 법인의 대표자나 법인 또는 개인의 대리인, 사용인, 그 밖의 종업원이 그 법인 또는 개인의 업무에 관하여 제28조의 위반행위를 하면 그 행위자를 벌하는 외에 그 법인 또는 개인에게도 해당 조문의 벌금형을 과(科)한다. 다만, 법인 또는 개인이 그 위반행위를 방지하기 위하여 해당 업무에 관하여 상당한 주의와 감독을 게을리하지 아니한 경우에는 그러하지 아니하다.		
제31조(과태료) ① 다음 각 호의 어느 하나에 해당하는 경비업자에게는 3천만 원 이하의 과태료를 부과한다.〈신설 2013. 6. 7.〉 1. 제16조제1항을 위반하여 경비원의 복장에 관한 신고를 하지 아니하고 집단민원현장에 경비원을 배치한 자 2. 제16조제2항을 위반하여 이름표를 부착하게 하지 아니하거나, 신고된 동일 복장을 착용하게 하지 아니하고 집단민원현장에 경비원을 배치	**제32조(과태료의 부과기준 등)** ① 법 제31조제1항 및 제2항에 따른 과태료의 부과기준은 별표 6과 같다.〈개정 2014. 6. 3.〉 ② 시·도 경찰청장 또는 경찰관서장은 「질서위반행위규제법」 제14조 각 호의 사항을 고려하여 별표 6에 따른 금액의 100분의 50의 범위에서 경감하거나 가중할 수 있다. 다만, 가중하는 때에는 법 제31조제1항 및 제2항에 따른 과태료 금액의 상한을 초과할 수 없다.〈개정 2014.	**제28조(과태료 부과 고지서 등)** ① 법 제31조제1항 및 제2항에 따른 과태료 부과의 사전 통지는 별지 제16호서식의 과태료 부과 사전 통지서에 따른다. 〈개정 2014. 6. 5.〉 ② 법 제31조제1항 및 제2항에 따른 과태료의 부과는 별지 제17호서식의 과태료 부과 고지서에 따른다.〈개정 2014. 6. 5.〉 [전문개정 2008. 12. 5.]

경비업법 [법률 제19021호, 2022. 11. 15., 일부개정]	경비업법 시행령 [대통령령 제33464호, 2023. 5. 15., 일부개정]	경비업법 시행규칙 [행정안전부령 제418호, 2023. 7. 17., 일부개정]
한 자 3. 제18조제1항 단서를 위반하여 집단민원현장에 일반경비원을 배치하면서 경비원의 명부를 배치장소에 작성ㆍ비치하지 아니한 자 4. 제18조제2항 각 호 외의 부분 단서를 위반하여 배치허가를 받지 아니하고 경비원을 배치하거나 경비원 명단 및 배치일시ㆍ배치장소 등 배치허가 신청의 내용을 거짓으로 한 자 5. 제18조제7항을 위반하여 제13조에 따른 신임교육을 이수하지 아니한 자를 제18조제2항 각 호의 경비원으로 배치한 자 ② 다음 각 호의 어느 하나에 해당하는 경비업자 또는 시설주에게는 500만 원 이하의 과태료를 부과한다. 〈개정 2013. 6. 7.〉 1. 제4조제3항 또는 제18조제2항의 규정에 위반하여 신고를 하지 아니한 자 2. 제7조제7항의 규정에 위반하여 경비대행업자 지정신고를 하지 아니한 자 3. 제9조제1항의 규정에 위반하여 설명의무를 이행하지 아니한 자 4. 제12조제1항의 규정에 위반하여 경비지도사를 선임하지 아니한 자 5. 제14조제6항의 규정에 의한	6. 3., 2020. 12. 31.〉 ③ 삭제〈2014. 6. 3.〉 ④ 삭제〈2014. 6. 3.〉 [전문개정 2008. 11. 26.]	

경비업법 [법률 제19021호, 2022. 11. 15., 일부개정]	경비업법 시행령 [대통령령 제33464호, 2023. 5. 15., 일부개정]	경비업법 시행규칙 [행정안전부령 제418호, 2023. 7. 17., 일부개정]
감독상 필요한 명령을 정당한 이유없이 이행하지 아니한 자 6. 제10조제3항을 위반하여 결격사유에 해당하는 경비원을 배치하거나 결격사유에 해당하는 경비지도사를 선임·배치한 자 7. 제16조제1항의 복장 등에 관한 신고규정을 위반하여 신고를 하지 아니한 자 8. 제16조제2항을 위반하여 이름표를 부착하게 하지 아니하거나, 신고된 동일 복장을 착용하게 하지 아니하고 경비원을 경비업무에 배치한 자 9. 제18조제1항 본문을 위반하여 명부를 작성·비치하지 아니한 자 10. 제18조제5항을 위반하여 경비원의 근무상황을 기록하여 보관하지 아니한 자 ③ 제1항 및 제2항의 규정에 의한 과태료는 대통령령이 정하는 바에 의하여 시·도 경찰청장 또는 경찰관서장이 부과·징수한다.〈개정 2013. 6. 7., 2020. 12. 22.〉 ④ 삭제〈2013. 6. 7.〉 ⑤ 삭제〈2013. 6. 7.〉		

경비업법 제정 · 개정문 (용역경비업법 포함)

경비업법

[시행 2023. 5. 16.] [법률 제19021호, 2022. 11. 15., 일부개정]

【제정 · 개정문】

국회에서 의결된 경비업법 일부개정법률을 이에 공포한다.

대통령 윤석열 (인)

2022년 11월 15일

국무총리 한덕수

국무위원 행정안전부 장관 이상민

◉ 법률 제19021호

경비업법 일부개정법률

경비업법 일부를 다음과 같이 개정한다.

제4조제2항 각 호 외의 부분 중 "받고자 하는"을 “받으려는”으로 하고, 같은 항 제2호가목 중 "20명"을 "10명"으로 한다.

제10조의2를 다음과 같이 신설한다.

제10조의2(특수경비원의 당연 퇴직) 특수경비원이 제10조제2항에 따른 결격사유에 해당하게 될 때에는 당연 퇴직된다. 다만, 제10조제2항제1호는 나이가 60세가 되어 퇴직하는 경우에는 60세가 된 날이 1월부터 6월 사이에 있으면 6월 30일에, 7월부터 12월 사이에 있으면 12월 31일에 각각 당연 퇴직되고, 제10조제2항제3호 중 제10조제1항제2호는 파산선고를 받은 사람으로서 「채무자 회생 및 파산에 관한 법률」에 따라 신청기한 내에 면책신청을 하지 아니하였거나 면책불허가 결정 또는 면책 취소가 확정된 경우만 해당하며, 제10조제2항제4호는 「성폭력범죄의 처벌 등에 관한 특례법」 제2조, 「아동 · 청소년의 성보호에 관한 법률」 제2조제2호 및 직무와 관련하여 「형법」 제355조 또는 제356조에 규정된 죄를 범한 사람으로서 금고 이상의 형의 선고유예를 받은 경우만 해당한다.

부칙

제1조(시행일) 이 법은 공포 후 6개월이 경과한 날부터 시행한다. 다만, 제10조의2의 개정규정은 공포한 날부터 시행한다.

제2조(특수경비원의 당연 퇴직에 관한 적용례) 제10조의2의 개정규정은 이 법 시행 이후 60세가 되거나, 이 법 시행 이후 파산선고를 받거나, 이 법 시행 이후의 행위로 형의 선고유예를 받은 사람부터 적용한다.

경비업법

[시행 2021. 1. 12] [법률 제17894호, 2021. 1. 12, 타법개정]

【제정 · 개정문】

◉ 법률 제17894호(2021.1.12)

피후견인 결격조항 정비를 위한 경비업법 등 10개 법률의 일부개정에 관한 법률

제1조(「경비업법」의 개정) 경비업법 일부를 다음과 같이 개정한다.

제5조 각 호 외의 부분 중 "각호의 1"을 "각 호의 어느 하나"로 하고, 같은 조 제1호를 다음과 같이 한다.

1. 피성년후견인

제10조제1항 각 호 외의 부분 중 "각호의 1"을 "각 호의 어느 하나"로 하고, 같은 항 제1호를 다음과 같이 한다.

1. 18세 미만인 사람 또는 피성년후견인

제10조제2항제1호를 다음과 같이 한다.

1. 18세 미만이거나 60세 이상인 사람 또는 피성년후견인

제10조제2항제2호부터 제4호까지를 각각 제3호부터 제5호까지로 하고, 같은 항에 제2호를 다음과 같이 신설한다.

2. 심신상실자, 알코올 중독자 등 대통령령으로 정하는 정신적 제약이 있는 자

제2조부터 제10조까지 생략

부칙

이 법은 공포한 날부터 시행한다. 다만, 제1조 중 「경비업법」 제10조제2항제2호의 개정규정 및 · · · 〈단서 생략〉 · · · 는 공포 후 6개월이 경과한 날부터 시행한다.

경비업법

[시행 2021. 1. 1] [법률 제17689호, 2020. 12. 22, 타법개정]

【제정 · 개정문】

◉ 법률 제17689호(2020.12.22)

경찰법 전부개정법률

경찰법 전부를 다음과 같이 개정한다.

국가경찰과 자치경찰의 조직 및 운영에 관한 법률

[본문 생략]

부칙

제1조(시행일) 이 법은 2021년 1월 1일부터 시행한다.

제2조부터 제6조까지 생략

제7조(다른 법률의 개정) ① 및 ② 생략

③ 경비업법 일부를 다음과 같이 개정한다.

제4조제1항 전단 및 같은 조 제3항 각 호 외의 부분, 제14조제3항 전단 및 같은 조 제4항 전단, 제16조제1항, 같은 조 제3항 및 제4항, 제16조의3제2항, 같은 조 제3항 및 제4항, 제17조제1항부터 제4항까지, 제19조제2항제1호, 제20조제2항제2호, 제21조 각 호 외의 부분, 제24조제1항부터 제4항까지, 제25조, 제27조제1항, 제28조제4항제6호, 제31조제3항 중 "지방경찰청장"을 각각 "시 · 도경찰청장"으로 한다.

④부터 〈53〉까지 생략

제8조 생략

경비업법

[시행 2019. 4. 16] [법률 제16316호, 2019. 4. 16, 일부개정]

【제정 · 개정문】

국회에서 의결된 경비업법 일부개정법률을 이에 공포한다.

대통령 문재인 (인)

2019년 4월 16일

국무총리 이낙연

국무위원 행정안전부 장관 진영

◉ 법률 제16316호

경비업법 일부개정법률

경비업법 일부를 다음과 같이 개정한다.

제7장에 제27조의3을 다음과 같이 신설한다.

제27조의3(벌칙 적용에서 공무원 의제) 제27조제2항에 따라 위탁받은 업무에 종사하는 관계전문기관 또는 단체의 임직원은 「형법」 제129조부터 제132조까지의 규정을 적용할 때에는 공무원으로 본다.

부칙

이 법은 공포한 날부터 시행한다.

경비업법

[시행 2018. 4. 25] [법률 제14909호, 2017. 10. 24, 일부개정]

【제정 · 개정문】

국회에서 의결된 경비업법 일부개정법률을 이에 공포한다.

대통령 문재인 (인)

2017년 10월 24일

국무총리 이낙연

국무위원 행정안전부 장관 김부겸

⦿ 법률 제14909호

경비업법 일부개정법률

경비업법 일부를 다음과 같이 개정한다.

제11조제3항 중 "경비지도사시험의"를 "경비지도사시험은 매년 1회 이상 시행하며,"로 한다.

제19조제1항제4호 중 "날부터 1년"을 "날부터 2년"으로 하고, 같은 항 제5호 중 "1년"을 "2년"으로 한다.

제28조제1항 중 "7년"을 "5년"으로 한다.

부칙

이 법은 공포 후 6개월이 경과한 날부터 시행한다.

경비업법

[시행 2017. 7. 26] [법률 제14839호, 2017. 7. 26, 타법개정]

【제정 · 개정문】

⦿법률 제14839호(2017.7.26)

정부조직법 일부개정법률

[본문 생략]

부칙

제1조(시행일) ① 이 법은 공포한 날부터 시행한다. 다만, 부칙 제5조에 따라 개정되는 법률 중 이 법 시행 전에 공포되었으나 시행일이 도래하지 아니한 법률을 개정한 부분은 각각 해당 법률의 시행일부터 시행한다.

제2조부터 제4조까지 생략

제5조(다른 법률의 개정) ①부터 〈111〉까지 생략

〈112〉 경비업법 일부를 다음과 같이 개정한다.

제6조제2항 중 "행정자치부령이 정하는 바에 의하여"를 "행정안전부령으로 정하는 바에 따라"로 한다.

제7조제6항, 제16조제1항 · 제4항 · 제5항, 제16조의2제1항 · 제5항, 제16조의3제2항 · 제4항 · 제5항, 제18조제2항 각 호 외의 부분 단서 및 같은 조 제5항 중 "행정자치부령"을 각각 "행정안전부령"으로 한다.

제10조제2항제4호, 제11조제1항 · 제2항, 제18조제1항 본문, 같은 조 제2항 각 호 외의 부분 본문 중 "행정자치부령이"를 "행정안전부령으로"로 한다.

〈113〉부터 〈382〉까지 생략

제6조 생략

경비업법

[시행 2016. 1. 26] [법률 제13814호, 2016. 1. 26, 일부개정]

【제정 · 개정문】

국회에서 의결된 경비업법 일부 개정법률을 이에 공포한다.

대통령 박근혜 (인)

2016년 1월 26일

국무총리 황교안

국무위원 행정자치부 장관 홍윤식

◉ 법률 제13814호

경비업법 일부개정법률

경비업법 일부를 다음과 같이 개정한다.

제13조제1항에 단서를 다음과 같이 신설하고, 같은 조 제2항 및 제3항을 각각 제3항 및 제4항으로 하며, 같은 조에 제2항을 다음과 같이 신설하고, 같은 조 제4항(종전의 제3항) 중 "제2항"을 "제3항"으로 한다.

다만, 경비업자는 대통령령으로 정하는 경력 또는 자격을 갖춘 일반경비원을 신임교육 대상에서 제외할 수 있다.

② 경비원이 되려는 사람은 대통령령으로 정하는 교육기관에서 미리 일반경비원 신임교육을 받을 수 있다.

부칙

이 법은 공포한 날부터 시행한다.

경비업법

[시행 2016. 1. 6] [법률 제13719호, 2016. 1. 6, 타법개정]

【제정 · 개정문】

◉ 법률 제13719호(2016.1.6)

형법 일부개정법률

[본문 생략]

부칙

제1조(시행일) 이 법은 공포한 날부터 시행한다. 〈단서 생략〉

제2조(다른 법률의 개정) ① 생략

② 경비업법 일부를 다음과 같이 개정한다.

제29조제1항 중 "형법 제257조제1항, 제258조제1항 · 제2항"을 "「형법」 제258조의2제1항(제257조제1항의 죄로 한정한다) · 제2항(제258조제1항 · 제2항의 죄로 한정한다)"으로, "제324조"를 "제324조제2항"으로, "제350조"를 "제350조의2"로 하고, 같은 조 제2항 중 "제257조제1항, 제258조제1항 · 제2항"을 "제258조의2제1항(제257조제1항의 죄로 한정한다) · 제2항(제258조제1항 · 제2항의 죄로 한정한다)"으로, "제324조"를 "제324조제2항"으로, "제350조"를 "제350조의2"로 한다.

③부터 ⑧까지 생략

제3조 생략

경비업법

[시행 2016. 1. 6] [법률 제13718호, 2016. 1. 6, 타법개정]

【제정 · 개정문】

◉ 법률 제13718호(2016.1.6)

폭력행위 등 처벌에 관한 법률 일부개정법률

[본문 생략]

부칙

제1조(시행일) 이 법은 공포한 날부터 시행한다.

제2조(다른 법률의 개정) ① 생략

② 경비업법 일부를 다음과 같이 개정한다.

제18조제6항제1호 중 "제281조까지의 죄"를 "제281조까지의 죄, 제284조의 죄, 제285조의 죄, 제320조의 죄, 제324조제2항의 죄, 제350조의2의 죄, 제351조의 죄(제350조, 제350조의2의 상습범으로 한

정한다), 제369조제1항의 죄"로 한다.
③부터 ⑩까지 생략
제3조 생략

경비업법

[시행 2015. 10. 21] [법률 제13397호, 2015. 7. 20, 일부개정]

【제정 · 개정문】

국회에서 의결된 경비업법 일부개정법률을 이에 공포한다.

대통령 박근혜 (인)

2015년 7월 20일

국무총리 황교안

국무위원 행정자치부 장관 정종섭

◉ 법률 제13397호
경비업법 일부개정법률

경비업법 일부를 다음과 같이 개정한다.
제7조의2에 제3항 및 제4항을 각각 다음과 같이 신설한다.
③ 제1항 및 제2항에 따라 경비업무를 도급하는 자는 그 경비업무를 수급한 경비업자의 경비원 채용 시 무자격자나 부적격자 등을 채용하도록 관여하거나 영향력을 행사해서는 아니 된다.
④ 제3항에 따른 무자격자 및 부적격자의 구체적인 범위 등은 대통령령으로 정한다.

제23조제1항을 다음과 같이 하고, 같은 조에 제4항부터 제6항까지를 각각 다음과 같이 신설한다.
① 경비협회는 다음 각 호의 공제사업을 할 수 있다.
1. 제26조에 따른 경비업자의 손해배상책임을 보장하기 위한 사업
2. 경비업자가 경비업을 운영할 때 필요한 입찰보증, 계약보증(이행보증을 포함한다), 하도급보증을 위한 사업
3. 경비원의 복지향상과 업무상 재해로 인한 손실을 보상하는 사업
4. 경비업무와 관련한 연구 및 경비원 교육 · 훈련에 관한 사업
④ 경찰청장은 제1항에 따른 공제사업의 건전한 육성과 가입자의 보호를 위하여 공제사업의 감독에 관한 기준을 정할 수 있다.
⑤ 경찰청장은 제2항에 따른 공제규정을 승인하거나 제4항에 따라 공제사업의 감독에 관한 기준을 정하는 경우에는 미리 금융위원회와 협의하여야 한다.
⑥ 경찰청장은 제1항에 따른 공제사업에 대하여 「금융위원회의 설치 등에 관한 법률」에 따른 금융감독원의 원장에게 검사를 요청할 수 있다.

제24조에 제4항을 다음과 같이 신설한다.
④ 지방경찰청장 또는 관할 경찰관서장은 경비업무 장소가 집단민원현장으로 판단되는 경우에는 그 때부

터 48시간 이내에 경비업자에게 경비원 배치 허가를 받을 것을 고지하여야 한다.
제28조제2항 중 제6호부터 제8호까지를 각각 제7호부터 제9호까지로 하고, 제6호를 다음과 같이 신설한다.
6. 제7조의2제3항을 위반하여 경비업자의 경비원 채용 시 무자격자나 부적격자 등을 채용하도록 관여하거나 영향력을 행사한 도급인
부칙
이 법은 공포 후 3개월이 경과한 날부터 시행한다.

경비업법

[시행 2014. 12. 30] [법률 제12911호, 2014. 12. 30, 일부개정]

【제정 · 개정문】
국회에서 의결된 경비업법 일부개정법률을 이에 공포한다.
대통령 박근혜 (인)
2014년 12월 30일
국무총리 정홍원
국무위원 행정자치부 장관 정종섭

◉ 법률 제12911호
경비업법 일부개정법률
경비업법 일부를 다음과 같이 개정한다.

제5조제1호를 다음과 같이 한다.
1. 피성년후견인 또는 피한정후견인
제7조제8항 전단 및 후단 중 "제6항"을 각각 "제7항"으로 한다.
제10조제1항제1호 및 제2항제1호 중 "금치산자, 한정치산자"를 각각 "피성년후견인, 피한정후견인"으로 하고, 같은 조 제1항제5호 다목부터 바목까지를 다음과 같이 각각 신설하며, 같은 항 제6호 가목 중 "제297조, 제297조의2, 제298조부터 제301조까지, 제301조의2, 제302조, 제303조, 제305조, 제305조의2, 제329조부터 제331조까지"를 "제329조부터 제331조까지"로 하고, 같은 호 나목 중 "「성폭력범죄의 처벌 등에 관한 특례법」 제3조부터 제11조까지 및 제15조(제3조부터 제9조까지의 미수범만 해당한다)의"를 "가목의 죄로서 다른 법률에 따라 가중처벌되는"으로 하며, 같은 호 다목과 라목을 각각 삭제하고, 같은 항 제7호 중 "제6호 각 목"을 "제5호 다목부터 바목까지"로, "5년"을 "10년이 지나지 아니한 자 또는 제6호 각 목의 어느 하나에 해당하는 죄를 범하여 치료감호를 선고받고 그 집행이 면제된 날부터 5년"으로 한다.
다. 「형법」 제297조, 제297조의2, 제298조부터 제301조까지, 제301조의2, 제302조, 제303조, 제305조, 제305조의2의 죄
라. 「성폭력범죄의 처벌 등에 관한 특례법」 제3조부터 제11조까지 및 제15조(제3조부터 제9조까지의 미수범만 해당한다)의 죄

마. 「아동 · 청소년의 성보호에 관한 법률」 제7조 및 제8조의 죄
바. 다목부터 마목까지의 죄로서 다른 법률에 따라 가중처벌되는 죄

제14조제5항 및 제6항 중 "제3항"을 각각 "제4항"으로 한다.
제20조제1항에 제4호를 다음과 같이 신설한다.
4. 자격정지 기간 중에 경비지도사로 선임되어 활동한 때

부칙

제1조(시행일) 이 법은 공포한 날부터 시행한다.

제2조(금치산자 등의 결격사유에 관한 경과조치) 제5조제1호, 제10조제1항1호 · 제2항제1호의 개정규정에도 불구하고 법률 제10429호 민법 일부개정법률 부칙 제2조에 따라 금치산 또는 한정치산 선고의 효력이 유지되는 사람에 대하여는 종전의 규정에 따른다.

경비업법

[시행 2014. 11. 19] [법률 제12844호, 2014. 11. 19, 타법개정]

【제정 · 개정문】

경비업법

[시행 2014. 6. 8] [법률 제11872호, 2013. 6. 7, 일부개정]

【제정 · 개정문】

국회에서 의결된 경비업법 일부개정법률을 이에 공포한다.

대통령 박근혜 (인)

2013년 6월 7일

국무총리 정홍원

국무위원 안전행정부 장관 유정복

◉ 법률 제11872호

경비업법 일부개정법률

경비업법 일부를 다음과 같이 개정한다.

제2조에 제5호를 다음과 같이 신설한다.

5. "집단민원현장"이란 다음 각 목의 장소를 말한다.
   가. 「노동조합 및 노동관계조정법」에 따라 노동관계 당사자가 노동쟁의 조정신청을 한 사업장 또는 쟁의행위가 발생한 사업장
   나. 「도시 및 주거환경정비법」에 따른 정비사업과 관련하여 이해대립이 있어 다툼이 있는 장소
   다. 특정 시설물의 설치와 관련하여 민원이 있는 장소
   라. 주주총회와 관련하여 이해대립이 있어 다툼이 있는 장소
   마. 건물 · 토지 등 부동산 및 동산에 대한 소유권 · 운영권 · 관리권 · 점유권 등 법적 권리에 대한 이해대립이 있어 다툼이 있는 장소
   바. 100명 이상의 사람이 모이는 국제 · 문화 · 예술 · 체육 행사장
   사. 「행정대집행법」에 따라 대집행을 하는 장소

제4조제2항을 다음과 같이 한다.

② 제1항에 따른 허가를 받고자 하는 법인은 다음 각 호의 요건을 갖추어야 한다.

1. 대통령령으로 정하는 1억 원 이상의 자본금의 보유
2. 다음 각 목의 경비인력 요건
   가. 시설경비업무: 경비원 20명 이상 및 경비지도사 1명 이상
   나. 시설경비업무 외의 경비업무: 대통령령으로 정하는 경비 인력
3. 제2호의 경비인력을 교육할 수 있는 교육장을 포함하여 대통령령으로 정하는 시설과 장비의 보유
4. 그 밖에 경비업무 수행을 위하여 대통령령으로 정하는 사항

제4조의2를 다음과 같이 신설한다.

제4조의2(허가의 제한) ① 누구든지 제4조제1항에 따른 허가를 받은 경비업체와 동일한 명칭으로 경비업 허가를 받을 수 없다.

② 제19조제1항제2호 및 제7호의 사유로 경비업체의 허가가 취소된 경우 허가가 취소된 날부터 10년이 지나지 아니한 때에는 누구든지 허가가 취소된 경비업체와 동일한 명칭으로 제4조제1항에 따른 허가를 받을 수 없다.

③ 제19조제1항제2호 및 제7호의 사유로 허가가 취소된 법인은 법인명 또는 임원의 변경에도 불구하고 허가가 취소된 날부터 5년이 지나지 아니한 때에는 제4조제1항에 따른 허가를 받을 수 없다.

제5조제5호 중 "이 법 또는"을 "이 법(제19조제1항제2호 및 제7호는 제외한다) 또는"으로 하고, 같은 조에 제6호를 다음과 같이 신설한다.

6. 제19조제1항제2호 및 제7호의 사유로 허가가 취소된 법인의 허가취소 당시의 임원이었던 자로서 허가가 취소된 날부터 5년이 지나지 아니한 자

제7조제6항부터 제8항까지를 각각 제7항부터 제9항까지로 하고, 같은 조에 제6항을 다음과 같이 신설한다.

⑥ 경비업자는 집단민원현장에 경비원을 배치하는 때에는 경비지도사를 선임하고 그 장소에 배치하여 안전행정부령으로 정하는 바에 따라 경비원을 지도·감독하게 하여야 한다.

제2장에 제7조의2를 다음과 같이 신설한다.

제7조의2(경비업무 도급인 등의 의무) ① 누구든지 제4조제1항에 따른 허가를 받지 아니한 자에게 경비업무를 도급하여서는 아니 된다.

② 누구든지 집단민원현장에 경비인력을 20명 이상 배치하려고 할 때에는 그 경비인력을 직접 고용하여서는 아니 되고, 경비업자에게 경비업무를 도급하여야 한다. 다만, 시설주 등이 집단민원현장 발생 3개월 전까지 직접 고용하여 경비업무를 수행하는 피고용인의 경우에는 그러하지 아니하다.

제10조제1항에 제5호부터 제8호까지를 각각 다음과 같이 신설한다.

5. 다음 각 목의 어느 하나에 해당하는 죄를 범하여 벌금형을 선고받은 날부터 10년이 지나지 아니하거나 금고 이상의 형을 선고받고 그 집행이 종료된(종료된 것으로 보는 경우를 포함한다) 날 또는 집행이 유예·면제된 날부터 10년이 지나지 아니한 자
   가. 「형법」 제114조의 죄
   나. 「폭력행위 등 처벌에 관한 법률」 제4조의 죄
6. 다음 각 목의 어느 하나에 해당하는 죄를 범하여 벌금형을 선고받은 날부터 5년이 지나지 아니하거나 금고 이상의 형을 선고받고 그 집행이 유예된 날부터 5년이 지나지 아니한 자
   가. 「형법」 제297조, 제297조의2, 제298조부터 제301조까지, 제301조의2, 제302조, 제303조, 제305조, 제305조의2, 제329조부터 제331조까지, 제331조의2 및 제332조부터 제343조까지의 죄
   나. 「성폭력범죄의 처벌 등에 관한 특례법」 제3조부터 제11조까지 및 제15조(제3조부터 제9조까지의 미수범만 해당한다)의 죄
   다. 「아동·청소년의 성보호에 관한 법률」 제7조 및 제8조의 죄
   라. 가목부터 다목까지의 죄로서 다른 법률에 따라 가중처벌되는 죄
7. 제6호 각 목의 어느 하나에 해당하는 죄를 범하여 치료감호를 선고받고 그 집행이 종료된 날 또는 집행이 면제된 날부터 5년이 지나지 아니한 자
8. 이 법이나 이 법에 따른 명령을 위반하여 벌금형을 선고받은 날부터 5년이 지나지 아니하거나 금고 이상의 형을 선고받고 그 집행이 유예된 날부터 5년이 지나지 아니한 자

제10조제2항 중 “각 호의 1에”를 “각 호의 어느 하나에”로 하고, 같은 항 제2호를 다음과 같이 한다.

2. 제1항제2호부터 제8호까지의 어느 하나에 해당하는 자

제12조제2항제4호를 제5호로 하고, 같은 항에 제4호를 다음과 같이 신설한다.

4. 집단민원현장에 배치된 경비원에 대한 지도·감독

제13조제1항 중 “대통령령이 정하는 바에 따라 경비원 교육”을 “대통령령으로 정하는 바에 따라 경비원 신임교육 및 직무교육”으로 하고, 같은 조 제2항을 다음과 같이 한다.

② 특수경비업자는 대통령령으로 정하는 바에 따라 특수경비원으로 하여금 특수경비원 신임교육과 정기적인 직무교육을 받게 하여야 하고, 특수경비원 신임교육을 받지 아니한 자를 특수경비업무에 종사하게 하여서는 아니 된다.

제16조를 다음과 같이 한다.

제16조(경비원의 복장 등) ① 경비업자는 경찰공무원 또는 군인의 제복과 색상 및 디자인 등이 명확히 구별되는 소속 경비원의 복장을 정하고 이를 확인할 수 있는 사진을 첨부하여 주된 사무소를 관할하는 지방경찰청장에게 안전행정부령으로 정하는 바에 따라 신고하여야 한다.

② 경비업자는 경비업무 수행 시 경비원에게 소속 경비업체를 표시한 이름표를 부착하도록 하고, 제1항에 따라 신고된 동일한 복장을 착용하게 하여야 하며, 복장에 소속 회사를 오인할 수 있는 표시를 하거나 다른 회사의 복장을 착용하게 하여서는 아니 된다. 다만, 집단민원현장이 아닌 곳에서 신변보호업무를 수행하는 경우 또는 경비업무의 성격상 부득이한 사유가 있어 관할 경찰관서장이 허용하는 경우에는 그러하지 아니하다.

③ 지방경찰청장은 제1항에 따라 제출받은 사진을 검토한 후 경비업자에게 복장 변경 등에 대한 시정명령을 할 수 있다.

④ 제3항에 따른 시정명령을 받은 경비업자는 이를 이행하여야 하고, 지방경찰청장에게 안전행정부령으로 정하는 바에 따라 이행보고를 하여야 한다.

⑤ 그 밖에 경비원의 복장 등에 필요한 사항은 안전행정부령으로 정한다.

제16조의2 및 제16조의3을 각각 다음과 같이 신설한다.

제16조의2(경비원의 장비 등) ① 경비원이 휴대할 수 있는 장비의 종류는 경적·단봉·분사기 등 안전행정부령으로 정하되, 근무 중에만 이를 휴대할 수 있다.

② 경비업자가 경비원으로 하여금 분사기를 휴대하여 직무를 수행하게 하는 경우에는 「총포·도검·화약류 등 단속법」에 따라 미리 분사기의 소지허가를 받아야 한다.

③ 누구든지 제1항의 장비를 임의로 개조하여 통상의 용법과 달리 사용함으로써 다른 사람의 생명·신체에 위해를 가하여서는 아니 된다.

④ 경비원은 경비업무를 위하여 필요하다고 인정되는 상당한 이유가 있을 때에는 필요한 최소한도에서 제1항의 장비를 사용할 수 있다.

⑤ 그 밖에 경비원의 장비 등에 관하여 필요한 사항은 안전행정부령으로 정한다.

제16조의3(출동차량 등) ① 경비업자는 출동차량 등의 도색 및 표지를 경찰차량 및 군차량과 명확히 구별될 수 있게 하여야 한다.

② 경비업자는 출동차량 등의 도색 및 표지를 정하고 이를 확인할 수 있는 사진을 첨부하여 주된 사무소를 관할하는 지방경찰청장에게 안전행정부령으로 정하는 바에 따라 신고하여야 한다.
③ 지방경찰청장은 제2항에 따라 제출받은 사진을 검토한 후 경비업자에게 도색 및 표지 변경 등에 대한 시정명령을 할 수 있다.
④ 제3항에 따른 시정명령을 받은 경비업자는 이를 이행하여야 하고, 지방경찰청장에게 안전행정부령으로 정하는 바에 따라 이행보고를 하여야 한다.
⑤ 그 밖에 출동차량 등에 필요한 사항은 안전행정부령으로 정한다.

제17조를 다음과 같이 한다.

제17조(결격사유 확인을 위한 범죄경력조회 등) ① 경찰청장, 지방경찰청장 또는 관할 경찰관서장은 직권으로 또는 제2항에 따른 범죄경력조회 요청이 있는 경우에는 경비업자의 임원, 경비지도사 또는 경비원이 제5조제3호·제4호, 제10조제1항제3호부터 제8호까지 또는 같은 조 제2항제2호·제3호에 따른 결격사유에 해당하는지를 확인하기 위하여 「형의 실효 등에 관한 법률」 제6조에 따른 범죄경력조회를 할 수 있다.
② 경비업자는 선출·선임·채용 또는 배치하려는 임원, 경비지도사 또는 경비원이 제5조제3호·제4호, 제10조제1항제3호부터 제8호까지 또는 같은 조 제2항제2호·제3호에 따른 결격사유에 해당하는지를 확인하기 위하여 주된 사무소, 출장소 또는 배치장소를 관할하는 지방경찰청장 또는 경찰관서장에게 「형의 실효 등에 관한 법률」 제6조에 따른 범죄경력조회를 요청할 수 있다.
③ 제2항에 따른 범죄경력조회 요청을 받은 지방경찰청장 또는 관할 경찰관서장은 경비업자에게 그 결과를 통보할 때에는 경비업자의 임원, 경비지도사 또는 경비원이 제5조제3호·제4호, 제10조제1항제3호부터 제8호까지 또는 같은 조 제2항제2호·제3호에 따른 결격사유에 해당하는지 여부만을 통보하여야 한다.
④ 지방경찰청장 또는 관할 경찰관서장은 경비업자의 임원, 경비지도사 또는 경비원이 제5조 각 호, 제10조제1항 각 호 또는 제2항 각 호의 결격사유에 해당하는 사실을 알게 되거나 이 법 또는 이 법에 따른 명령을 위반한 때에는 경비업자에게 그 사실을 통보하여야 한다.

제18조의 제목 중 "배치 등"을 "배치허가 등"으로 하고, 같은 조 제1항에 단서를 다음과 같이 신설한다.
다만, 집단민원현장에 배치되는 일반경비원의 명부는 그 경비원이 배치되는 장소에도 작성·비치하여야 한다.

제18조제2항 각 호 외의 부분 단서를 다음과 같이 한다.
다만, 다음 제1호의 경우에는 경비원을 배치하기 48시간 전까지 안전행정부령으로 정하는 바에 따라 배치허가를 신청하고, 관할 경찰관서장의 배치허가를 받은 후에 경비원을 배치하여야 하며(제2호 및 제3호의 경우에는 경비원을 배치하기 전까지 신고하여야 한다), 이 경우 관할 경찰관서장은 배치허가를 함에 있어 필요한 조건을 붙일 수 있다.
제18조제2항제1호를 다음과 같이 하고, 같은 항 제2호 중 "제2조제1호"를 "집단민원현장이 아닌 곳에서 제2조제1호"로 한다.
1. 제2조제1호가목에 따른 시설경비업무 또는 같은 호 다목에 따른 신변보호업무 중 집단민원현장에 배치된 일반경비원

제18조제3항을 삭제하고, 같은 조에 제3항부터 제8항까지를 각각 다음과 같이 신설한다.

③ 관할 경찰관서장은 제2항 각 호 외의 부분 단서에 따른 배치허가 신청을 받은 경우 다음 각 호의 사유에 해당하는 때에는 배치허가를 하여서는 아니 된다. 이 경우 관할 경찰관서장은 다음 각 호의 사유를 확인하기 위하여 소속 경찰관으로 하여금 그 배치장소를 방문하여 조사하게 할 수 있다.

1. 제15조의2제1항 및 제2항을 위반하여 경비업무의 범위를 벗어난 행위를 할 우려가 있는 경우
2. 경비원 중 제10조제1항 또는 제2항에 해당하는 결격자나 제13조에 따른 신임교육을 받지 아니한 사람이 대통령령으로 정하는 기준 이상으로 포함되어 있는 경우
3. 제24조에 따라 경비원의 복장·장비 등에 대하여 내려진 필요한 명령을 이행하지 아니하는 경우

④ 제2항 각 호 외의 부분 단서에 따른 배치허가 신청을 받은 관할 경찰관서장은 배치되는 경비원 중 제10조제1항 또는 제2항에 해당하는 결격자가 있는 경우에는 그 사람을 제외하고 배치허가를 하여야 한다.

⑤ 경비업자는 경비원을 배치하여 경비업무를 수행하게 하는 때에는 안전행정부령으로 정하는 바에 따라 배치된 경비원의 인적사항과 배치일시·배치장소 등 근무상황을 기록하여 보관하여야 한다.

⑥ 경비업자는 다음 각 호의 어느 하나에 해당하는 죄를 범하여 벌금형을 선고받고 5년이 지나지 아니하거나 금고 이상의 형을 선고받고 그 집행이 유예된 날부터 5년이 지나지 아니한 자를 집단민원현장에 일반경비원으로 배치하여서는 아니 된다.

1. 「형법」 제257조부터 제262조까지, 제264조, 제276조부터 제281조까지의 죄
2. 「폭력행위 등 처벌에 관한 법률」 제2조 또는 제3조의 죄

⑦ 경비업자는 제1항에 따른 경비원 명부에 없는 자를 경비업무에 종사하게 하여서는 아니 되고, 제2항에 따라 경비원을 배치하는 경우에는 제13조에 따른 신임교육을 이수한 자를 배치하여야 한다.

⑧ 관할 경찰관서장은 경비업자가 다음 각 호의 어느 하나에 해당하는 때에는 배치폐지를 명할 수 있다.

1. 제2항 각 호 외의 부분 단서를 위반하여 배치허가를 받지 아니하고 경비원을 배치하거나 경비원 명단 및 배치일시·배치장소 등 배치허가 신청의 내용을 거짓으로 한 때
2. 제6항의 결격사유에 해당하는 자를 집단민원현장에 일반경비원으로 배치한 때
3. 제7항을 위반하여 신임교육을 이수하지 아니한 자를 제2항 각 호의 경비원으로 배치한 때
4. 경비업자 또는 경비원이 위력이나 흉기 또는 그 밖의 위험한 물건을 사용하여 집단적 폭력사태를 일으킨 때
5. 경비업자가 제2항 각 호 외의 부분 본문을 위반하여 신고하지 아니하고 일반경비원을 배치한 때

제19조제1항 각 호 외의 부분을 다음과 같이 한다.

허가관청은 경비업자가 다음 각 호의 어느 하나에 해당하는 때에는 그 허가를 취소하여야 한다.

제19조제1항제3호 중 "제7조제8항"을 "제7조제9항"으로 한다.

제19조제1항제7호를 삭제하고, 같은 항에 제7호 및 제8호를 각각 다음과 같이 신설한다.

7. 제15조의2제2항을 위반하여 소속 경비원으로 하여금 경비업무의 범위를 벗어난 행위를 하게 한 때
8. 제18조제8항에 따른 관할 경찰관서장의 배치폐지 명령에 따르지 아니한 때

제19조제2항 본문 중 "제1항의 규정"을 "제1항 및 제2항"으로 하고, 같은 항 단서 중 "제1항제2호"를 "제1항제2호 및 제7호"로 하여 같은 항을 제3항으로 하고, 같은 조에 제2항을 다음과 같이 신설한다.

② 허가관청은 경비업자가 다음 각 호의 어느 하나에 해당하는 때에는 대통령령으로 정하는 행정처분의 기준에 따라 그 허가를 취소하거나 6개월 이내의 기간을 정하여 영업의 전부 또는 일부에 대하여 영업정지를 명할 수 있다.

1. 제4조제1항 후단을 위반하여 지방경찰청장의 허가 없이 경비업무를 변경한 때
2. 제7조제2항을 위반하여 도급을 의뢰받은 경비업무가 위법한 것임에도 이를 거부하지 아니한 때
3. 제7조제6항을 위반하여 경비지도사를 집단민원현장에 선임 · 배치하지 아니한 때
4. 제8조를 위반하여 경비대상 시설에 관한 경보 대응체제를 갖추지 아니한 때
5. 제9조제2항을 위반하여 관련 서류를 작성 · 비치하지 아니한 때
6. 제10조제3항을 위반하여 결격사유에 해당하는 경비원을 배치하거나 결격사유에 해당하는 경비지도사를 선임 · 배치한 때
7. 제12조제1항을 위반하여 경비지도사를 선임한 때
8. 제13조를 위반하여 경비원으로 하여금 교육을 받게 하지 아니한 때
9. 제16조에 따른 경비원의 복장 등에 관한 규정을 위반한 때
10. 제16조의2에 따른 경비원의 장비 등에 관한 규정을 위반한 때
11. 제16조의3에 따른 경비원의 출동차량 등에 관한 규정을 위반한 때
12. 제18조제1항 단서를 위반하여 집단민원현장에 일반경비원 명부를 작성 · 비치하지 아니한 때
13. 제18조제2항 각 호 외의 부분 단서를 위반하여 배치허가를 받지 아니하고 경비원을 배치하거나 경비원 명단 및 배치일시 · 배치장소 등 배치허가 신청의 내용을 거짓으로 한 때
14. 제18조제6항을 위반하여 결격사유에 해당하는 일반경비원을 집단민원현장에 배치한 때
15. 제24조에 따른 감독상 명령에 따르지 아니한 때
16. 제26조를 위반하여 손해를 배상하지 아니한 때

제24조에 제3항을 다음과 같이 신설한다.

③ 지방경찰청장 또는 관할 경찰관서장은 경비업자 또는 배치된 경비원이 이 법이나 이 법에 따른 명령, 「폭력행위 등 처벌에 관한 법률」을 위반하는 행위를 하는 경우 그 위반행위의 중지를 명할 수 있다.

제28조제2항 각 호 외의 부분 중 "각 호의 1에"를 "각 호의 어느 하나에"로 하고, 같은 항 제3호 중 "제7조제7항"을 "제7조제8항"으로 하며, 같은 항 제4호부터 제6호까지를 각각 제6호부터 제8호까지로 하고, 같은 항에 제4호 및 제5호를 각각 다음과 같이 신설한다.

4. 집단민원현장에 경비원을 배치하면서 제7조의2제1항을 위반하여 제4조제1항에 따른 허가를 받지 아니한 자에게 경비업무를 도급한 자
5. 제7조의2제2항을 위반하여 집단민원현장에 20명 이상의 경비인력을 배치하면서 그 경비인력을 직접 고용한 자

제28조제4항 각 호 외의 부분 중 "각 호의 1에"를 "각 호의 어느 하나에"로 하고, 같은 항 제3호 중 "제18조제3항의 규정"을 "제18조제8항"으로 하여 같은 호를 제5호로 하며, 같은 항에 제3호, 제4호 및 제6호를 각각 다음과 같이 신설하고, 같은 조 제5항을 삭제한다.

3. 제15조의2제1항을 위반하여 경비업무의 범위를 벗어난 행위를 한 경비원
4. 제16조의2제1항에서 정한 장비 외에 흉기 또는 그 밖의 위험한 물건을 휴대하고 경비업무를 수행한 경비원 또는 경비원에게 이를 휴대하고 경비업무를 수행하게 한 자
6. 제24조제3항에 따른 지방경찰청장 또는 관할 경찰관서장의 중지명령에 따르지 아니한 자

제29조 제목 외의 부분을 제1항으로 하고, 같은 조에 제2항을 다음과 같이 신설한다.

② 경비원이 경비업무 수행 중에 제16조의2제1항에서 정한 장비 외에 흉기 또는 그 밖의 위험한 물건을 휴대하고 「형법」 제257조제1항, 제258조제1항·제2항, 제259조제1항, 제261조, 제262조, 제268조, 제276조제1항, 제277조제1항, 제281조제1항, 제283조제1항, 제324조, 제350조 및 제366조의 죄를 범한 때에는 그 죄에 정한 형의 2분의 1까지 가중처벌한다.

제31조제3항부터 제5항까지를 각각 삭제하고, 같은 조 제1항 및 제2항을 각각 제2항 및 제3항으로 하며, 같은 조에 제1항을 다음과 같이 신설하고, 같은 조 제2항(종전의 제1항) 각 호 외의 부분을 다음과 같이 하며, 같은 항 제2호 중 "제7조제6항"을 "제7조제7항"으로 하고, 같은 항 제6호 중 "제18조제1항의 규정에 위반하여"를 "제18조제1항 본문을 위반하여"로 하여 같은 호를 제9호로 하며, 같은 항에 제6호부터 제8호까지 및 제10호를 각각 다음과 같이 신설하고, 같은 조 제3항(종전의 제2항) 중 "제1항"을 "제1항 및 제2항"으로 한다.

① 다음 각 호의 어느 하나에 해당하는 경비업자에게는 3천만 원 이하의 과태료를 부과한다.

1. 제16조제1항을 위반하여 경비원의 복장에 관한 신고를 하지 아니하고 집단민원현장에 경비원을 배치한 자
2. 제16조제2항을 위반하여 이름표를 부착하게 하지 아니하거나, 신고된 동일 복장을 착용하게 하지 아니하고 집단민원현장에 경비원을 배치한 자
3. 제18조제1항 단서를 위반하여 집단민원현장에 일반경비원을 배치하면서 경비원의 명부를 배치장소에 작성·비치하지 아니한 자
4. 제18조제2항 각 호 외의 부분 단서를 위반하여 배치허가를 받지 아니하고 경비원을 배치하거나 경비원 명단 및 배치일시·배치장소 등 배치허가 신청의 내용을 거짓으로 한 자
5. 제18조제7항을 위반하여 제13조에 따른 신임교육을 이수하지 아니한 자를 제18조제2항 각 호의 경비원으로 배치한 자

다음 각 호의 어느 하나에 해당하는 경비업자 또는 시설주에게는 500만 원 이하의 과태료를 부과한다.

6. 제10조제3항을 위반하여 결격사유에 해당하는 경비원을 배치하거나 결격사유에 해당하는 경비지도사를 선임·배치한 자
7. 제16조제1항의 복장 등에 관한 신고규정을 위반하여 신고를 하지 아니한 자
8. 제16조제2항을 위반하여 이름표를 부착하게 하지 아니하거나, 신고된 동일 복장을 착용하게 하지 아니하고 경비원을 경비업무에 배치한 자
10. 제18조제5항을 위반하여 경비원의 근무상황을 기록하여 보관하지 아니한 자

부칙

제1조(시행일) 이 법은 공포 후 1년이 경과한 날부터 시행한다.

제2조(허가의 제한에 관한 적용례) 이 법 시행 전에 제4조제1항에 따른 허가를 받은 법인에 대하여는 그 명칭을 변경하지 아니하는 한 제4조의2제1항의 개정규정을 적용하지 아니한다.

제3조(경비업 허가에 관한 경과조치) 이 법 시행 당시 종전의 규정에 따른 경비업 허가는 그 허가일부터 5년간 유효한 것으로 보고, 그 경비업자가 제6조제2항에 따라 갱신허가를 받고자 하는 경우에는 제4조의 개정규정에 따른다.

제4조(임원의 결격사유에 관한 경과조치) 이 법 시행 당시 경비업을 영위하는 법인의 임원인 사람이 이 법 시행 전에 발생한 사유로 제5조의 개정규정에 따른 결격사유에 해당하게 된 경우에는 같은 개정규정에도 불구하고 종전의 규정에 따른다.

제5조(경비지도사 및 경비원의 결격사유에 관한 경과조치) ① 이 법 시행 당시 경비지도사인 사람이 이 법 시행 전에 발생한 사유로 제10조제1항제5호부터 제8호까지의 개정규정에 따른 결격사유에 해당하게 된 경우에는 같은 개정규정에도 불구하고 종전의 규정에 따른다.

② 이 법 시행 당시 경비업자에게 채용되어 있는 경비원이 이 법 시행 전에 발생한 사유로 제10조제1항제5호부터 제8호까지 또는 같은 조 제2항제2호의 개정규정에 따른 결격사유에 해당하게 된 경우에는 같은 개정규정에도 불구하고 해당 경비업자에게 소속되어 근무할 때까지는 종전의 규정에 따른다.

제6조(경비업 허가의 취소 등에 관한 경과조치) 이 법 시행 전의 위반행위에 대한 종전의 제19조에 따른 행정처분은 제19조의 개정규정에도 불구하고 종전의 규정에 따른다.

경비업법

[시행 2013. 3. 23] [법률 제11690호, 2013. 3. 23, 타법개정]

【제정 · 개정문】

◉ 법률 제11690호(2013.3.23)
정부조직법 전부개정법률

[본문 생략]

부칙

제1조(시행일) ① 이 법은 공포한 날부터 시행한다.

② 생략

제2조부터 제5조까지 생략

제6조(다른 법률의 개정) ①부터 〈217〉까지 생략

〈218〉 경비업법 일부를 다음과 같이 개정한다.

제6조제2항, 제10조제2항제4호, 제11조제1항 · 제2항, 제16조, 제18조제1항, 같은 조 제2항 각 호 외의 부분 본문 및 같은 항 제1호 중 "행정안전부령"을 각각 "안전행정부령"으로 한다.

〈219〉부터 〈710〉까지 생략

제7조 생략

경비업법

[시행 2009. 4. 1] [법률 제9579호, 2009. 4. 1, 일부개정]

【제정 · 개정문】

국회에서 의결된 경비업법 일부개정법률을 이에 공포한다.

대통령 이 명 박 (인)

2009년 4월 1일

국무총리 한 승 수

국무위원 행정안전부 장관 이 달 곤

◉ 법률 제9579호

경비업법 일부개정법률

경비업법 일부를 다음과 같이 개정한다.

제10조제2항제1호 중 "만 58세"를 "만 60세"로 한다.

부칙

이 법은 공포한 날부터 시행한다.

경비업법

[시행 2008. 12. 26] [법률 제9192호, 2008. 12. 26, 일부개정]

【제정 · 개정문】

국회에서 의결된 경비업법 일부개정법률을 이에 공포한다.

대통령 이 명 박 (인)

2008년 12월 26일

국무총리 한 승 수

국무위원 행정안전부 장관 원 세 훈

◉ 법률 제9192호

경비업법 일부개정법률

경비업법 일부를 다음과 같이 개정한다.

제30조를 다음과 같이 한다.

제30조(양벌규정) 법인의 대표자나 법인 또는 개인의 대리인, 사용인, 그 밖의 종업원이 그 법인 또는 개인의 업무에 관하여 제28조의 위반행위를 하면 그 행위자를 벌하는 외에 그 법인 또는 개인에게도 해당 조문의 벌금형을 과(科)한다. 다만, 법인 또는 개인이 그 위반행위를 방지하기 위하여 해당 업무에 관하여 상당한 주의와 감독을 게을리하지 아니한 경우에는 그러하지 아니하다.

부칙
이 법은 공포한 날부터 시행한다.

경비업법

[시행 2008. 2. 29] [법률 제8872호, 2008. 2. 29, 타법개정]

【제정 · 개정문】

◉ 법률 제8872호(2008.2.29)

대통령경호실법 일부개정법률

대통령경호실법 일부를 다음과 같이 개정한다.

제명 "대통령경호실법"을 "대통령 등의 경호에 관한 법률"로 한다.

[본문 생략]

부칙

제1조(시행일) 이 법은 공포한 날부터 시행한다.

제2조 생략

제3조(다른 법률의 개정) ① 경비업법 일부를 다음과 같이 개정한다.

제5조제4호 중 "대통령경호실법"을 "「대통령 등의 경호에 관한 법률」"로 한다.

② 부터 ④ 까지 생략

제4조 생략

경비업법

[시행 2008. 2. 29] [법률 제8852호, 2008. 2. 29, 타법개정]

【제정 · 개정문】

◉ 법률 제8852호(2008.2.29)

정부조직법 전부개정법률

정부조직법 전부를 다음과 같이 개정한다.

정부조직법

[본문 생략]

부칙

제1조(시행일) 이 법은 공포한 날부터 시행한다. 다만, ···〈생략〉···, 부칙 제6조에 따라 개정되는 법률 중 이 법의 시행 전에 공포되었으나 시행일이 도래하지 아니한 법률을 개정한 부분은 각각 해당 법률의 시행일부터 시행한다.

제2조부터 제5조까지 생략

제6조(다른 법률의 개정) ① 부터 〈705〉 까지 생략

〈706〉 경비업법 일부를 다음과 같이 개정한다.

제6조제2항, 제10조제2항제4호, 제11조제1항 · 제2항 및 제16조 중 "행정자치부령"을 각각 "행정안전부령"으로 한다.

제18조제1항, 같은 조 제2항 각 호 외의 부분 본문 및 같은 항 제1호 중 "행정자치부령"을 각각 "행정안전부령"으로 한다.

〈707〉 부터 〈760〉 까지 생략

제7조 생략

경비업법

[시행 2006. 2. 5] [법률 제7671호, 2005. 8. 4, 일부개정]

【제정 · 개정문】

◉ 법률 제7671호(2005.8.4)

경비업법 일부개정법률

경비업법 일부를 다음과 같이 개정한다.

제15조의2를 다음과 같이 신설한다.

제15조의2 (경비원 등의 의무) ①경비원은 직무를 수행함에 있어 타인에게 위력을 과시하거나 물리력을 행사하는 등 경비업무의 범위를 벗어난 행위를 하여서는 아니 된다.

② 누구든지 경비원으로 하여금 경비업무의 범위를 벗어난 행위를 하게 하여서는 아니 된다.

제18조제2항을 다음과 같이 하고, 동조에 제3항을 다음과 같이 신설한다.

② 경비업자가 경비원을 배치하거나 배치를 폐지한 경우에는 행정자치부령이 정하는 바에 따라 관할 경찰관서장에게 신고하여야 한다. 다만, 다음 각 호의 경우에는 경비원을 배치하기 24시간 전(제3호의 특수경비원을 배치한 때에는 경비원을 배치하기 전)까지 신고하여야 한다.

1. 제2조제1호 가목의 규정에 의한 시설경비업무 중 행정자치부령이 정하는 곳에 배치된 일반경비원
2. 제2조제1호 다목의 규정에 의한 신변보호업무를 수행하는 일반경비원
3. 특수경비원

③ 경찰관서장은 경비업자가 제2항 단서의 규정을 위반하여 신고를 하지 아니하고 제2항제1호 및 제2호의 규정에 의한 일반경비원을 배치한 경우에 배치폐지를 명할 수 있다.

제28조제2항에 제6호를 다음과 같이 신설한다.

6. 제15조의2제2항의 규정을 위반하여 경비원에게 경비업무의 범위를 벗어난 행위를 하게 한 자

제28조제4항에 제3호를 다음과 같이 신설한다.

3. 제18조제3항의 규정을 위반하여 경찰관서장의 배치폐지 명령을 따르지 아니한 자

제28조에 제5항을 다음과 같이 신설한다.

⑤ 제15조의2제1항의 규정을 위반하여 경비업무의 범위를 벗어난 행위를 한 경비원은 1천만 원 이하의 벌금에 처한다.

부칙

이 법은 공포 후 6월이 경과한 날부터 시행한다.

경비업법

[시행 2005. 5. 31] [법률 제7544호, 2005. 5. 31, 일부개정]

【제정 · 개정문】

◉ 법률 제7544호(2005.5.31)

경비업법 일부개정법률

경비업법 일부를 다음과 같이 개정한다.

제2조제2호를 다음과 같이 한다.

2. "경비지도사"라 함은 경비원을 지도 · 감독 및 교육하는 자를 말하며 일반경비지도사와 기계경비지도사로 구분한다.

제7장에 제27조의2를 다음과 같이 신설한다.

제27조의2 (수수료) 이 법에 따른 경비업의 허가를 받거나 허가증을 재교부 받고자 하는 자는 대통령령이 정하는 바에 따라 수수료를 납부하여야 한다.

부칙

이 법은 공포한 날부터 시행한다.

경비업법

[시행 2003. 12. 19] [법률 제6787호, 2002. 12. 18, 일부개정]

【제정 · 개정문】

◉ 법률 제6787호(2002.12.18)

경비업법중개정법률

경비업법중 다음과 같이 개정한다.

제7조제8항을 다음과 같이 한다.

⑧ 특수경비업자는 이 법에 의한 경비업과 경비장비의 제조 · 설비 · 판매업, 네트워크를 활용한 정보산업, 시설물 유지관리업 및 경비원 교육업 등 대통령령이 정하는 경비관련업외의 영업을 하여서는 아니된다.

제19조제1항제3호중 "경비업"을 "경비업 및 경비관련업"으로 한다.

법률 제6467호 경비업법개정법률 부칙 제4조를 삭제한다.

부칙

이 법은 공포 후 1년이 경과한 날부터 시행한다.

경비업법

[시행 1999. 10. 1] [법률 제5940호, 1999. 3. 31, 일부개정]

【제정 · 개정문】

◉ 법률 제5940호(1999.3.31)

용역경비업법 중 개정법률

용역경비업법중 다음과 같이 개정한다.

제명 "용역경비업법"을 "경비업법"으로 한다.

제3조의 제목 "(용역경비업체의 제한)"을 "(경비업체의 제한)"으로 하고, 동조중 "용역경비업"을 "경비업"으로 한다.

제5조 각호외의 부분중 "용역경비업"을 "경비업"으로 하고, 동조 각호를 다음과 같이 한다.

1. 금치산자 또는 한정치산자
2. 파산선고를 받고 복권되지 아니한 자
3. 금고이상의 형을 선고받고 그 형이 실효되지 아니한 자
4. 이 법 또는 이 법에 의한 명령에 위반하여 영업허가취소처분을 받은 법인의 임원으로서 3년을 경과하지 아니한 자

제6조의 제목 "(용역경비업자등의 의무)"를 "(경비업자등의 의무)"로 하고, 동조제1항 및 제2항중 "용역경비업자"를 각각 "경비업자"로 하며, 동조제3항 중 "용역경비업자"를 "경비업자"로, "용역경비업"을 "경비업"으로 하고, 동조제4항 및 제5항 중 "용역경비업자"를 각각 "경비업자"로 하며, 동조제6항을 삭제한다.

제6조의3의 제목 "(경비지도사의 자격등)"을 "(경비지도사의 시험등)"으로 하고, 동조제1항 중 "30세 이상인 자로서"를 "제7조제1항 각호의 1에 해당하지 아니하는 자로서"로, "내무부령"을 "행정자치부령"으로 하며, 동조제2항 중 "내무부령"을 "행정자치부령"으로 하고, 동조제3항을 삭제하며, 동조제4항 중 "응시자격, 시험과목"을 "시험과목"으로 한다.

제6조의4를 삭제한다.

제6조의5제1항제2호 중 "제6조의4"를 "제7조제1항"으로 하고, 동조제2항제1호 및 제2호를 각각 삭제한다.

제7조의 제목 "(경비원의 결격사유)"를 "(경비원 등의 결격사유)"로 하고, 동조제1항 중 "경비원이"를 "경비원 또는 경비지도사가"로 하며, 동조제2항 중 "용역경비업자"를 "경비업자"로, "경비원으로"를 "경비원 또는 경비지도사로"로 한다.

제8조를 다음과 같이 한다.

제8조 (복장 및 장구) 경비원의 복장 및 장구 및 장구에 관한 사항은 행정자치부령으로 정한다.

제9조를 삭제한다.

제10조제1항 중 "용역경비업자는 내무부령"을 "경비업자는 행정자치부령'으로 하며, 동조제2항 중 "용역경비업자"를 "경비업자"로, "내무부령"을 "행정자치부령"으로 한다.

제11조를 삭제한다.

제14조제1항 및 제2항중 "용역경비업자"를 각각 "경비업자"로 하고, 동조제3항을 삭제한다.

제15조의 제목 "(용역경비협회)"를 "(경비협회)"로 하고, 동조제1항을 다음과 같이 하며, 동조제2항중 "용역경비협회"를 "경비협회"로 하고, 동조제3항을 삭제한다.

① 경비업자는 경비업무의 건전한 발전과 경비원의 자질향상 및 교육훈련 등을 위하여 대통령령이 정하

는 바에 따라 경비협회를 설립할 수 있다.
제15조제4항 각호외의 부분 중 “용역경비협회”를 “경비협회”로 하고, 동항제1호 및 제6호중 “용역경비업무”를 각각 “경비업무”로 하며, 동조제5항 중 “용역경비협회”를 “경비협회”로 한다.
제15조의2제1항 중 “용역경비협회”를 “경비협회”로, “용역경비업자”를 “경비업자”로 하고, 동조제2항을 다음과 같이 한다.
② 경비협회는 제1항의 규정에 의한 공제사업을 행하고자 하는 때에는 공제규정을 제정하여야 한다.
제16조제1호중 “용역경비업”을 “경비업”으로 하고, 동조제3호를 삭제한다.
제17조제3호 및 제4호를 각각 삭제한다.
제1조, 제2조제1호 본문·제2호, 제4조의 제목·제1항 전단 및 제12조의2제2호중 “용역경비업”을 각각 “경비업”으로 한다.
제1조 및 제13조제1항 중 “용역경비업무”를 각각 “경비업무”로 한다.
제2조제2호, 제4조제2항 각호외의 부분, 제6조의2제1항, 제12조제1항·제2항 각호외의 부분·제3항 및 제13조중 “용역경비업자”를 각각 “경비업자”로 한다.
제12조제2항제2호 및 제3호중 “용역경비 도급실적”을 각각 “경비도급실적”으로 한다.
부칙
① (시행일) 이 법은 공포 후 6월이 경과한 날부터 시행한다.
② (벌칙등에 관한 경과조치) 이 법 시행 전의 행위에 대한 벌칙 및 과태료의 적용에 있어서는 종전의 규정에 의한다.
③ (용역경비협회에 관한 경과조치) 이 법 시행당시 종전의 규정에 의하여 설립된 용역경비협회는 제15조제1항의 개정규정에 의하여 설립된 경비협회로 본다.
④ (용역경비협회의 공제규정에 관한 경과조치) 이 법 시행당시 종전의 규정에 의하여 제정된 용역경비협회의 공제규정은 제15조의2제2항의 개정규정에 의하여 경비협회의 공제규정으로 제정된 것으로 본다.

용역경비업법

[시행 1998. 1. 1] [법률 제5453호, 1997. 12. 13, 타법개정]

【제정·개정문】

● 용역경비업법 중 개정법률[1997.12.13, 법률제5453호]
용역경비업법 중 다음과 같이 개정한다.
제12조제4항을 삭제한다.

제12조의2를 다음과 같이 신설한다.
제12조의2(청문) 경찰청장 또는 허가관청은 다음 각호의 1에 해당하는 처분을 하고자 하는 경우에는 청문을 실시하여야 한다.
1. 제6조의5의 규정에 의한 경비지도사자격의 취소
2. 제12조의 규정에 의한 용역경비업의 허가취소

부칙
제1조(시행일) 이 법은 1998년 1월 1일부터 시행한다. 〈단서 생략〉
제2조 생략

용역경비업법

[시행 1996. 7. 1] [법률 제5124호, 1995. 12. 30, 일부개정]

【제정 · 개정문】
● 용역경비업법 중 개정법률[1995.12.30, 법률제5124호]
용역경비업법 중 다음과 같이 개정한다.

제2조를 다음과 같이 한다.
제2조 (정의) 이 법에서 사용하는 용어의 정의는 다음과 같다.
1. "용역경비업"이라 함은 다음 각목의 1에 해당하는 업무(이하 "경비업무"라 한다)의 전부 또는 일부를 도급받아 행하는 영업을 말한다.

가. 시설경비업무
국가중요시설 · 산업시설 · 공공시설 · 사무소 · 흥행장 · 주택 · 창고 · 주차장 · 행사장 · 유원지 · 항공기 · 차량 기타 경비를 필요로 하는 시설 및 장소에서의 도난 · 화재 기타 혼잡등으로 인한 위험발생을 방지하는 업무

나. 호송경비업무
운반 중에 있는 현금 · 유가증권 · 귀금속 · 상품 기타 물건에 대하여 도난 · 화재등 위험발생을 방지하는 업무

다. 신변보호업무
사람의 생명이나 신체에 대한 위해발생을 방지하고 그 신변을 보호하는 업무

2. "경비원이라 함은 제4조의 규정에 의하여 용역경비업의 허가를 받은 법인(이하 "용역경비업자"라 한다)이 채용한 고용인으로서 경비업무를 수행하는 자를 말한다.

제4조제1항을 다음과 같이 하고, 동조제2항 본문 중 "다음 각호의 경우에는 대통령령이 정하는 바에 따라"를 "다음 각호의 1에 해당하는 때에는"으로 하며, 동조에 제3항 및 제4항을 각각 다음과 같이 신설한다.
① 용역경비업을 영위하고자 하는 법인은 도급받아 행하고자 하는 경비업무를 특정하여 당해 법인의 주사무소의 소재지를 관할하는 지방경찰청장의 허가를 받아야 한다. 도급받아 행하고자 하는 경비업무를 변경하는 경우에도 또한 같다.
③ 제1항의 규정에 의한 허가를 받고자 하는 법인은 대통령령이 정하는 경비인력 · 자본금 · 시설 및 장비 등을 갖추어야 한다.

④ 제1항 및 제2항의 규정에 의한 허가 또는 신고의 절차, 신고의 기한 등 허가 및 신고에 관하여 필요한 사항은 대통령령으로 정한다.

제6조의 제목 "(용역경비업자의 의무등)"을 "(용역경비업자등의 의무)"로 하며, 동조제1항 중 "용역경비업자 및 경비원은"을 "용역경비업자, 제6조의2의 규정에 의한 경비지도사 및 경비원은"으로 하고, 동조제2항 중 "용역경비업자 및 경비원은 경비업무를 수행함에 있어 성실히 임무를 다하여야 하며"를 "용역경비업자 및 제6조의2의 규정에 의한 경비지도사, 경비원은 경비업무를 성실히 수행하여야 하며, 의뢰받은 경비업무가 위법 · 부당한 때에는 이를 거부하여야 하고"로 하고, 동조제4항을 제6항으로 하며, 동조에 제4항 및 제5항을 각각 다음과 같이 신설한다.

④ 용역경비업자의 임원 및 직원(제6조의2의 규정에 의한 경비지도사 및 경비원을 포함한다. 이하 같다)이거나 임원 또는 직원이었던 자는 다른 법률에 특별한 규정이 있는 경우를 제외하고는 그 직무상 알게 된 경비대상의 비밀을 누설하거나 다른 사람의 이용에 제공하는 등 부당한 목적을 위하여 사용하여서는 아니된다.

⑤ 용역경비업자는 경비원을 허가받은 경비업무외의 업무에 종사하게 하여서는 아니된다.

제6조의2 내지 제6조의5를 각각 다음과 같이 신설한다.

제6조의2 (경비지도사의 선임) ①용역경비업자는 대통령령이 정하는 바에 의하여 경비지도사를 두어 경비원을 지도 · 감독하고 교육하게 하여야 한다.

② 제1항의 규정에 의한 경비지도사는 제6조의3의 규정에 의한 경비지도사자격증이 있는 자이어야 한다.

③ 경비지도사의 직무 및 준수사항에 관하여 필요한 사항은 대통령령으로 정한다.

제6조의3 (경비지도사의 자격등) ①경비지도사는 30세 이상인 자로서, 경찰청장이 시행하는 경비지도사 시험에 합격하고 내무부령이 정하는 교육을 받은 자이어야 한다.

② 경찰청장은 제1항의 규정에 의한 교육을 받은 자에게 내무부령이 정하는 바에 의하여 경비지도사자격증을 교부하여야 한다.

③ 제2항의 규정에 의한 경비지도사자격증은 이를 다른 사람에게 빌려주거나 양도하여서는 아니 된다.

④ 경비지도사시험의 응시자격, 시험과목, 시험공고, 시험의 일부가 면제되는 자의 범위 기타 경비지도사시험에 관하여 필요한 사항은 대통령령으로 정한다.

제6조의4 (경비지도사의 결격사유) 다음 각호의 1에 해당하는 자는 경비지도사가 될 수 없다.

1. 한정치산자 또는 금치산자
2. 파산자로서 복권되지 아니한 자
3. 금고이상의 형의 선고를 받고 그 형이 실효되지 아니한 자
4. 이 법을 위반하여 벌금형의 선고를 받고 그 형이 실효되지 아니한 자
5. 경비지도사의 자격이 취소된 후 3년이 경과되지 아니한 자

제6조의5 (경비지도사자격의 취소 · 정지) ①경찰청장은 경비지도사가 다음 각호의 1에 해당하는 때에는 그 자격을 취소하여야 한다.

1. 허위 기타 부정한 방법으로 경비지도사자격증을 교부받은 때
2. 제6조의4의 규정에 의한 결격사유에 해당하게 된 때
3. 경비지도사자격증을 다른 사람에게 빌려주거나 양도한 때

② 경찰청장은 경비지도사가 다음 각호의 1에 해당하는 때에는 대통령령이 정하는 바에 의하여 1년의 범위 내에서 그 자격을 정지시킬 수 있다.

1. 경비원의 지도·감독·교육에 있어서 고의 또는 중대한 과실로 인하여 경비원이 경비대상에게 손해를 입힌 때
2. 제11조의 규정에 의한 보고를 하지 아니하거나 허위의 보고를 한 때 또는 자료의 제출을 거부·방해·기피한 때
3. 제13조의 규정에 의한 명령을 위반한 때
4. 제6조의2제3항의 규정에 의한 경비지도사의 준수사항을 위반한 때

③ 경찰청장은 경비지도사의 자격을 취소한 때에는 경비지도사자격증을 회수하여야 하며, 경비지도사의 자격을 정지한 때에는 그 정지기간동안 이를 회수하여 보관하여야 한다.

제7조제1항제1호를 다음과 같이 한다.

1. 18세미만인 자

제9조의 제목 "(경비원의 해면명령)"을 "(경비원 및 경비지도사의 해임명령)"으로 하고, 동조 본문 중 "이 법 또는 이 법에 의한 명령이나"를 "고의 또는 중대한 과실로 이 법 또는"으로, "해면을"을 "해임을"로 하며, 동조에 제2항을 다음과 같이 신설한다.

② 경찰청장은 경비지도사가 제6조의5제1항의 규정에 의하여 경비지도사의 자격을 취소한 때에는 용역경비업자에 대하여 그 경비지도사의 해임을 명하여야 한다.

제11조의 제목 "(보고 및 임검)"을 "(보고 및 검사)"로 하고, 동조제1항 중 "용역경비업자에"를 "용역경비업자 또는 경비지도사에"로 하며, 동조제2항 중 "임검에 임하는"을 "검사·질문을 행하는"으로 한다.

제12조제2항에 제3호 및 제5호를 각각 다음과 같이 신설하고, 동조제3항을 제4항으로 하며, 동조에 제3항을 다음과 같이 신설한다.

3. 정당한 이유없이 최종 도급계약 종료일의 다음 날부터 1년 이내 용역경비도급실적이 없을 때

5. 제6조제5항의 규정을 위반한 때

③ 제1항 또는 제2항(제5호를 제외한다)의 규정에 의한 허가의 취소는 당해 용역경비업자가 허가받은 경비업무 중 허가취소사유에 해당되는 경비업무에 대하여 행한다.

제13조제1항 중 "경찰청장은"을 "경찰청장 또는 지방경찰청장은"으로, "용역경비업자를"을 "용역경비업자 및 경비지도사를"로 하고, 동조제2항 중 "용역경비업자와"를 "용역경비업자의 사무소 및 출장소와"로, "림하여"를 "출입하여"로 한다.

제14조제2항 중 "제1항의"를 "제1항 또는 제2항의"로 하여 이를 제3항으로 하고, 동조에 제2항을 다음과 같이 신설한다.

② 용역경비업자는 경비원이 업무수행 중 고의 또는 과실로 제삼자에게 입힌 손해를 배상하여야 한다.

제15조의2제1항 중 "제14조제1항의"를 "제14조제1항 및 제2항의"로 한다.

제16조를 다음과 같이 한다.

제16조 (벌칙) 다음 각호의 1에 해당하는 자는 3년 이하의 징역 또는 3천만 원 이하의 벌금에 처한다.

1. 제4조제1항의 규정에 의한 허가를 받지 아니하고 용역경비업을 영위한 자
2. 제6조제4항의 규정을 위반한 자
3. 제9조제1항 또는 제2항의 규정에 의한 해임명령을 이행하지 아니한 자

제17조 본문 중 "100만 원 이하의"를 "500만 원 이하의"로 하고, 동조제3호를 다음과 같이 하며, 동조제4호 중 "임검을"을 "검사를"로 하고, 동조에 제5호를 다음과 같이 신설한다.

3. 제13조제1항 또는 제2항의 규정에 의한 명령 또는 지시를 위반한 자
5. 제6조의2의 규정에 의한 경비지도사를 선임하지 아니한 자

제19조를 다음과 같이 한다.

제19조 (위임 및 위탁) ①경찰청장은 이 법에 의한 권한의 일부를 대통령령이 정하는 바에 의하여 지방경찰청장에게 위임할 수 있다.

② 경찰청장은 제6조의3제1항의 규정에 의한 경비지도사의 시험 및 교육에 관한 업무를 대통령령이 정하는 바에 의하여 전문기관 또는 단체에 위탁할 수 있다.

부칙

① (시행일) 이 법은 공포 후 6월이 경과한 날부터 시행한다. 다만, 제6조의2의 개정규정은 1997년 1월 1일부터 시행한다.

② (경찰청장의 허가 등에 관한 경과조치) 이 법 시행당시 종전의 규정에 의하여 경찰청장이 행한 용역경비업의 허가, 경비원해면명령 및 영업정지명령은 당해 용역경비업자의 주사무소의 소재지를 관할하는 지방경찰청장이 행한 것으로 본다.

③ (기존의 용역경비업자에 대한 경과조치) 이 법 시행당시 종전의 규정에 의하여 용역경비업의 허가를 받은 법인은 그 경비업무의 범위를 제2조제1호 가목 및 나목의 규정에 의한 시설경비업무 및 호송경비업무로 특정하여 이 법에 의한 허가를 받은 것으로 본다.

④ (벌칙적용에 관한 경과조치) 이 법 시행 전의 행위에 대한 벌칙의 적용에 있어서는 종전의 규정에 의한다.

용역경비업법

[시행 1991. 7. 31] [법률 제4369호, 1991. 5. 31, 타법개정]

【제정 · 개정문】

● 경찰법[1991.5.31, 법률제4369호]

[본문 생략]

부칙

제1조 (시행일) 이 법은 공포 후 60일이 경과한 날부터 시행한다.

제2조 및 제3조 생략

제4조 (다른 법률의 개정) ①내지 ⑨생략

⑩ 용역경비업법 중 다음과 같이 개정한다.

제4조제1항 본문 중 "서울특별시장 · 직할시장 또는 도지사(이하 "道知事"라 한다)"를 "지방경찰청장"으로 하고, 동항 단서를 다음과 같이 한다.

다만, 영업구역이 2이상의 지방경찰청 관할구역에 걸칠 때에는 경찰청장의 허가를 받아야 한다.

제13조제1항 및 제15조의2제2항 전단 중 "내무부장관"을 각각 "경찰청장"으로 하고, 제13조제2항 중 "도지사와"를 "지방경찰청장과"로 한다.

⑪ 내지 〈19〉생략

제5조 및 제6조 생략

용역경비업법

[시행 1990. 1. 28] [법률 제4148호, 1989. 12. 27, 일부개정]

【제정 · 개정문】

● 용역경비업법 중 개정법률[1989.12.27, 법률제4148호]

용역경비업법 중 다음과 같이 개정한다.

제4조제2항제4호를 제5호로 하고, 동항에 제4호를 다음과 같이 신설한다.

4. 대통령령으로 정하는 기계경비시설을 설치 · 폐지 · 변경한 때

제6조에 제3항 및 제4항을 각각 다음과 같이 신설한다.

③ 용역경비업자는 불공정 계약으로 경비원의 권익을 침해하거나 용역경비업의 건전한 육성과 발전을 저해하는 행위를 하여서는 안 된다.

④ 용역경비업자는 법령이 정하는 바에 따라 경비원의 후생복지 및 교육 · 훈련에 필요한 비용의 지출 기타 필요한 조치를 하여야 한다.

제7조제1항제1호를 다음과 같이 한다.

1. 18세미만이거나 59세 이상인 자

제12조제2항제2호 중 "6월 이내에 업무를 개시하지 아니하거나"를 "1년 이내에 용역경비 도급실적이 없거나"로 하고, 동항제3호를 삭제하며, 동조에 제3항을 다음과 같이 신설한다.

③ 허가관청은 제1항의 규정에 의한 처분을 하고자 할 때에는 미리 용역경비업자 또는 그 대리인에게 의견을 진술할 기회를 주어야 한다. 다만, 용역경비업자 또는 그 대리인이 정당한 사유없이 이에 응하지 아니하거나 주소불명 등으로 의견을 진술할 기회를 줄 수 없는 경우에는 그러하지 아니하다.

제14조제2항 중 "이행보증보험계약을 보험회사와 체결하여야 한다."를 "이행보증보험 또는 제15조의2의 규정에 의한 공제에 가입하여야 한다."로 한다.

제15조의2를 다음과 같이 신설한다.

제15조의2 (공제사업) ① 용역경비협회는 제14조제1항의 규정에 의한 용역경비업자의 손해배상책임을 보장하기 위하여 대통령령이 정하는 바에 의하여 공제사업을 할 수 있다.

② 용역경비협회는 제1항의 규정에 의한 공제사업을 행하고자 하는 때에는 공제규정을 제정하여 내무부장관의 승인을 얻어야 한다. 공제규정을 변경하고자 하는 때에도 또한 같다.

③ 제2항의 공제규정에는 공제사업의 범위, 공제계약의 내용, 공제금, 공제료, 공제금에 충당하기 위한 책임준비금등 공제사업의 운영에 관하여 필요한 사항을 정하여야 한다.

제16조 중 "1년 이하의 징역 또는 100만 원 이하의 벌금"을 "3년 이하의 징역 또는 1천만 원이하의 벌금"으로 한다.

제17조 본문 중 "10만 원 이하"를 "100만 원 이하"로 한다.

부칙

① (시행령) 이 법은 공포 후 1월이 경과한 날부터 시행한다.

② (경과조치) 이 법 시행당시 기계경비시설을 설치한 용역경비업자는 이 법 시행 후 6월 이내에 제4조제2항의 규정에 의하여 신고하여야 한다.

용역경비업법

[시행 1984. 1. 31] [법률 제3678호, 1983. 12. 30, 일부개정]

【제정 · 개정문】

● 용역경비업법 중 개정법률[1983.12.30, 법률제3678호]

용역경비업법 중 다음과 같이 개정한다.

제4조제1항 중 "부산시장"을 "직할시장"으로, "부산시"를 "직할시"로 한다.

제10조의 제목 중 "채용신고 등"을 "배치신고 등"으로 하고, 동조제1항을 다음과 같이 한다.

① 용역경비업자는 내무부령이 정하는 바에 의하여 경비원의 명부를 작성 · 비치하여야 한다.

제16조 중 "50만 원 이하"를 "100만 원 이하"로 한다.

제17조를 다음과 같이 한다.

제17조 (과태료) 다음 각호의 1에 해당하는 자는 10만 원 이하의 과태료에 처한다.

1. 제4조제2항 또는 제10조제2항의 규정에 의한 신고를 하지 아니한 자
2. 제10조제1항의 규정에 의한 장부를 비치하지 아니한 자
3. 제9조 또는 제13조제1항의 규정에 의한 명령에 위반한 자
4. 제11조의 규정에 의한 보고를 하지 아니하거나 허위보고를 한 자와 자료의 제출 또는 임검을 거부 · 방해 또는 기피한 자

제18조를 다음과 같이 한다.

제18조 (양벌규정) 법인의 대표자나 사용인 기타 종업원이 그 법인의 사무에 관하여 제16조의 규정에 해당하는 행위를 한 때에는 그 행위자를 처벌하는 외에 그 법인에 대하여도 동조에 규정된 벌금형을 과한다.

부칙

① (시행일) 이 법은 공포 후 1월이 경과한 날로부터 시행한다.

② (벌칙에 관한 경과조치) 이 법 시행 전의 제17조에 해당하는 행위에 대한 벌칙의 적용에 있어서는 이 법 제17조의 규정에 의한다.

용역경비업법

[시행 1981. 2. 14] [법률 제3372호, 1981. 2. 14, 일부개정]

【제정 · 개정문】

● 용역경비업법 중 개정법률[1981.2.14, 법률제3372호]

용역경비업법 중 다음과 같이 개정한다.

제7조제1항제1호중 "50세"를 "55세"로 한다.

부칙

이 법은 공포한 날로부터 시행한다.

용역경비업법

[시행 1977. 4. 1] [법률 제2946호, 1976. 12. 31, 제정]

【제정 · 개정문】

법령 본문과 동일하여 제개정문을 생략합니다.

경비업법 제정 · 개정이유(용역경비업법 포함)

경비업법

[시행 2023. 5. 16.] [법률 제19021호, 2022. 11. 15., 일부개정]

【제정 · 개정이유】

[일부개정]

◇ 개정이유 및 주요내용

시설경비업을 영위하려는 법인의 경비인력 확보 부담을 완화하기 위하여 시설경비업 허가 요건 중 최소 경비원 수를 20명에서 10명으로 하향 조정하는 한편,

특수경비원 인력을 원활히 운영하기 위하여 특수경비원이 결격사유에 해당하게 되면 당연 퇴직되도록 하되, 상반기에 정년에 도달하면 6월 30일에, 하반기에 정년에 도달하면 12월 31일에 당연 퇴직되도록 하고, 금고 이상의 형의 선고유예를 받고 그 유예기간 중에 있는 경우에는 성폭력범죄나 아동 · 청소년 성범죄 등의 죄를 범한 경우에만 당연 퇴직 되도록 하는 등 유사직무 종사자와의 형평성을 고려하여 당연 퇴직 요건을 규정함.〈법제처 제공〉

경비업법

[시행 2021. 1. 12] [법률 제17894호, 2021. 1. 12, 타법개정]

【제정 · 개정이유】

◉ 법률 제17894호(2021.1.12)

피후견인 결격조항 정비를 위한 경비업법 등 10개 법률의 일부개정에 관한 법률

[일괄개정]

◇ 제정이유 및 주요내용

현행 피후견인 결격조항은 정신적 제약의 정도나 행위능력의 제한 범위와 상관없이 피후견인에 해당하기만 하면 각종 자격의 취득, 영업의 등록 또는 임원의 선임 등 광범위한 분야의 직무에서 피후견인을 배제시키고 있는바, 이는 피후견인의 잔존 행위능력을 인정하여 행위능력의 획일적 · 포괄적 배제에서 개별적 · 한정적 제한으로 전환하려는 성년후견 제도의 취지와 모순되고 직무수행능력이 인정되는 피후견인의 직업의 자유를 과도하게 제한하는 문제가 있으므로,

경비업 법인 임원과 경비지도사 · 경비원의 결격사유에서 피한정후견인을 각각 삭제하는 등 「경비업법」 등 10개 법률에 따른 자격의 취득이나 영업의 등록 또는 임원 등의 결격사유에서 피한정후견인 또는 피성년후견인을 삭제함으로써 성년후견 제도의 활성화를 도모하고 직무수행능력이 인정되는 피후견인의 기본권 보장을 강화하려는 것임. 〈법제처 제공〉

경비업법

[시행 2021. 1. 1] [법률 제17689호, 2020. 12. 22, 타법개정]

【제정 · 개정이유】

◉ 법률 제17689호(2020.12.22)

경찰법 전부개정법률

[전부개정]

◇ 개정이유

최근 우리나라에서는 진정한 지방자치를 위해 경찰권한의 분권화와 함께 지역특성에 적합한 치안서비스의 제공이 필요하다는 점에서 자치경찰제 전면 시행의 필요성이 꾸준히 제기되고 있으며, 더욱이 수사권 조정 시행과 함께 자치경찰제의 도입을 통해 비대해진 경찰권을 효율적으로 분산하여야 한다는 의견이 제기되고 있음.

자치경찰제를 도입함에 있어서는 경찰행정에 분권과 민주성에 대한 요구를 반영하는 동시에, 국민 안전에 공백이 없도록 국가 전체의 치안 총량과 현재의 안정적 경찰활동 체계가 흔들리지 않도록 유지할 필요가 있음.

한편, 지방행정과 치안행정의 연계성을 확보하여 지역주민의 치안수요에 적합한 다양한 치안서비스를 제공하고 지역실정에 맞는 주민밀착형 경찰서비스가 실현되어야 할 뿐만 아니라 현행 조직체계의 변화와 추가 소요비용 최소화를 통해 국민부담을 경감할 필요가 있음.

이에 현행법을 개정하여 경찰사무를 국가경찰사무와 자치경찰사무로 나누고, 각 사무별 지휘 · 감독권자를 분산하며, 시 · 도 자치경찰위원회가 자치경찰사무를 지휘 · 감독하도록 하는 등 자치경찰제 도입의 법적 근거를 마련함으로써, 경찰권 비대화의 우려를 해소하면서 지방행정과 치안행정의 연계성을 확보하여 주민 수요에 적합한 다양한 양질의 치안서비스를 제공하는 한편 국가전체의 치안역량을 효율적으로 강화할 수 있도록 하려는 것임.

◇ 주요내용

가. 경찰의 사무를 국가경찰사무와 자치경찰사무로 각각 구분하여 정함(제4조).

나. 경찰청에 국가수사본부를 두고, 국가수사본부장은 치안정감(治安正監)으로 보하며, 경찰청 외부를 대상으로 모집하여 임용할 필요가 있는 때에는 일정한 자격을 갖춘 사람 중에서 임용할 수 있도록 함(제16조).

다. 자치경찰사무를 관장하게 하기 위해 시 · 도지사 소속으로 시 · 도 자치경찰위원회를 합의제 행정기관으로 두고, 그 권한에 속하는 업무를 독립적으로 수행하도록 함(제18조).

라. 시 · 도 경찰청장의 임용 관련 사항을 정하고, 소관 사무에 따라 경찰청장, 시 · 도 자치경찰위원회 및 국가수사본부장의 지휘 · 감독을 받도록 함(제28조).〈법제처 제공〉

경비업법

[시행 2019. 4. 16] [법률 제16316호, 2019. 4. 16, 일부개정]

【제정 · 개정이유】

[일부개정]

◇ 개정이유 및 주요내용

경비지도사의 시험 및 교육에 관한 업무를 위탁받은 기관 또는 단체의 임직원은 그 업무를 수행함에 있어 공무원과 유사한 정도의 공정성과 청렴성이 요구되므로 「형법」 제129조부터 제132조까지의 규정에 따른 벌칙을 적용할 때 공무원으로 의제하려는 것임.〈법제처 제공〉

경비업법

[시행 2018. 4. 25] [법률 제14909호, 2017. 10. 24, 일부개정]

【제정 · 개정이유】

[일부개정]

◇ 개정이유 및 주요내용

국민의 경비지도사 자격 취득 기회를 최대한 보장하기 위하여 경비지도사시험은 매년 1회 이상 시행하도록 규정하고, 1년 이내에 경비 도급실적이 없는 경비업자의 경우 매년 폐업 후 다시 허가를 받아야 하는 불편을 해소하기 위하여 경비 도급실적의 산정기간을 1년에서 2년으로 연장하며, 불법행위에 대하여 법률마다 행정형벌의 편차가 큰 것을 개선하기 위하여 특수경비원이 국가중요시설의 정상적인 운영을 해치는 장해를 일으킨 경우 7년 이하의 징역을 5년 이하의 징역으로 하향조정하려는 것임.〈법제처 제공〉

경비업법

[시행 2017. 7. 26] [법률 제14839호, 2017. 7. 26, 타법개정]

【제정 · 개정이유】

⊙ 법률 제14839호(2017.7.26)

정부조직법 일부개정법률

[일부개정]

◇ 개정이유

중소기업 육성과 과학기술 융합을 기반으로 미래 성장동력 확충과 일자리 창출 등 경제 활성화를 뒷받침할 수 있도록 정부 조직체계를 재설계하고, 안전 · 재난 분야의 유기적 연계와 현장 기관의 전문 역량을 강화하기 위하여 국가 안전관리 체계를 재조정하는 한편, 통상행정 분야를 효율화하고, 국가보훈 및 대통령 경호 시스템을 환경변화에 맞게 조정하는 등 국민들의 요구에 신속하게 반응하는 열린 민주정부를 구현할 수 있도록 정부기능을 재배치하려는 것임.

◇ 주요내용

가. 대통령 경호수행 체계를 합리화하기 위하여 대통령경호실(장관급)을 대통령경호처(차관급)로 개편함(제16조).

나. 국가유공자 예우와 지원 등 보훈기능을 강화하기 위하여 국가보훈처를 장관급 기구로 격상함(제22조의2).

다. 기술창업활성화 관련 창조경제 진흥 업무의 중소벤처기업부 이관 및 과학기술 · 정보통신 정책의 중요성을 고려하여 미래창조과학부의 명칭을 과학기술정보통신부로 변경하는 한편, 과학기술의 융합과 혁신을 가속화하고 연구개발의 전문성과 독립성을 보장하기 위하여 과학기술정보통신부에 과학기술혁신본부를 설치함(제29조제1항, 제29조제2항 신설).

라. 국가 재난에 대한 대응 역량을 강화하고 안전에 대한 국가와 지방자치단체 간 유기적 연계가 가능하도록 국민안전처와 행정자치부를 통합하여 행정안전부를 신설하고, 신설되는 행정안전부에 재난 및 안전 관리를 전담할 재난안전관리본부를 설치함(제34조제1항, 제34조제3항 신설).

마. 소방 정책과 구조구급 등 소방에 대한 현장 대응 역량을 강화하기 위하여 행정안전부장관 소속으로 소방청을 신설함(제34조제7항 신설).

바. 보호무역주의 확산에 대응하기 위한 통상교섭 역량을 강화하기 위하여 산업통상자원부에 통상교섭본부를 설치함(제37조제2항).

사. 해양경찰의 역할을 재정립하여 해양안전을 확보하고, 해양주권 수호 역량을 강화하기 위하여 해양수산부장관 소속으로 해양경찰청을 신설함(제43조제2항 신설).

아. 중소기업 중심의 경제구조와 창업 생태계 조성을 위하여 중소기업청을 중소벤처기업부로 격상하여 창업 · 벤처기업의 지원 및 대 · 중소기업 간 협력 등에 관한 사무를 관장하도록 함(제44조 신설).〈법제처 제공〉

경비업법

[시행 2016. 1. 26] [법률 제13814호, 2016. 1. 26, 일부개정]

【제정 · 개정이유】

[일부개정]

◇ 개정이유 및 주요내용

현행법에 따르면 경비업자는 경비원으로 하여금 경비원 신임교육을 받게 하도록 하고 있으나, 누구든지 경비원으로 채용되기 전에도 개인적으로 일반경비원 신임교육을 받을 수 있도록 하고, 대통령령으로 정하는 바에 따라 일반경비원을 신임교육의 대상에서 제외할 수 있도록 하려는 것임.〈법제처 제공〉

경비업법

[시행 2016. 1. 6] [법률 제13719호, 2016. 1. 6, 타법개정]

【제정 · 개정이유】

◉ 법률 제13719호(2016.1.6)

형법 일부개정법률

[일부개정]

◇ 개정이유

「형법」 및 「공직선거법」에 의하여 수형자 및 집행유예 중인 자의 선거권을 제한하는 것이 헌법상 과잉금지원칙에 위배된다는 헌법재판소의 헌법불합치 및 위헌 결정이 선고됨에 따라 「공직선거법」이 1년 미만의 징역 또는 금고의 집행을 선고받아 수형 중에 있는 사람과 형의 집행유예를 선고받고 유예기간 중에 있는 사람에 대하여 선거권을 부여하도록 개정되었고, 그로 인하여 징역 또는 금고의 집행이 종료하거나 면제될 때까지 선거권을 포함하는 자격 전반이 정지되도록 정하고 있는 「형법」 제43조제2항의 개정이 필요함.

또한, 징역형에 대해 인정되는 집행유예가 징역형보다 상대적으로 가벼운 형벌인 벌금형에는 인정되지 않아 합리적이지 않다는 비판이 제기되어 왔고, 벌금 납부능력이 부족한 서민의 경우 벌금형을 선고받아 벌금을 납부하지 못할 시 노역장 유치되는 것을 우려하여 징역형의 집행유예 판결을 구하는 예가 빈번히 나타나는 등 형벌의 부조화 현상을 방지하고 서민의 경제적 어려움을 덜어주기 위해 벌금형에 대한 집행유예를 도입할 필요가 있음. 다만, 고액 벌금형의 집행유예를 인정하는 것에 대한 비판적인 법감정이 있는 점 등을 고려하여 500만 원 이하의 벌금형을 선고하는 경우에만 집행유예를 선고할 수 있도록 규정함. 아울러, 벌금형을 선고받은 사실을 일정한 결격 사유로 정하고 있는 법률이 다수 존재하고 벌금형의 집행유예가 도입됨에 따라 그러한 법률 역시도 정비가 필요한 점을 고려하여 공포 후 2년이 경과한 후에 시행하도록 함.

한편, 헌법재판소는 배우자 있는 자의 간통행위 및 그와의 상간행위를 2년 이하의 징역에 처하도록 규정한 「형법」 제241조가 성적 자기결정권 및 사생활의 비밀과 자유를 침해한다고 위헌 결정을 하였는데 이를 반영하여 간통죄 처벌조항을 규정한 제241조를 삭제하려는 것임.

아울러, 헌법재판소는 「폭력행위 등 처벌에 관한 법률」중 특수폭행죄 가중처벌 등 일부 규정이 「형법」과 동일한 구성요건을 규정하면서 법정형만 상향하고 있어 헌법의 기본원리에 위배되고 평등의 원칙에 위반된다는 이유로 각각 위헌 결정을 하였음. 이에 「폭력행위등 처벌에 관한 법률」 일부 규정을 정비하고 동시에 일부 범죄를 「형법」에 편입하여 처벌의 공백을 방지하면서 형벌체계상의 정당성과 균형을 갖추도록 함.

◇ 주요내용

가. 유기징역 또는 유기금고의 집행이 종료하거나 면제될 때까지 당연히 자격이 정지되도록 하고 있는 제43조제2항에 대하여 다른 법률에 특별한 규정이 있는 경우에는 그 법률에 따르도록 단서를 신설함(제43조제2항 단서 신설).

나. 500만 원 이하의 벌금형에 대해서도 집행을 유예할 수 있도록 벌금형에 대한 집행유예 제도를 도입함(제62조제1항).

다. 간통죄를 삭제함(현행 제241조 삭제).

라. 존속중상해죄의 법정형을 정비하고(제258조제3항), 특수상해죄를 신설하며(제258조의2 신설), 이에 대한 상습법과 자격정지의 병과 규정을 정비하고(제264조 및 제265조), 특수강요죄 및 특수공갈죄를 신설하는(제324조제2항 및 제350조의2 신설) 등 정비함. 〈법제처 제공〉

경비업법

[시행 2016. 1. 6] [법률 제13718호, 2016. 1. 6, 타법개정]

【제정 · 개정이유】

◉ 법률 제13718호(2016.1.6)

폭력행위 등 처벌에 관한 법률 일부개정법률

[일부개정]

◇ 개정이유

그간 헌법재판소는 「특정범죄 가중처벌 등에 관한 법률」의 일부 가중처벌 규정에 대하여 「형법」과 같은 기본법과 동일한 구성요건을 규정하면서 법정형만 상향한 규정은 형벌체계상의 정당성과 균형을 잃어 헌법의 기본원리에 위배되고 평등의 원칙에 위반된다는 이유로 위헌결정을 내린 바 있음.

이러한 헌법재판소의 위헌 결정 취지를 존중하여, 위헌결정 대상조항 및 이와 유사한 가중처벌 규정을 일괄하여 정비하려는 것임.

◇ 주요내용

가. 상습폭행 등 상습폭력범죄의 가중처벌 규정을 삭제함(현행 제2조제1항 삭제).

나. 흉기휴대폭행 등 특수폭력범죄의 가중처벌 규정 및 상습특수폭력범죄의 가중처벌 규정을 삭제함(현행 제3조제1항 및 제3항 삭제).

다. 상습폭력범죄 및 특수폭력범죄, 상습특수폭력범죄 규정 삭제에 따른 공동폭력범죄 가중처벌 규정, 누범 가중처벌 규정을 정비함(제2조제2항 · 제3항 및 제3조제4항). 〈법제처 제공〉

경비업법

[시행 2015. 10. 21] [법률 제13397호, 2015. 7. 20, 일부개정]

【제정 · 개정이유】

[일부개정]

◇ 개정이유

경비협회의 입찰보증 등의 공제사업을 통해 중소 경비업체들이 저렴한 가격으로 보증보험업체 또는 금융기관 보증상품을 이용할 수 있도록 하되, 공제사업 운영주체의 전문성 부족 등에 따라 금융감독원의 검사 등의 통제장치를 마련함.

또한, 경찰의 감독 업무 강화 및 경비업의 건전한 운영을 제고하기 위하여 경비업무를 도급하려는 자가 경비업자의 경비원 채용 시 무자격자 · 부적격자 등을 채용하도록 관여하거나 영향력을 행사할 수 없도록 하고, 경비업무장소가 집단민원현장으로 판단될 때에는 관할 경찰관서장은 경비원 배치허가를 받도록 48시간 이내에 경비업자에게 고지하도록 함.

◇ 주요내용

가. 경비업무를 도급하려는 자가 경비업자의 경비원 채용 시 무자격자 · 부적격자 등을 채용하도록 관여하거나 영향력을 행사할 수 없도록 하고, 위반 시 징역 또는 벌금에 처하도록 함(제7조의2제3항 및 제28조제2항제6호 신설).

나. 경비협회의 공제사업 범위를 확대하여 입찰보증 · 계약보증 · 하도급보증을 위한 공제사업, 경비원의 복지향상 등을 위한 공제사업 등을 할 수 있도록 하고, 금융위원회와의 협의 및 금융감독원의 원장에 대한 검사 요청 근거를 마련함(제23조).

다. 지방경찰청장 또는 관할 경찰관서장은 경비업무 장소가 집단민원현장으로 판된되는 경우 경비원 배치허가를 받도록 48시간 이내에 경비업자에게 고지하도록 함(제24조제4항 신설). 〈법제처 제공〉

경비업법

[시행 2014. 12. 30] [법률 제12911호, 2014. 12. 30, 일부개정]

【제정 · 개정이유】

[일부개정]

◇ 개정이유

「민법」의 개정으로 2013년 7월 1일부터 금치산 · 한정치산 제도가 성년후견 · 한정후견 제도로 변경된 것을 반영하여 경비업체의 임원 · 경비지도사 및 경비원의 결격사유 중 금치산자와 한정치산자를 피성년후견인과 피한정후견인으로 대체하고, 「아동 · 청소년의 성보호에 관한 법률」의 취업제한 규정에 따라 성범죄 전력이 있는 경우 10년간 경비업 법인에서 경비업무에 종사할 수 없도록 규정하고 있어, 이를 반영하여 성범죄 결격자 배제기간을 5년에서 10년으로 상향하는 한편,

경비지도사 자격정지 기간 중 경비지도사로 선임되어 활동하여도 이에 대한 취소규정이 없어 행정처분을 하지 못하는 불합리한 점을 시정하기 위하여 자격정지 기간 중 경비지도사로 선임되어 활동하였을 경우 이를 취소할 수 있는 규정을 신설하려는 것임.

◇ 주요내용

가. 경비업체의 임원 · 경비지도사 및 경비원의 결격사유에서 금치산자 또는 한정치산자를 피성년후견인 또는 피한정후견인으로 대체함(제5조제1호, 제10조제1항제1호 및 같은 조 제2항제1호).

나. 성범죄 전력이 있는 사람이 경비업에 종사할 수 없는 기간을 5년에서 10년으로 상향함(제10조제1항제5호 · 제7호).

다. 경비지도사 자격정지 기간 중 선임되어 활동했을 경우 경비지도사 자격을 취소할 수 있는 규정을 신설함(제20조제1항제4호 신설).〈법제처 제공〉

경비업법

[시행 2014. 11. 19] [법률 제12844호, 2014. 11. 19, 타법개정]

【제정 · 개정이유】

◉ 법률 제12844호(2014.11.19)
정부조직법 일부개정법률

[일부개정]

◇ 개정이유

국가적 재난관리를 위한 재난안전 총괄부처로서 국무총리 소속으로 '국민안전처'를 신설하고, 현행 해양경찰청과 소방방재청의 업무를 조정 · 개편하여 국민안전처의 차관급 본부로 설치하며, 공직개혁 추진 및 공무원 전문역량 강화를 위하여 공무원 인사 전담조직인 인사혁신처를 국무총리 소속으로 설치하고, 교육 · 사회 · 문화 분야 정책결정의 효율성과 책임성을 제고하기 위하여 교육 · 사회 · 문화 부총리를 신설하려는 것임.

◇ 주요내용

가. 교육 · 사회 · 문화 부총리 신설(제19조제1항 · 제3항, 제19조제5항 신설)
교육부장관이 겸임하는 교육 · 사회 · 문화 부총리를 신설하여 국무총리의 명을 받아 교육 · 사회 · 문화 정책에 관하여 관계 중앙행정기관을 총괄 · 조정하도록 함.

나. 국무총리 소속 국민안전처 설치 등(제22조의2 신설 등)

1) 안전행정부의 재난안전 총괄 · 조정, 소방방재청의 소방 · 방재, 해양경찰청의 해양경비 · 안전 · 오염방제 및 해상에서 발생한 사건의 수사 기능 등을 통합하여 국무총리 소속으로 국민안전처를 설치함.
2) 국민안전처장관은 국무위원으로 보하고, 안전 및 재난에 관하여 국무총리의 명을 받아 관계 중앙행정기관을 총괄 · 조정하도록 함.
3) 국민안전처에 소방사무를 담당하는 본부장과 해양경비 · 안전 · 오염방제 및 해상에서 발생한 사건의 수사에 관한 사무를 담당하는 본부장을 각각 둠.
4) 국민안전처와 각 부처의 유기적 연계를 위하여 특정직공무원을 국민안전처의 보조기관 및 보좌기관에 보할 수 있도록 함.

다. 국무총리 소속 인사혁신처 설치(제22조의3 신설)
안전행정부의 공무원 인사 · 윤리 · 복무 및 연금 기능을 이관하여 국무총리 소속으로 인사혁신처를 설치함.

라. 안전행정부의 행정자치부로의 개편(제34조)

안전행정부는 정부 의전 · 서무, 정부조직관리, 정부혁신, 전자정부, 지방자치제도 및 재정 · 세제 등의 기능 중심으로 개편하고, 행정자치부로 명칭을 변경함.

마. 소방방재청 및 해양경찰청 근거규정 삭제(현행 제34조제6항 · 제7항 및 제43조제2항 · 제3항 삭제)

1) 소방방재청의 소방 · 방재 기능을 국민안전처로 이관함.

2) 해양경찰청의 수사 · 정보 기능(해상에서 발생한 사건의 수사 및 정보에 관한 사무는 제외)을 경찰청으로, 해양에서의 경비 · 안전 · 오염방제 및 해상에서 발생한 사건의 수사 기능을 국민안전처로 이관함.〈법제처 제공〉

경비업법

[시행 2014. 6. 8] [법률 제11872호, 2013. 6. 7, 일부개정]

【제정 · 개정이유】

[일부개정]

◇ 개정이유

1976년 「경비업법」이 제정된 이후 경비업은 단순 시설 경비에서부터 공항 · 항만 · 원자력발전소 등 국가중요시설의 경비로 그 영역이 계속 확장되면서 현재 치안서비스의 상당부분을 보완하는 기능을 하고 있으나, 최근 집단민원현장에서 발생한 노조원과 경비원 간의 무력충돌이나 무자격의 경비원 동원으로 인한 폭력사태 등으로 국민생활에 불안감을 주고 있어 경비업자 및 경비원에 대한 규제를 강화하여야 한다는 사회적 요구가 커지고 있는바, 경비업체의 난립을 막기 위해 경비업의 허가요건을 강화하는 한편, 경비원의 폭력이 문제가 되는 노사분규 · 재개발 현장 등 집단민원현장을 법률에 명확히 규정하고, 집단민원현장에 경비원을 배치할 경우 배치 48시간 전까지 관할 경찰관서장의 배치허가를 받도록 하며, 경비업자와 경비원들의 경비업무를 벗어난 불법적 행위에 대한 규제 및 처벌을 강화하는 등 현행 제도의 운영상 나타난 일부 문제점을 개선 · 보완하려는 것임.

◇ 주요내용

가. 집단민원현장을 노사분규, 재개발현장 등 구체적으로 열거하여 명확히 규정함(안 제2조제5호 신설).

나. 경비업 허가를 받으려는 법인의 자본금 최저 기준을 1억 원 이상으로 하고, 시설경비업무의 경우 20명 이상의 경비원과 경비지도사 1명 이상의 경비인력을 갖추도록 함(안 제4조제2항).

다. 다른 경비업체와 동일명칭을 사용하여 허가를 받을 수 없도록 하고, 허가받은 경비업무 외의 업무에 경비원을 종사하게 하거나 경비업무의 범위를 벗어난 행위를 하게 하여 허가가 취소된 경우에는 누구라도 허가가 취소된 경비업체와 동일한 명칭으로 10년간 허가를 받을 수 없도록 하며, 허가가 취소된 법인은 법인명 또는 임원의 변경에도 불구하고 허가가 취소된 날부터 5년간 경비업 허가를 받을 수 없도록 함(안 제4조의2 신설).

라. 허가받은 경비업무 외의 업무에 경비원을 종사하게 하거나 경비업무의 범위를 벗어난 행위를 하게 하여 허가가 취소된 경비업체의 임원은 취소된 날부터 5년간 경비업체의 임원이 될 수 없도록 함(안 제5조제6호 신설).

마. 경비업자가 집단민원현장에 경비원을 배치하는 때에는 배치현장에 경비지도사를 선임·배치하여 안전행정부령으로 정하는 바에 따라 경비원을 지도·감독하게 하여야 함(안 제7조제6항 및 제12조제4호 신설).

바. 무허가 경비업자에게 경비업무를 도급주는 행위를 금지하고, 집단민원현장에서 무허가 경비업자에게 경비업무를 도급 주는 경우에는 처벌하도록 함(안 제7조의2제1항 및 제28조제2항제4호 신설).

사. 누구든지 집단민원현장에 경비인력을 20명 이상 배치하려고 할 때에는 경비인력을 직접 고용하여서는 아니 되고, 허가받은 경비업자에게 경비업무를 도급하여야 하되, 집단민원현장 발생 3개월 전까지 직접 고용하여 경비업무를 수행하는 피고용인은 제외하도록 함(안 제7조의2 신설).

아. 경비지도사 및 경비원의 결격사유의 범위에 범죄단체의 조직 및 구성·활동 전과자, 경비업법 위반 전과자, 「형법」상 강도·절도 및 성범죄 전과자 등을 추가함(안 제10조제1항제5호부터 제8호까지 신설, 안 제10조제2항제2호).

자. 경비업자는 경찰 또는 군인과 명확히 구별되는 경비원의 복장을 정하여 주사무소를 관할하는 지방경찰청장에게 사진을 첨부하여 신고하여야 하고, 경비원에게 소속 경비업체를 표시한 이름표를 부착하여 신고된 동일한 복장을 착용하게 하여야 하며, 지방경찰청장은 제출받은 사진을 검토하여 경비업자에게 복장 변경 등에 대한 시정명령을 할 수 있고, 경비업자는 이행보고를 하여야 함(안 제16조).

차. 경비원의 휴대장비의 종류는 경적·단봉·분사기 등 안전행정부령으로 정하고, 경비원은 경비업무를 위하여 필요하다고 인정되는 상당한 이유가 있을 때에 한해 필요 최소한도에서 장비를 사용할 수 있도록 하며, 출동차량 등에 대해서는 도색 및 표지를 경찰차량 및 군차량과 명확히 구별될 수 있도록 이를 확인할 수 있는 사진을 첨부하여 주된 사무소를 관할하는 지방경찰청장에게 신고하도록 함(안 제16조의2 및 제16조의3 신설).

카. 경찰청장, 지방경찰청장 또는 관할 경찰관서장의 경비업체 임원, 경비지도사 또는 경비원에 대한 범죄경력조회 근거를 신설하고, 경비업자도 필요한 경우 지방경찰청장 또는 관할 경찰관서장에게 경비원 등에 대한 범죄경력조회를 요청할 수 있는 근거를 마련함(안 제17조).

타. 경비업자가 집단민원현장에 경비원을 배치할 경우에는 경비원의 명부를 배치현장에도 작성·비치하도록 하고, 경비원을 배치하기 48시간 전까지 배치장소의 관할 경찰관서장에게 배치허가를 신청하도록 하며, 특수경비원과 집단민원현장 외에 배치되는 신변보호 경비원은 배치 전까지 신고하도록 함(안 제18조).

파. 상해·폭행·체포 및 감금의 죄를 범한 경력이 있는 사람을 집단민원현장에 배치하지 못하도록 하고, 경비원 명부에 없는 사람을 경비업무에 종사하게 하여서는 아니 되며, 경비원 신임교육 이수 후 경비원을 배치하도록 함(안 제18조제4항·제6항 및 제7항 신설).

하. 배치허가를 받지 않고 경비원을 배치하거나, 배치허가신청의 내용을 거짓으로 하는 등의 사유가 있는 경우, 관할 경찰관서장이 배치폐지명령을 할 수 있도록 함(안 제18조제8항 신설).

거. 경비원에게 경비업무의 범위를 벗어난 행위를 하게 한 경우와 관할 경찰관서장의 배치폐지 명령을 따르지 아니하는 경우 등을 허가취소 또는 영업정지의 사유에 추가하는 등 행정처분의 기준을 강화함(안 제19조제1항, 안 제19조제2항 신설).

너. 경비업자나 경비원이 이 법이나 이 법에 따른 명령, 「폭력행위 등 처벌에 관한 법률」을 위반하는 행위를 하는 경우 지방경찰청장이나 관할 경찰관서장은 위반행위 중지를 명할 수 있도록 함(안 제24조제3항 신설).

더. 경비원이 제16조의2제1항에서 정한 장비 외의 흉기 또는 그 밖의 위험한 물건을 휴대하고「형법」 제257조제1항 등의 죄를 범한 때에는 그 죄에 정한 형의 2분의 1까지 가중처벌하도록 함(안 제29조제2항 신설).〈법제처 제공〉

경비업법

[시행 2013. 3. 23] [법률 제11690호, 2013. 3. 23, 타법개정]

【제정 · 개정이유】

◉ 법률 제11690호(2013.3.23)
정부조직법 전부개정법률

[전부개정]

◇ 개정이유

국가 성장동력의 양대 핵심 축인 과학기술과 정보통신기술을 창조경제의 원천으로 활용하여 경제부흥을 뒷받침할 수 있도록 정부 조직체계를 재설계하고, 국민생활 전반에 영향을 미치는 안전 관련 업무기능을 강화하여 국민의 안전을 최우선으로 하는 정부를 구현하는 한편, 각 행정기관 고유의 전문성을 강화하여 행정환경의 변화에 능동적으로 대처할 수 있도록 하는 등 창조적이고 유능한 정부를 구현할 수 있도록 정부기능을 재배치하려는 것임.

◇ 주요내용

가. 대통령의 국가 위기상황 관리기능을 효과적으로 보좌하기 위하여 대통령 밑에 국가안보실을 신설함(안 제15조).

나. 대통령실 · 국무총리실 및 특임장관으로 분산되었던 정무기능 수행체계를 효율적으로 개편하기 위하여 특임장관을 폐지함.

다. 금융위기 등 급변하는 대내외 경제 환경에 체계적으로 대응하기 위하여 경제분야 정책을 총괄 · 조정하는 경제부총리제를 도입함(안 제19조).

라. 국무총리의 정책조정 기능을 강화하여 책임총리제를 뒷받침할 수 있도록 국무총리실을 국무조정실과 국무총리비서실로 확대 · 개편함(안 제20조 및 제21조).

마. 국민생활의 안전을 위하여 식품 및 의약품 안전관리체계를 국무총리 소속의 식품의약품안전처로 일원화함(안 제25조).

바. 과학기술과 정보통신기술 발전을 통하여 일자리를 창출하고, 경제부흥의 기반을 마련할 수 있도록 미래창조과학부를 신설하고, 그 소관업무를 과학기술정책의 수립 · 총괄 · 조정 · 평가, 과학기술의 연구개발 · 협력 · 진흥, 과학기술인력 양성, 원자력 연구 · 개발 · 생산 · 이용, 국가정보화 기획 · 정보보호 · 정보문화, 방송 · 통신의 융합 · 진흥 및 전파관리, 정보통신산업, 우편 · 우편환 및 우편대체에 관한 사무로 하며, 교육과학기술부는 교육부로 개편함(안 제28조 및 제29조).

사. 통상교섭의 전문성을 강화하고 국내산업의 대외경쟁력을 제고하기 위하여 외교통상부의 통상교섭 기능을 지식경제부로 이관하고, 그 명칭을 산업통상자원부로 개편함(안 제30조 및 제37조).

아. 국민행복의 필수조건인 국민생활 안전을 책임지는 안전관리 총괄부처로서의 위상과 기능을 강화하기 위하여 행정안전부를 안전행정부로 개편함(안 제34조).

자. 동북아 해양환경 변화에 능동적으로 대응하고 해양 · 항만정책과 수산정책의 상호 연계를 통해 해양기능의 융합효과를 제고하기 위하여 해양수산부를 신설하고, 농림수산식품부 및 국토해양부를 각각 농림축산식품부 및 국토교통부로 개편함(안 제36조 · 제42조 및 제43조).

차. 창의와 혁신을 기반으로 하는 다양한 창조기업의 육성 · 지원 강화를 위하여 중소기업청의 업무영역을 확대함(안 제37조제3항).〈법제처 제공〉

경비업법

[시행 2009. 4. 1] [법률 제9579호, 2009. 4. 1, 일부개정]

【제정 · 개정이유】

[일부개정]

◇ 개정이유 및 주요내용

특수경비원이 국가 중요시설에 배치되며 유사시 무기를 휴대하는 자로서 무기의 적정 사용 및 피탈 방지 등을 위해 일정한 체력이 요구된다는 점을 고려한 것이지만, 한국인의 평균수명이 연장되고 있는 현실에서 특수경비원의 연령 상한을 58세 로 한정하는 것은 적절하지 아니하므로 이를 60세 로 연장하려는 것임.

경비업법

[시행 2008. 12. 26] [법률 제9192호, 2008. 12. 26, 일부개정]

【제정 · 개정이유】

[일부개정]

◇ 개정이유 및 주요내용

현행 양벌규정은 문언상 영업주가 종업원 등에 대한 관리 · 감독상 주의의무를 다하였는지 여부에 관계없이 영업주를 처벌하도록 하고 있어 책임주의 원칙에 위배될 소지가 있으므로, 영업주가 종업원 등에 대한 관리 · 감독상 주의의무를 다한 경우에는 처벌을 면하게 함으로써 양벌규정에도 책임주의 원칙이 관철되도록 함.

경비업법

[시행 2008. 2. 29] [법률 제8872호, 2008. 2. 29, 타법개정]

【제정 · 개정이유】

◉ 법률 제8872호(2008.2.29)

대통령경호실법 일부개정법률

[일부개정]

◇ **개정이유 및 주요내용**

국제적으로 테러가 증가하고 있고 국가 주요인사에 대한 위해의 우려가 증대하고 있는 현실에 비추어 「대통령경호실법」의 명칭을 「대통령 및 국가요인의 경호 등에 관한 법률」로 변경하여 대통령 및 국가요인에 대하여 체계적이고 전문적인 경호를 제공함으로써 국가의 안정적인 발전을 기하는 한편, 대통령 및 국가요인의 경호를 효율적으로 수행하도록 하기 위하여 대통령실장 소속으로 경호처를 설치하고, 처장은 정무직(차관급)으로, 차장은 1급(경호공무원 또는 고위공무원단에 속하는 별정직국가공무원)으로 보하도록 하려는 것임.

경비업법

[시행 2008. 2. 29] [법률 제8852호, 2008. 2. 29, 타법개정]

【제정 · 개정이유】

◉ 법률 제8852호(2008.2.29)

정부조직법 전부개정법률

[전부개정]

◇ **개정이유**

국경 없는 무한경쟁 시대에 국민에게 희망을 주는 일류 정부를 건설하기 위하여, 우리의 미래에 관한 전략기획기능을 강화하고, 정부의 간섭과 개입을 최소화하는 작은 정부 구축을 통하여 민간과 지방의 창의와 활력을 북돋우는 한편, 꼭 해야 할 일은 확실히 하되 나라살림을 알뜰하게 운영하여 국민부담을 줄이며 칸막이 없이 유연하고 창의적으로 일하는 정부를 구축할 수 있도록 기획예산처와 재정경제부를 통합하여 기획재정부를 신설하는 등 정부기능을 효율적으로 재배치하려는 것임.

◇ **주요내용**

가. 대통령비서실과 대통령경호실의 통합(법 제14조)

대통령 보좌기구의 정예화 및 권한과 책임의 명확화를 위하여 대통령비서실과 대통령경호실을 대통령실로 통합함.

나. 부총리제 폐지(현행 제19조의2 삭제)

헌법의 권한배분 등 정부편제의 기본원칙에 비추어 헌법적 근거가 취약한 부총리제를 폐지함.

다. 특임장관 신설(법 제17조)

투자유치, 해외자원개발 등 핵심 국책과제를 수행하기 위하여 특임장관을 신설함.

라. 국무총리비서실과 국무조정실의 통합(법 제18조)

국무총리의 보좌기능을 강화하고 사회갈등관리 기능 등을 강화하기 위하여 국무총리비서실과 국무조정실을 국무총리실로 통합함.

마. 법제처장과 국가보훈처장의 직급 조정(법 제20조 및 제21조)
지나치게 격상된 조직 위상의 정상화를 위하여 장관급인 법제처장, 국가보훈처장의 직급을 장관급에서 차관급으로 조정함.

바. 기획재정부 신설(법 제23조)
경제정책 조정역량을 강화하고 재정기능을 일원화하기 위하여 기획예산처와 재정경제부를 통합하여 기획재정부를 신설함

사. 교육과학기술부 신설(법 제24조)
초·중등 교육 및 대학의 자율성을 제고하고 인적자원 개발기능을 강화하며, 기초과학을 진흥시키기 위하여 교육과학기술부를 신설함.

아. 행정안전부 신설(법 제29조)
정부조직관리와 인사정책의 연계를 도모하고 분산된 안전관리정책의 총괄·조정기능을 통합하기 위하여 행정안전부를 신설함.

자. 국정홍보처의 폐지(법 제30조, 현행 제24조의2 삭제)
정책홍보기능의 부처 자율화를 통해 국민의 알권리를 신장하기 위하여 국정홍보처를 폐지하고, 종전의 문화부 사무와 국정홍보처의 해외홍보 사무를 통합하여 문화체육관광부를 신설함.

차. 농림수산식품부 신설(법 제31조)
농업과 수산업의 긴밀한 연계 및 식품산업 육성을 위하여 종전의 농림부의 사무와 해양수산부의 수산에 관한 사무를 통합하여 농림수산식품부를 신설함.

카. 지식경제부 신설(법 제32조)
우리 경제를 빠른 시일 내에 미래 지향의 지식기반형·기술혁신형 경제로 전환하기 위하여 산업자원부의 산업·에너지정책 사무와 과학기술부의 산업기술 연구개발정책 사무 등을 통합하여 지식경제부를 신설함.

타. 기상청의 소속 변경(법 제34조)
환경보전 기능을 강화하고 기상이변 등에 대한 대응역량을 강화하기 위하여 기상청을 환경부 소속으로 이관함.

파. 국토해양부 신설(법 제37조)
국토자원의 통합관리를 위하여 건설교통부와 해양수산부의 해양정책, 항만, 해운물류를 통합하여 국토해양부를 신설함.

경비업법

[시행 2006. 2. 5] [법률 제7671호, 2005. 8. 4, 일부개정]

【제정 · 개정이유】

[일부개정]

◇ 개정이유 및 주요내용

경비원이 경비업무의 범위를 벗어난 행위를 하거나 이를 하게 한 자에 대하여 형사처벌을 할 수 있도록 하는 한편, 신변보호 또는 시설경비업무를 수행하는 일반경비원이나 특수경비원을 배치할 때에는 24시간 전까지 신고하도록 하고 이를 위반한 경우에는 배치폐지를 명할 수 있도록 하는 등 현행 제도의 운영과정에서 나타난 일부 미비점을 개선 · 보완하려는 것임.

경비업법

[시행 2005. 5. 31] [법률 제7544호, 2005. 5. 31, 일부개정]

【제정 · 개정이유】

[일부개정]

◇ 개정이유 및 주요내용

법률의 위임근거 없이 시행령에 규정되어 있던 경비지도사 및 그 종류에 관한 사항과 경비업의 허가를 받거나 허가증을 재교부 받고자 하는 자가 납부하여야 하는 수수료에 관한 사항을 법률에 직접 규정하려는 것임.

경비업법

[시행 2003. 12. 19] [법률 제6787호, 2002. 12. 18, 일부개정]

【제정 · 개정이유】

[일부개정]

◇ 개정이유 및 주요골자

경비업자의 대부분이 경비업외에 다른 업무를 겸업하고 있는 경비업계의 현실정에 맞추어 이 법에 의한 경비업외의 영업을 할 수 없도록 하는 경비업자의 겸업금지의무를 특수경비업자로 한정함으로써 경비업자의 영업에 대한 규제를 완화하고 민간경비분야의 성장과 발전에 이바지하려는 것임.

경비업법

[시행 2001. 7. 8] [법률 제6467호, 2001. 4. 7, 전부개정]

【제정 · 개정이유】

[전문개정]

◇ 개정이유

국가중요시설에 대한 효율적인 경비체계의 구축을 위하여 경비업의 종류에 특수경비업무를 추가하고, 기계경비산업이 급속히 발전함에 따라 기계경비업무의 신고제를 허가제로 변경하는 한편, 기계경비업자의 신속대응조치 의무에 관한 사항 등을 규정하는 등 현행 제도의 운영상 나타난 일부 미비점을 개선 · 보완하려는 것임.

◇ 주요골자

가. 기계경비업무를 신고제에서 허가제로 변경하고, 국가중요시설의 경비를 담당하는 특수경비업무를 경비업의 종류로 신설함(법 제2조제1호라목 및 마목).

나. 경비업허가의 실효성을 확보하기 위하여 경비업 허가를 5년마다 갱신하도록 함(법 제6조).

다. 국가중요시설을 경비하는 특수경비업자는 부득이한 사유로 경비업무를 계속할 수 없는 경우에 대비하여 경비대행업자를 지정하도록 함(법 제7조제6항 및 제7항).

라. 기계경비업자는 경비대상시설에 대한 경보를 수신한 때에는 신속하게 대응조치를 취하도록 하고, 계약상대방에게 기기사용요령 등을 설명하도록 함(법 제8조 및 제9조제1항).

마. 지방경찰청장은 국가중요시설의 경비업무 수행을 위하여 필요한 경우에 관할 경찰관서장으로 하여금 시설주의 신청에 의하여 시설주에게 무기를 대여하게 하고, 대여받은 무기의 관리책임은 시설주 및 관할 경찰관서장이 지도록 하며, 관할경찰관서장은 무기관리상황을 지도감독하여야 하고, 시설주는 대여받은 무기를 특수경비업자에게 제공하여 특수경비원으로 하여금 무기를 휴대 · 사용할 수 있도록 함(법 제14조제3항 내지 제8항).

바. 특수경비원의 복종의무 · 경비구역이탈금지의무와 무기의 안전사용수칙을 준수할 의무를 법률에서 구체적으로 명시함(법 제15조).

사. 국가중요시설의 정상적 운영을 해치는 장해를 일으킨 경우와 정당한 사유없이 무기를 소지하고 배치된 경비구역을 벗어나는 경우 등에 대한 벌칙을 규정하는 한편, 경비업무 수행중 권한을 남용하여 폭행 · 상해 등의 죄를 범한 경우 그 형을 가중하도록 함(법 제28조 및 제29조).

아. 특수경비원의 단체행동권을 금지하고, 무기 오남용을 방지하기 위하여 무기안전수칙을 법률에 구체적으로 명시함(법 제15조제3항 및 제4항).

경비업법

[시행 1999. 10. 1] [법률 제5940호, 1999. 3. 31, 일부개정]

【제정 · 개정이유】

[일부개정]

◇ 개정이유 및 주요골자

행정규제기본법에 의한 규제정비계획에 따라 경비지도사의 자격등과 관련된 규정을 합리적으로 조정하고, 설립과 가입이 강제되던 용역경비협회 관련 규정을 정비하는등 용역경비업과 관련된 과도한 규제를 개선 · 완화하려는 것임.

용역경비업법

[시행 1998. 1. 1] [법률 제5453호, 1997. 12. 13, 타법개정]

【제정 · 개정이유】

● 용역경비업법 중 개정법률[1997.12.13, 법률제5453호]

[일부개정]

행정절차법이 1998년 1월 1일부터 시행됨에 따라 행정절차법과 개별 법률에 중복규정되어 있는 행정절차관련규정을 삭제하고, 개별 법률의 다양한 의견청취유형을 행정절차법에 맞도록 정비하며, 일정한 원칙과 기준에 따라 청문을 실시하는 처분을 명확히 개별 법률에 규정함으로써 행정절차법 운영의 실효성을 확보하려는 것임.

① 개별 법률에 의견제출 · 청문의 대상으로 다양하게 규정되어 있는 불이익처분중 당사자의 재산권 · 자격 또는 지위를 직접 박탈하는 허가 · 인가 · 면허등의 취소처분과 법인 · 조합등의 설립인가 취소 또는 해산을 명하는 중대한 불이익처분의 경우에는 엄격한 처분절차인 청문을 실시하도록 함.

② 공사채등록법 · 관세법등과 같이 당사자에게 중대한 불이익을 주는 인가 및 특허등의 취소처분을 규정하고 있으나 청문에 관한 근거가 없는 경우에는 당해처분의 성질에 맞게 청문실시의 근거를 신설함.

③ 의견진술 · 공청등 행정절차법의 불이익처분절차에 맞지 아니하는 개별 법률상의 용어를 행정절차법에 적합하도록 정비하여 법 적용상의 혼란을 해소함.

용역경비업법

[시행 1996. 7. 1] [법률 제5124호, 1995. 12. 30, 일부개정]

【제정 · 개정이유】

[일부개정]

사설경비업을 용역경비업의 한 분야로 흡수하고, 경비원의 자질향상을 도모하기 위하여 경비원의 지도 · 감독 및 교육을 전담하는 경비지도사제도를 신설하며, 용역경비업을 건전하게 육성하기 위하여 현행법에 나타난 일부 미비점을 보완하려는 것임.

① 개인의 신변을 보호하고 위해발생을 방지하는 신변보호업무를 용역경비업의 한 분야로 추가함.
② 용역경비업에 대한 경찰청장의 허가권한을 용역경비업을 하고자 하는 법인의 주사무소의 소재지를 관할하는 지방경찰청장에게 이양함.
③ 용역경비업체의 임·직원, 경비지도사 및 경비원은 직무상 알게 된 경비대상의 비밀을 누설하거나 부정한 목적으로 사용하지 못하도록 함.
④ 경비원에 대한 지도·감독 및 교육을 전담할 수 있도록 경비지도사제도를 신설함.

용역경비업법

[시행 1991. 7. 31] [법률 제4369호, 1991. 5. 31, 타법개정]

【제정·개정이유】

● 경찰법[1991.5.31, 법률제4369호]

[신규제정]

경찰의 민주적인 관리·운영과 효율적인 임무수행을 위하여 필요한 경찰의 기본조직과 직무범위를 정하려는 것으로, 분단국가로서 우리나라의 특수한 안보상황과 치안여건에 효율적으로 대처하기 위하여 국가경찰체제를 유지하면서 경찰의 기본조직을 중앙은 현재 보조기관으로 되어 있는 치안본부를 내무부장관소속하의 경찰청으로, 지방은 시·도지사 보조기관인 경찰국을 시·도지사 소속기관인 지방경찰청으로 개편함으로써 경찰행정의 책임성과 독자성을 보장함과 동시에 내무부에 각계의 덕망있는 인사로 구성되는 경찰위원회를 두어 경찰행정에 관한 주요제도 및 인권보호에 관한 사항을 심의·의결하게 함으로써 경찰운영의 민주성과 공정성의 확보를 기하며 경찰의 임무인 국민의 생명과 재산의 보호 및 공공의 안녕과 질서유지에 충실할 수 있도록 그 임무를 명확히 하고 직권을 남용하지 못하도록 하여 국민의 자유와 권리를 최대한 보장함으로써 경찰에 대한 국민의 신뢰를 회복하고 진정한 민주경찰로서의 발전을 도모하려는 것임.
① 중앙경찰기관으로 내무부장관소속하에 경찰청을 설치하고 지방경찰기관으로는 지방경찰청과 경찰서를 두며, 해양경찰청과 해양경찰서를 두도록 함.
② 경찰의 임무를 명확히 하고 그 직무수행에 있어서는 헌법과 법률에 따라 국민의 자유와 권리를 존중하고 국민전체에 대한 봉사자로서 공정중립을 지키도록 함과 동시에 권한의 남용을 금지함.
③ 경찰의 인사·예산·장비등에 관한 주요정책과 경찰행정에 관한 업무발전 및 인권보호에 관한 사항등을 심의·의결하기 위하여 내무부에 위원 5인(任期 3年)으로 구성되는 경찰위원회를 두도록 함.
④ 경찰위원회 위원은 내무부장관의 제청으로 국무총리를 거쳐 대통령이 임명하도록 함.
⑤ 경찰위원회 위원은 국가공무원법상의 공무원의 신분상 의원규정을 준용하여 정치운동을 할 수 없게 하고 직무상 비밀을 엄수하도록 함.
⑥ 경찰청에 경찰청장 및 차장을 두고, 각각 치안총감 및 치안정감으로 보하도록 함.
⑦ 지방경찰청장 및 해양경찰청장은 경찰청장의 지휘·감독을 받아 소관사무를 관장하도록 함.
⑧ 경찰공무원의 임용 등 인사에 관한 사항과 직무수행에 필요한 사항 등은 따로 법률로 정하도록 함.

용역경비업법

[시행 1990. 1. 28] [법률 제4148호, 1989. 12. 27, 일부개정]

【제정 · 개정이유】

[일부개정]

용역경비업을 건전하게 육성 · 발전시키기 위하여 경비원의 권익을 증진하고, 경비원의 자격연령을 연장하며, 용역경비업자의 손해배상보장제도를 개선하려는 것임.

① 용역경비원이 될 수 없는 연령제한을 18세 이하이거나 55세 이상에서 18세미만이거나 59세 이상으로 완화함.

② 용역경비협회는 용역경비업자의 손해배상책임을 보장하기 위하여 공제사업을 할 수 있도록 하고, 용역경비업자는 손해배상을 위해 현금 등을 공탁하거나 이행보증보험계약을 보험회사와 체결하는 대신에 공제에 가입할 수 있도록 함.

용역경비업법

[시행 1984. 1. 31] [법률 제3678호, 1983. 12. 30, 일부개정]

【제정 · 개정이유】

[일부개정]

용역경비업자의 불필요한 신고의무를 완화하고, 벌칙을 현실에 맞게 조정하려는 것임.

① 용역경비업자가 경비원을 채용 또는 해임할 때에 관할경찰서장에게 신고를 하도록 하던 것을 폐지함.

② 무허가영업행위에 대한 벌칙을 1년 이하의 징역 또는 50만 원 이하의 벌금에서 1년 이하의 징역 또는 100만 원 이하의 벌금으로 조정함.

③ 휴업신고의무위반 등 경미한 위반행위에 대한 벌칙을 과태료로 완화함.

용역경비업법

[시행 1981. 2. 14] [법률 제3372호, 1981. 2. 14, 일부개정]

【제정 · 개정이유】

[일부개정]

용역경비원이 될 수 있는 자의 연령상한을 50세에서 55세로 연장하여 경비원의 사기를 앙양하려는 것임.

용역경비업법

[시행 1977. 4. 1] [법률 제2946호, 1976. 12. 31, 제정]

【제정 · 개정이유】

[신규제정]

산업시설 · 공공시설 · 사무소등 기타 경비를 요하는 시설물의 경비업을 할 수 있도록 용역경비업에 관한 사항을 정하여 용역경비업무의 실시에 적정을 기하려는 것임.

① 용역경비업은 법인만이 할 수 있도록 함.

② 용역경비업을 경영하고자 하는 자는 서울특별시장 · 부산시장 또는 도지사의 허가를 받도록 함.

③파산선고를 받고 복권되지 아니한 자와 금치산자 및 한정치산자, 금고이상의 형을 받은 자등은 용역경비업 법인의 임원이 될 수 없도록 함.

④경비원은 근무중 복장과 장구를 착용하도록 함.

⑤용역경비업의 건전한 발전을 위하여 용역경비협회를 설립하도록 함.

경비업법 시행령 제정 · 개정문(용역경비업법 포함)

경비업법 시행령

[시행 2023. 5. 16.] [대통령령 제33464호, 2023. 5. 15., 일부개정]

【제정 · 개정문】

국무회의의 심의를 거친 경비업법 시행령 일부개정령을 이에 공포한다.

대통령 윤석열 (인)

2023년 5월 15일

국무총리 한덕수

국무위원 행정안전부 장관

◉ 대통령령 제33464호

경비업법 시행령 일부개정령

경비업법 시행령 일부를 다음과 같이 개정한다.

별표 1 제1호의 경비인력란 중 "20명"을 "10명"으로 한다.

별표 3을 별지와 같이 한다.

부칙

이 영은 2023년 5월 16일부터 시행한다.

[별표 3]

경비지도사의 선임 · 배치기준(제16조제1항 관련)

1. 경비업자는 경비원을 배치하여 영업활동을 하고 있는 지역을 관할하는 시 · 도경찰청의 관할구역별로 경비원 200명까지는 경비지도사 1명을 선임 · 배치하고, 경비원이 200명을 초과하는 경우 200명을 초과하는 경비원 100명 단위로 경비지도사 1명씩을 추가로 선임 · 배치해야 한다.
2. 제1호에 따라 경비지도사가 선임 · 배치된 시 · 도경찰청의 관할구역과 경계를 맞닿아 인접한 시 · 도경찰청의 관할구역에 배치된 경비원이 30명 이하인 경우에는 제1호에도 불구하고 경비지도사를 따로 선임 · 배치하지 않을 수 있다. 이 경우 제주특별자치도경찰청과 전라남도경찰청은 경계를 맞닿아 인접한 것으로 본다.
3. 제2호에 따라 경비지도사를 따로 선임 · 배치하지 않는 경우 경비지도사 1명이 지도 · 감독 및 교육할 수 있는 경비원의 총수(경계를 맞닿아 인접한 시 · 도경찰청의 관할구역에 배치된 경비원의 수를 합산한다)는 200명을 초과할 수 없다.

※ 비고

1. 시설경비업무 · 호송경비업무 · 신변보호업무 또는 특수경비업무를 하는 경비업자는 일반경비지도사를 선임 · 배치하고, 시설경비업무 · 호송경비업무 · 신변보호업무 또는 특수경비업무 중 둘 이상의 경비업무를 하는 경우에는 각 경비업무에 종사하는 경비원의 수를 합산한 인원을 기준으로 경비지도사를 선임 · 배치해야 한다. 다만, 특수경비업무를 수행하는 경비업자는 제19조제1항에 따른 특수경비원 신임교육을 이수한 일반경비지도사를 선임 · 배치해야 한다.
2. 기계경비업무를 하는 경비업자는 기계경비지도사를 선임 · 배치해야 한다.

경비업법 시행령

[시행 2022. 12. 20] [대통령령 제33112호, 2022. 12. 20, 타법개정]

【제정 · 개정문】

◉ 대통령령 제33112호(2022.12.20)

개인정보 침해요인 개선을 위한 49개 법령의 일부개정에 관한 대통령령

제1조부터 제5조까지 생략

제6조(「경비업법 시행령」의 개정) 경비업법 시행령 일부를 다음과 같이 개정한다.

제31조의2 각 호 외의 부분 중 "건강에 관한 정보"를 "건강에 관한 정보(제1호의2 및 제4호의 사무로 한정한다)"로, "범죄경력자료에 해당하는 정보"를 "범죄경력자료에 해당하는 정보(제1호의2 및 제9호의 사무로 한정한다)"로 하고, 같은 조 제10호를 삭제한다.

제7조부터 제49조까지 생략

부칙

이 영은 공포한 날부터 시행한다.

경비업법 시행령

[시행 2021. 7. 13] [대통령령 제31884호, 2021. 7. 13, 일부개정]

【제정 · 개정문】

국무회의의 심의를 거친 경비업법 시행령 일부개정령을 이에 공포한다.

대통령 문재인 (인)

2021년 7월 13일

국무총리 김부겸

국무위원 행정안전부 장관 전해철

◉ 대통령령 제31884호

경비업법 시행령 일부개정령

경비업법 시행령 일부를 다음과 같이 개정한다.

제10조의2를 다음과 같이 신설한다.

제10조의2(특수경비원의 결격사유) 법 제10조제2항제2호에서 "심신상실자, 알코올 중독자 등 대통령령으로 정하는 정신적 제약이 있는 자"란 다음 각 호의 사람을 말한다.

1. 심신상실자
2. 마약 · 대마 · 향정신성의약품 또는 알코올 중독자
3. 「치매관리법」 제2조제1호에 따른 치매, 조현병 · 조현정동장애 · 양극성정동장애(조울병) · 재발성우울장애 등의 정신질환이나 정신 발육지연, 뇌전증 등이 있는 사람. 다만, 해당 분야 전문의가 특수경비원으로서 적합하다고 인정하는 사람은 제외한다.

제31조의2 각 호 외의 부분 중 "「개인정보 보호법 시행령」 제18조제2호"를 "「개인정보 보호법」 제23조에 따른 건강에 관한 정보, 같은 법 시행령 제18조제2호"로, "정보와"를 "정보,"로 하고, 같은 조에 제1호의2를 다음과 같이 신설하며, 같은 조 제5호를 삭제하고, 같은 조 제10호 중 "제1호"를 "제1호, 제1호의 2, 제2호부터 제4호까지 및 제6호"로 한다.
1의2. 법 제5조 및 제10조에 따른 임원, 경비지도사 및 경비원의 결격사유 확인에 관한 사무

부칙
이 영은 2021년 7월 13일부터 시행한다.

경비업법 시행령

[시행 2021. 3. 2] [대통령령 제31516호, 2021. 3. 2, 타법개정]

【제정 · 개정문】
◉ 대통령령 제31516호(2021.3.2)
규제 재검토기한 설정 해제 등을 위한 46개 법령의 일부개정에 관한 대통령령
1조부터 제4조까지 생략
제5조(「경비업법 시행령」의 개정) 경비업법 시행령 일부를 다음과 같이 개정한다.
제31조의3 각 호 외의 부분 중 "하여야"를 "해야"로 하고, 같은 조 제3호 및 제4호를 각각 삭제한다.
제6조부터 제46조까지 생략

부칙
이 영은 공포한 날부터 시행한다.

경비업법 시행령

[시행 2021. 1. 1] [대통령령 제31349호, 2020. 12. 31, 타법개정]

【제정 · 개정문】
◉ 통령령 제31349호(2020.12.31)
자치경찰사무와 시 · 도 자치경찰위원회의 조직 및 운영 등에 관한 규정
[본문 생략]
부칙
제1조(시행일) 이 영은 2021년 1월 1일부터 시행한다.
제2조 및 제3조 생략

제4조(다른 법령의 개정) ① 경비업법 시행령 일부를 다음과 같이 개정한다.
제3조제1항 전단 및 후단, 같은 조 제2항 단서, 제4조제1항 · 제2항, 같은 조 제3항 각 호 외의 부분, 제5조제1항 전단 · 후단, 같은 조 제2항 전단, 제6조제1항 · 제2항, 제20조제1항, 제23조제1항 · 제2항, 제

28조제5항, 제29조, 제30조, 제31조제1항 각 호 외의 부분, 제31조의2 각 호 외의 부분, 제32조제2항 본문, 별표 4 제2호가목 및 별표 5 제2호 중 "지방경찰청장"을 각각 "시 · 도 경찰청장"으로 한다.
제3조제1항 전단, 제4조제3항 각 호 외의 부분 및 제5조제1항 전단 · 제2항 전단 중 "해당 지방경찰청"을 각각 "해당 시 · 도 경찰청"으로 한다.
제11조제3항, 별표 3 제1호가목 본문 및 같은 표 제3호 전단 중 "지방경찰청"을 "시 · 도 경찰청"으로 한다.
별표 3 제3호 후단 중 "인천지방경찰청"을 "인천광역시경찰청"으로, "서울지방경찰청"을 "서울특별시경찰청"으로 한다.
②부터 〈49〉까지 생략

경비업법 시행령

[시행 2020. 2. 4] [대통령령 제30384호, 2020. 2. 4, 타법개정]

【제정 · 개정문】
◉ 대통령령 제30384호(2020.2.4)
군인사법 시행령 일부개정령
[본문 생략]

부칙
제1조(시행일) 이 영은 공포한 날부터 시행한다.
제2조 생략

제3조(다른 법령의 개정) ① 생략
② 경비업법 시행령 일부를 다음과 같이 개정한다.
제13조제3호 중 "헌병병과"를 "군사경찰병과"로 한다.
③부터 ⑭까지 생략
제3조 생략

경비업법 시행령

[시행 2019. 3. 12] [대통령령 제29611호, 2019. 3. 12, 일부개정]

【제정 · 개정문】
국무회의의 심의를 거친 경비업법 시행령 일부개정령을 이에 공포한다.
대통령 문재인 (인)
2019년 3월 12일
국무총리 이낙연
국무위원 행정안전부 장관 김부겸

◉ 대통령령 제29611호
경비업법 시행령 일부개정령
경비업법 시행령 일부를 다음과 같이 개정한다.
제11조제1항을 다음과 같이 한다.
① 경찰청장은 법 제11조제1항에 따른 경비지도사시험(이하 “시험”이라 한다)의 실시계획을 매년 수립해야 한다.

부칙
이 영은 공포한 날부터 시행한다.

경비업법 시행령

[시행 2017. 7. 26] [대통령령 제28215호, 2017. 7. 26, 타법개정]

【제정 · 개정문】
◉ 대통령령 제28215호(2017.7.26)
경찰청과 그 소속기관 직제 일부개정령
[본문 생략]

부칙
제1조(시행일) 이 영은 공포한 날부터 시행한다.
제2조 생략

제3조(다른 법령의 개정) ① 생략
② 경비업법 시행령 일부를 다음과 같이 개정한다.
제3조제1항 전단, 제13조제4호, 제17조제3항, 제18조제3항 · 제5항, 제19조제1항제2호, 같은 조 제3항 · 제4항 및 제20조제7항 중 "행정자치부령"을 각각 "행정안전부령"으로 한다.
③부터 〈20〉까지 생략

경비업법 시행령

[시행 2016. 6. 28] [대통령령 제27271호, 2016. 6. 28, 일부개정]

【제정 · 개정문】
국무회의의 심의를 거친 경비업법 시행령 일부개정령을 이에 공포한다.
대통령 박근혜 (인)
2016년 6월 28일
국무총리 황교안
국무위원 행정자치부 장관 홍윤식

◉ 대통령령 제27271호

경비업법 시행령 일부개정령

경비업법 시행령 일부를 다음과 같이 개정한다.

제18조제1항 각 호 외의 부분 중 "법 제13조제1항"을 "법 제13조제1항 본문"으로 하고, 같은 조 제2항 각 호 외의 부분 중 "제1항에도 불구하고 경비업자는"을 "경비업자는 법 제13조제1항 단서에 따라"로 하며, 같은 항 제1호 중 "일반경비원"을 "법 제13조제1항 본문 및 같은 조 제3항에 따른 일반경비원 또는 특수경비원"으로 하고, 같은 항에 제6호를 다음과 같이 신설하며, 같은 조 제3항 중 "이상"을 "이상의"로 하고, 같은 조 제4항을 제5항으로 하며, 같은 조에 제4항을 다음과 같이 신설한다.

6. 채용 당시 법 제13조제2항에 따른 일반경비원 신임교육을 받은 지 3년이 지나지 아니한 사람

④ 법 제13조제2항에서 "대통령령으로 정하는 교육기관"이란 제18조제1항 각 호의 기관 또는 단체를 말한다.

제19조제1항 각 호 외의 부분 중 "법 제13조제2항"을 "법 제13조제3항"으로 하고, 같은 조 제3항 중 "법 제13조제2항"을 "법 제13조제3항"으로, "이상"을 "이상의"로 한다.

부칙

제1조(시행일) 이 영은 공포한 날부터 시행한다.

제2조(일반경비원 신임교육 제외대상에 관한 적용례) 제18조제2항제1호의 개정규정은 이 영 시행 전에 일반경비원으로 채용된 사람 중 특수경비원 신임교육을 받은 사람으로서 그 채용 전 3년 이내에 경비업무에 종사한 경력이 있는 사람에 대해서도 적용한다.

경비업법 시행령

[시행 2015. 10. 21] [대통령령 제26595호, 2015. 10. 20, 일부개정]

【제정·개정문】

국무회의의 심의를 거친 경비업법 시행령 일부개정령을 이에 공포한다.

대통령 박근혜 (인)

2015년 10월 20일

국무총리 황교안

국무위원 행정자치부 장관 정종섭

◉ 대통령령 제26595호

경비업법 시행령 일부개정령

경비업법 시행령 일부를 다음과 같이 개정한다.

제7조의3을 다음과 같이 신설한다.

제7조의3(무자격자 및 부적격자 등의 범위) 다음 각 호의 경비업무를 도급하려는 자는 법 제7조의2제3항에 따라 다음 각 호의 구분에 해당하는 사람을 그 경비업무를 수급한 경비업자의 경비원으로 채용하도록

관여하거나 영향력을 행사해서는 아니 된다.

1. 시설경비업무, 신변보호업무(집단민원현장의 시설경비업무 또는 신변보호업무는 제외한다), 호송경비업무 또는 기계경비업무
   가. 법 제10조제1항에 따라 경비지도사 또는 일반경비원이 될 수 없는 사람
   나. 「아동 · 청소년의 성보호에 관한 법률」 제56조제1항제14호에 따라 경비업무에 종사할 수 없는 사람
2. 특수경비업무
   가. 법 제10조제2항에 따라 특수경비원이 될 수 없는 사람
   나. 「아동 · 청소년의 성보호에 관한 법률」 제56조제1항제14호에 따라 경비업무에 종사할 수 없는 사람
3. 집단민원현장의 시설경비업무 또는 신변보호업무
   가. 법 제10조제1항에 따라 경비지도사 또는 일반경비원이 될 수 없는 사람
   나. 법 제18조제6항에 따라 집단민원현장에 일반경비원으로 배치할 수 없는 사람
   다. 「아동 · 청소년의 성보호에 관한 법률」 제56조제1항제14호에 따라 경비업무에 종사할 수 없는 사람

제27조제2항을 삭제한다.

부칙

이 영은 2015년 10월 21일부터 시행한다.

경비업법 시행령

[시행 2014. 12. 30] [대통령령 제25915호, 2014. 12. 30, 일부개정]

【제정 · 개정문】

국무회의의 심의를 거친 경비업법 시행령 일부개정령을 이에 공포한다.

대통령 박근혜 (인)

2014년 12월 30일

국무총리 정홍원

국무위원 행정자치부 장관 정종섭

◉ 대통령령 제25915호

경비업법 시행령 일부개정령

경비업법 시행령 일부를 다음과 같이 개정한다.

제5조제5항 중 "법 제4조제3항제2호 내지 제6호의 규정에 의한"을 "법 제4조제3항제2호부터 제6호까지의 규정에 따른"으로, "15일"을 "30일"로 한다.

제26조제1항을 다음과 같이 한다.

① 경비업자가 법 제22조제1항에 따라 경비협회(이하 "협회"라 한다)를 설립하려는 경우에는 정관을 작성하여야 한다.

부칙

제1조(시행일) 이 영은 공포한 날부터 시행한다.

제2조(신고 기간에 관한 적용례) 제5조제5항의 개정규정은 이 영 시행 전에 신고 사유가 발생하여 15일이 경과하지 아니한 경우에도 적용한다.

경비업법 시행령

[시행 2014. 11. 19] [대통령령 제25751호, 2014. 11. 19, 타법개정]

【제정 · 개정문】

◉ 대통령령 제25751호(2014.11.19)

행정자치부와 그 소속기관 직제

[본문 생략]

부칙

제1조(시행일) 이 영은 공포한 날부터 시행한다. 다만, 부칙 제5조에 따라 개정되는 대통령령 중 이 영 시행 전에 공포되었으나 시행일이 도래하지 아니한 대통령령을 개정한 부분은 각각 해당 대통령령의 시행일부터 시행한다.

제2조부터 제4조까지 생략

제5조(다른 법령의 개정) ①부터 〈247〉까지 생략

〈248〉 경비업법 시행령 일부를 다음과 같이 개정한다.

제3조제1항 전단, 제13조제4호, 제17조제3항, 제18조제3항 · 제4항, 제19조제1항제2호, 같은 조 제3항 · 제4항 및 제20조제7항 중 "안전행정부령"을 각각 "행정자치부령"으로 한다.

〈249〉부터 〈418〉까지 생략

경비업법 시행령

[시행 2014. 11. 21] [대통령령 제25733호, 2014. 11. 19, 타법개정]

【제정 · 개정문】

◉ 대통령령 제25733호(2014.11.19)

경찰장비의 사용기준 등에 관한규정 일부개정령

경찰장비의 사용기준 등에 관한규정 일부를 다음과 같이 개정한다.

제명 "경찰장비의 사용기준 등에 관한규정"을 "위해성 경찰장비의 사용기준 등에 관한 규정"으로 한다.

[본문 생략]

부칙

제1조(시행일) 이 영은 2014년 11월 21일부터 시행한다.

제2조(다른 법령의 개정) ① 경비업법 시행령 일부를 다음과 같이 개정한다.

제20조제6항 중 "경찰장비의 사용기준 등에 관한규정"을 "「위해성 경찰장비의 사용기준 등에 관한 규정」"으로 한다.

② 생략
제3조 생략

경비업법 시행령

[시행 2014. 6. 8] [대통령령 제25368호, 2014. 6. 3, 일부개정]

【제정 · 개정문】

국무회의의 심의를 거친 경비업법 시행령 일부개정령을 이에 공포한다.

대통령 박근혜 (인)

2014년 6월 3일

국무총리 정홍원

국무위원 안전행정부 장관 강병규

◉ 대통령령 제25368호

경비업법 시행령 일부개정령

경비업법 시행령 일부를 다음과 같이 개정한다.

제7조의2를 다음과 같이 한다.

제7조의2(특수경비업자가 할 수 있는 영업) ① 법 제7조제9항에서 "경비장비의 제조 · 설비 · 판매업, 네트워크를 활용한 정보산업, 시설물 유지관리업 및 경비원 교육업 등 대통령령이 정하는 경비관련업"이란 다음 각 호의 영업을 말한다.

1. 별표 1의2에 따른 영업
2. 제1호에 따른 영업에 부수되는 것으로서 경찰청장이 지정 · 고시하는 영업

② 제1항에 따른 영업의 범위에 관하여는 법 또는 이 영에 특별한 규정이 있는 경우를 제외하고는 「통계법」에 따라 통계청장이 고시하는 한국표준산업분류표에 따른다.

제17조제1항 각 호 외의 부분을 다음과 같이 한다.

법 제12조제2항제5호에서 "대통령령이 정하는 직무"란 다음 각 호의 직무를 말한다.

제18조를 다음과 같이 한다.

제18조(일반경비원에 대한 교육) ① 경비업자는 일반경비원을 채용한 경우 법 제13조제1항에 따라 해당 일반경비원에게 경비업자의 부담으로 다음 각 호의 기관 또는 단체에서 실시하는 일반경비원 신임교육을 받도록 하여야 한다.

1. 법 제22조제1항에 따른 경비협회
2. 「경찰공무원 교육훈련규정」 제2조제3호에 따른 경찰교육기관
3. 경비업무 관련 학과가 개설된 대학 등 경비원에 대한 교육을 전문적으로 수행할 수 있는 인력과 시설을 갖춘 기관 또는 단체 중 경찰청장이 지정하여 고시하는 기관 또는 단체

② 제1항에도 불구하고 경비업자는 다음 각 호의 어느 하나에 해당하는 사람을 일반경비원으로 채용한 경우에는 해당 일반경비원을 일반경비원 신임교육 대상에서 제외할 수 있다.

1. 일반경비원 신임교육을 받은 사람으로서 채용 전 3년 이내에 경비업무에 종사한 경력이 있는 사람
2. 「경찰공무원법」에 따른 경찰공무원으로 근무한 경력이 있는 사람
3. 「대통령 등의 경호에 관한 법률」에 따른 경호공무원 또는 별정직공무원으로 근무한 경력이 있는 사람
4. 「군인사법」에 따른 부사관 이상으로 근무한 경력이 있는 사람
5. 경비지도사 자격이 있는 사람

③ 경비업자는 법 제13조제1항에 따라 소속 일반경비원에게 법 제12조에 따라 선임한 경비지도사가 수립한 교육계획에 따라 매월 안전행정부령으로 정하는 시간 이상 직무교육을 받도록 하여야 한다.

④ 제1항에 따른 신임교육의 과목 및 시간, 제3항에 따른 직무교육의 과목 등 일반경비원의 교육 실시에 필요한 사항은 안전행정부령으로 정한다.

제19조를 다음과 같이 한다.

제19조(특수경비원에 대한 교육) ① 특수경비업자는 특수경비원을 채용한 경우 법 제13조제2항에 따라 해당 특수경비원에게 특수경비업자의 부담으로 다음 각 호의 기관 또는 단체에서 실시하는 특수경비원 신임교육을 받도록 하여야 한다.

1. 「경찰공무원 교육훈련규정」 제2조제3호에 따른 경찰교육기관
2. 안전행정부령으로 정하는 기준에 적합한 기관 또는 단체 중 경찰청장이 지정하여 고시하는 기관 또는 단체

② 제1항에도 불구하고 특수경비업자는 채용 전 3년 이내에 특수경비업무에 종사하였던 경력이 있는 사람을 특수경비원으로 채용한 경우에는 해당 특수경비원을 특수경비원 신임교육 대상에서 제외할 수 있다.

③ 특수경비업자는 법 제13조제2항에 따라 소속 특수경비원에게 법 제12조에 따라 선임한 경비지도사가 수립한 교육계획에 따라 매월 안전행정부령으로 정하는 시간 이상 직무교육을 받도록 하여야 한다.

④ 제1항에 따른 신임교육의 과목 및 시간, 제3항에 따른 직무교육의 과목 등 특수경비원의 교육 실시에 필요한 사항은 안전행정부령으로 정한다.

제22조를 다음과 같이 한다.

제22조(집단민원현장 배치 불허가 기준) 법 제18조제3항제2호에서 "대통령령으로 정하는 기준"이란 100분의 21을 말한다.

제24조 중 "법 제19조제1항의 규정에 의한"을 "법 제19조제2항에 따른"으로 한다.

제28조제4항을 다음과 같이 한다.

④ 경찰청장은 다음 각 호의 어느 하나에 해당하는 경우에는 제3항에 따라 받은 응시수수료의 전부 또는 일부를 다음 각 호의 구분에 따라 반환하여야 한다.

1. 응시수수료를 과오납한 경우: 과오납한 금액 전액
2. 시험시행기관의 귀책사유로 시험에 응시하지 못한 경우: 응시수수료 전액
3. 시험시행일 20일 전까지 접수를 취소하는 경우: 응시수수료 전액
4. 시험시행일 10일 전까지 접수를 취소하는 경우: 응시수수료의 100분의 50

제31조의2제5호 및 제6호를 각각 다음과 같이 한다.

5. 법 제17조에 따른 결격사유 확인을 위한 범죄경력조회 등에 관한 사무
6. 법 제18조에 다른 경비원 배치허가 등에 관한 사무

제31조의3을 다음과 같이 신설한다.

제31조의3(규제의 재검토) 경찰청장은 다음 각 호의 사항에 대하여 다음 각 호의 기준일을 기준으로 3년마다(매 3년이 되는 해의 기준일과 같은 날 전까지를 말한다) 그 타당성을 검토하여 개선 등의 조치를 하여야 한다.

1. 제3조제2항 및 별표 1에 따른 경비업의 시설 등의 기준: 2014년 6월 8일
2. 제22조에 따른 집단민원현장 배치 불허가 기준: 2014년 6월 8일
3. 제24조 및 별표 4에 따른 행정처분 기준: 2014년 6월 8일
4. 제32조제1항 및 별표 6에 따른 과태료의 부과기준: 2014년 6월 8일

제32조제1항 및 같은 조 제2항 단서 중 "법 제31조제1항"을 각각 "법 제31조제1항 및 제2항"으로 하고, 같은 조 제3항 및 제4항을 각각 삭제한다.

별표 1, 별표 1의2, 별표 4 및 별표 6을 각각 별지와 같이 한다.

부칙

제1조(시행일) 이 영은 2014년 6월 8일부터 시행한다.

제2조(과태료에 관한 경과조치) 이 영 시행 전의 위반행위로 받은 과태료 부과처분은 별표 6의 개정규정에 따른 위반행위의 횟수 산정에 포함하지 아니한다.

※ 별표 1의 내용 참고 경비업의 시설 등의 기준 제 3조 제 2항 관련 위의 사항 참고하여야 함

경비업법 시행령

[시행 2013. 3. 23] [대통령령 제24419호, 2013. 3. 23, 타법개정]

【제정 · 개정문】

◉ 대통령령 제24419호(2013.3.23)

경찰청과 그 소속기관 직제 일부개정령

[본문 생략]

부칙

제1조(시행일) 이 영은 공포한 날부터 시행한다.

제2조 생략

제3조(다른 법령의 개정) ① 경비업법 시행령 일부를 다음과 같이 개정한다.

제3조제1항 전단, 제13조제4호, 제17조제3항, 제18조제2항 · 제4항, 제19조제1항 각 호 외의 부분, 같은 조 제3항 · 제4항, 제20조제7항 및 제32조제4항 중 "행정안전부령"을 각각 "안전행정부령"으로 한다.

②부터 ⑭까지 생략

경비업법 시행령

[시행 2012. 5. 1] [대통령령 제23759호, 2012. 5. 1, 타법개정]

【제정 · 개정문】

◉ 대통령령 제23759호(2012.5.1)

수험생 편의제공 및 충분한 수험준비기간 부여 등을 위한 경비업법 시행령 등 일부개정령

제1조(「경비업법 시행령」의 개정) 경비업법 시행령 일부를 다음과 같이 개정한다.

제11조제2항 중 "시험시행일 60일전까지"를 "시험시행일 90일 전까지"로 한다.

제2조부터 제37조까지 생략

부칙

제1조(시행일) 이 영은 공포한 날부터 시행한다. 〈단서 생략〉

제2조(시험의 공고에 관한 적용례) 이 영 가운데 시험 등의 공고 기한을 개정하는 사항은 2013년 1월 1일 이후에 시행하는 시험부터 적용한다.

경비업법 시행령

[시행 2012. 1. 6] [대통령령 제23488호, 2012. 1. 6, 타법개정]

【제정 · 개정문】

◉ 대통령령 제23488호(2012.1.6)

민감정보 및 고유식별정보 처리 근거 마련을 위한 과세자료의 제출 및 관리에 관한 법률 시행령 등 일부개정령

제1조부터 제149조까지 생략

제150조(「경비업법 시행령」의 개정) 경비업법 시행령 일부를 다음과 같이 개정한다.

제31조의2를 다음과 같이 신설한다.

제31조의2(민감정보 및 고유식별정보의 처리) 경찰청장, 지방경찰청장, 경찰서장 및 경찰관서장(제31조에 따라 경찰청장 및 경찰관서장의 권한을 위임 · 위탁받은 자를 포함한다)은 다음 각 호의 사무를 수행하기 위하여 불가피한 경우 「개인정보 보호법 시행령」 제18조제2호에 따른 범죄경력자료에 해당하는 정보와 같은 영 제19조제1호 또는 제4호에 따른 주민등록번호 또는 외국인등록번호가 포함된 자료를 처리할 수 있다.

1. 법 제4조 및 제6조에 따른 경비업의 허가 및 갱신허가 등에 관한 사무
2. 법 제11조에 따른 경비지도사 시험 등에 관한 사무
3. 법 제13조에 따른 경비원의 교육 등에 관한 사무
4. 법 제14조에 따른 특수경비원의 직무 및 무기사용 등에 관한 사무
5. 법 제17조에 따른 결격사유자 등의 통보에 관한 사무
6. 법 제18조에 따른 경비원 배치 등 신고에 관한 사무

7. 법 제19조 및 제20조에 따른 행정처분에 관한 사무
8. 법 제24조에 따른 경비업자 및 경비지도사의 지도 · 감독에 관한 사무
9. 법 제25조에 따른 보안지도 · 점검 및 보안측정에 관한 사무
10. 제1호부터 제9호까지의 규정에 따른 사무를 수행하기 위하여 필요한 사무
제151조부터 제210조까지 생략

부칙

제1조(시행일) 이 영은 공포한 날부터 시행한다. 〈단서 생략〉

제2조 생략

경비업법 시행령

[시행 2011. 7. 5] [대통령령 제22832호, 2011. 4. 4, 일부개정]

【제정 · 개정문】

국무회의의 심의를 거친 경비업법 시행령 일부개정령을 이에 공포한다.

대통령 이명박 (인)

2011년 4월 4일

국무총리 김황식

국무위원 행정안전부 장관 맹형규

◉ 대통령령 제22832호

경비업법 시행령 일부개정령

경비업법 시행령 일부를 다음과 같이 개정한다.

제3조제1항을 다음과 같이 한다.

① 법 제4조제1항에 따라 경비업의 허가를 받으려는 경우에는 허가신청서에, 경비업의 허가를 받은 법인(이하 "경비업자"라 한다)이 허가를 받은 경비업무를 변경하거나 새로운 경비업무를 추가하려는 경우에는 변경허가신청서에 행정안전부령으로 정하는 서류를 첨부하여 법인의 주사무소를 관할하는 지방경찰청장 또는 해당 지방경찰청 소속의 경찰서장에게 제출하여야 한다. 이 경우 신청서를 제출받은 경찰서장은 지체 없이 관할 지방경찰청장에게 보내야 한다.

제4조제2항을 다음과 같이 한다.

② 지방경찰청장은 제1항에 따른 검토를 한 후 경비업을 허가하거나 변경허가를 한 경우에는 해당 법인의 주사무소를 관할하는 경찰서장을 거쳐 신청인에게 허가증을 발급하여야 한다.

제4조제3항 각 호 외의 부분 중 "다음 각호"를 "다음 각 호"로, "지방경찰청장에게 허가증의 재교부를 신청하여야 한다"를 "법인의 주사무소를 관할하는 지방경찰청장 또는 해당 지방경찰청 소속의 경찰서장에게 재발급을 신청하여야 하고, 신청서를 제출받은 경찰서장은 지체 없이 관할 지방경찰청장에게 보내야 한다."로 한다.

제5조제1항 및 제2항을 각각 다음과 같이 한다.

① 경비업자는 폐업을 한 경우에는 법 제4조제3항제1호에 따라 폐업을 한 날부터 7일 이내에 폐업신고서에 허가증을 첨부하여 법인의 주사무소를 관할하는 지방경찰청장 또는 해당 지방경찰청 소속의 경찰서장에게 제출하여야 한다. 이 경우 폐업신고서를 제출받은 경찰서장은 지체 없이 관할 지방경찰청장에게 보내야 한다.

② 경비업자는 휴업을 한 경우에는 법 제4조제3항제1호에 따라 휴업한 날부터 7일 이내에 휴업신고서를 법인의 주사무소를 관할하는 지방경찰청장 또는 해당 지방경찰청 소속의 경찰서장에게 제출하여야 하고, 휴업신고서를 제출받은 경찰서장은 지체 없이 관할 지방경찰청장에게 보내야 한다. 이 경우 휴업신고를 한 경비업자가 신고한 휴업기간이 끝나기 전에 영업을 다시 시작하거나 신고한 휴업기간을 연장하려는 경우에는 영업을 다시 시작한 후 7일 이내에 또는 신고한 휴업기간이 끝난 후 7일 이내에 영업재개신고서 또는 휴업기간연장신고서를 제출하여야 한다.

제13조를 다음과 같이 한다.

제13조(시험의 일부면제) 법 제11조제3항에 따라 다음 각 호의 어느 하나에 해당하는 사람은 경비지도사 제1차 시험을 면제한다.

1. 「경찰공무원법」에 따른 경찰공무원으로 7년 이상 재직한 사람
2. 「대통령 등의 경호에 관한 법률」에 따른 경호공무원 또는 별정직공무원으로 7년 이상 재직한 사람
3. 「군인사법」에 따른 각 군 전투병과 또는 헌병병과 부사관 이상 간부로 7년 이상 재직한 사람
4. 「경비업법」에 따른 경비업무에 7년 이상(특수경비업무의 경우에는 3년 이상) 종사하고 행정안전부령으로 정하는 교육과정을 이수한 사람
5. 「고등교육법」에 따른 대학 이상의 학교를 졸업한 사람으로서 재학 중 제12조제3항에 따른 경비지도사 시험과목을 3과목 이상을 이수하고 졸업한 후 경비업무에 종사한 경력이 3년 이상인 사람
6. 「고등교육법」에 따른 전문대학을 졸업한 사람으로서 재학 중 제12조제3항에 따른 경비지도사 시험과목을 3과목 이상을 이수하고 졸업한 후 경비업무에 종사한 경력이 5년 이상인 사람
7. 일반경비지도사의 자격을 취득한 후 기계경비지도사의 시험에 응시하는 사람 또는 기계경비지도사의 자격을 취득한 후 일반경비지도사의 시험에 응시하는 사람
8. 「공무원임용령」에 따른 행정직군 교정직렬 공무원으로 7년 이상 재직한 사람

제17조제2항을 다음과 같이 하고, 같은 조에 제3항을 다음과 같이 신설한다.

② 경비지도사는 법 제12조제3항에 따라 같은 조 제2항제1호·제2호의 직무 및 제1항 각 호의 직무를 월 1회 이상 수행하여야 한다.

③ 경비지도사는 법 제12조제2항제1호에 따라 경비원에 대한 교육을 실시하고, 행정안전부령으로 정하는 경비원 직무교육 실시대장에 그 내용을 기록하여 2년간 보존하여야 한다.

제28조제4항을 제5항으로 하고, 같은 조에 제4항을 다음과 같이 신설한다.

④ 제3항에 따라 납부한 응시수수료는 다음 각 호의 어느 하나에 해당하는 경우에는 반환하여야 한다. 이 경우 제1호의 경우에는 과오납한 금액을, 제2호와 제3호의 경우에는 납부한 응시수수료의 전액을 각각 반환한다.

1. 응시수수료를 과오납한 경우
2. 시험시행기관의 귀책사유로 시험에 응시하지 못한 경우
3. 시험시행일 3일 전까지 접수를 취소한 경우

별표 1의 자본금란을 다음과 같이 한다. ※ 위의 사항 참고하여야 함

부칙
이 영은 공포 후 3개월이 경과한 날부터 시행한다. 다만, 제17조제2항의 개정규정은 2011년 7월 1일부터 시행한다.

경비업법 시행령

[시행 2009. 11. 22] [대통령령 제21827호, 2009. 11. 17, 타법개정]

【제정 · 개정문】

◉ 대통령령 제21827호(2009.11.17)
통합방위법 시행령 일부개정령
[본문 생략]

부칙

제1조(시행일) 이 영은 2009년 11월 22일부터 시행한다.

제2조(다른 법령의 개정) 경비업법 시행령 일부를 다음과 같이 개정한다.
제2조 중 "통합방위법 제15조의2제4항"을 "「통합방위법」 제21조제4항"으로 한다.

경비업법 시행령

[시행 2009. 7. 1] [대통령령 제21590호, 2009. 6. 30, 타법개정]

【제정 · 개정문】

◉ 대통령령 제21590호(2009.6.30)
한시적 행정규제 유예 등을 위한 건축법 시행령 등 일부개정령
제1조부터 제4조까지 생략
제5조(「경비업법 시행령」의 개정) 경비업법 시행령 일부를 다음과 같이 개정한다.
제17조제2항을 다음과 같이 한다.
② 경비지도사는 법 제12조제3항에 따라 같은 조 제2항제1호의 직무는 월 1회 이상, 제1항 각 호 및 법 제12조제2항제2호의 직무는 주 1회 이상 수행하여야 한다. 다만, 2009년 7월 1일부터 2011년 6월 30일까지 제1항 각 호 및 법 제12조제2항제2호의 직무는 월 1회 이상 수행하여야 한다.
제6조부터 제39조까지 생략

부칙

제1조(시행일) 이 영은 2009년 7월 1일부터 시행한다. 〈단서 생략〉

제2조(「농지법 시행령」 개정에 따른 유효기간 등) ① 「농지법 시행령」 별표 2 제46호란의 개정규정은 2011년 6월 30일까지 효력을 가진다.

② 「농지법 시행령」 별표 2 제46호란의 개정규정은 이 영 시행 후 최초로 농지전용허가(변경허가의 경우와 다른 법률에 따라 농지전용허가 또는 그 변경허가가 의제되는 인가 또는 허가 등의 경우를 포함한다. 이하 이 항에서 같다)를 신청하거나 농지전용신고(변경신고를 포함한다. 이하 이 항에서 같다)를 하는 것부터 적용하고, 2011년 6월 30일까지 농지전용허가를 신청하거나 농지전용신고를 하는 것에 대하여도 이를 적용한다.

제3조(「관광진흥법 시행령」개정에 따른 적용례) 「관광진흥법 시행령」 제32조제1호의 개정규정은 이 영 시행 전에 법 제15조에 따른 사업계획의 승인을 받거나 승인을 신청한 자에 대하여도 적용한다.

제4조(「산업입지 및 개발에 관한 법률 시행령」의 개정에 따른 적용례 등) ① 「산업입지 및 개발에 관한 법률 시행령」 제40조제2항의 개정규정은 이 영 시행 후 최초로 분양계획서를 작성하는 분부터 적용한다.

② 「산업입지 및 개발에 관한 법률 시행령」 제40조제2항의 개정규정에 따라 조례에 위임된 사항은 해당 조례가 제정 또는 개정될 때까지 종전의 규정에 따른다.

제5조(「고용보험법 시행령」의 개정에 따른 경과조치) 「고용보험법 시행령」 제13조제1항제2호의 개정규정은 이 영 시행 후 최초로 「고용보험법 시행령」 제13조제1항에 따라 근로시간을 단축한 사업장부터 적용한다.

제6조(「부동산개발업의 관리 및 육성에 관한 법률 시행령」의 개정에 따른 경과조치) 이 영 시행 전의 행위에 대한 과태료의 적용은 종전의 규정에 따른다.

제7조(「신항만건설촉진법 시행령」의 개정에 따른 경과조치) 이 영 시행 당시 종전의 규정에 따라 신항만건설사업실시계획 승인 신청기간의 연장을 받아 그 기간 중에 있는 자에 대하여는 「신항만건설촉진법 시행령」 제9조제5항 후단의 개정규정을 적용하되, 같은 개정규정에 따라 1회의 연장을 받은 것으로 본다.

제8조(「자원의 절약과 재활용촉진에 관한 법률 시행령」의 개정에 따른 경과조치) 이 영 시행 전의 행위에 대한 과태료의 적용은 종전의 규정에 따른다.

제9조(「하수도법 시행령」의 개정에 따른 경과조치) ① 「하수도법 시행령」 제38조제2항제2호가목의 개정규정에 따른 최초의 재교육은 이 영 시행 전에 실시한 가장 최근의 재교육 완료일부터 기산하여 5년이 되는 날이 속하는 해에 실시한다.

② 「하수도법 시행령」 제38조제2항제2호나목의 개정규정은 이 영 시행 후 최초로 해당 영업정지처분을 받은 경우부터 적용한다.

경비업법 시행령

[시행 2008. 12. 31] [대통령령 제21214호, 2008. 12. 31, 타법개정]

【제정 · 개정문】

◉ 대통령령 제21214호(2008.12.31)

행정안전부와 그 소속기관 직제 일부개정령

[본문 생략]

부칙

제1조(시행일) 이 영은 공포한 날부터 시행한다. 〈단서 생략〉

제2조부터 제4조까지 생략

제5조(다른 법령의 개정) ① 부터 〈41〉 까지 생략

〈42〉 경비업법 시행령 일부를 다음과 같이 개정한다.

별표 1을 다음과 같이 한다.

[별표 1]

경비업의 시설 등의 기준(제3조제2항 관련)

※ 별표 1의 내용 참고 경비업의 시설 등의 기준 제 3조 제 2항 관련 위의 사항 참고하여야 함

비고

1. 하나의 경비업무에 대한 자본금을 갖춘 경비업자가 그 외의 경비업무를 추가로 하고자 하는 경우 자본금을 갖춘 것으로 본다. 다만, 특수경비업자외의 자가 특수경비업무를 추가로 하고자 하는 경우에는 이미 갖추고 있는 자본금을 포함하여 특수경비업무의 자본금 기준에 적합하여야 한다.
2. 하나의 경비업무에 대한 시설을 갖춘 경비업자가 그 외의 경비업무를 추가로 하고자 하는 경우에는 경비인력이 더 많이 필요한 경비업무에해당하는 교육장을 갖추어야 한다.
3. "무술유단자"란 대한체육회에 가맹된 단체 또는 문화체육관광부에 등록된 무도 관련 단체가 인정한 자에 한한다.
4. "호송용 차량"이란 현금이나 그 밖의 귀중품의 운반에 필요한 견고성 및 안전성을 갖추고 무선통신시설 및 경보시설을 갖춘 자동차를 말한다.
5. "현금호송백"이란 현금이나 그 밖의 귀중품을 운반하기 위한 이동용 호송장비로서 경보시설을 갖춘 것을 말한다.

〈43〉 부터 〈175〉 까지 생략

경비업법 시행령

[시행 2008. 11. 26] [대통령령 제21127호, 2008. 11. 26, 타법개정]

【제정 · 개정문】

◉ 대통령령 제21127호(2008.11.26)

과태료 부과 · 징수절차 정비를 위한 경비업법시행령 등 일부개정령

제1조(「경비업법 시행령」의 개정) 경비업법시행령 일부를 다음과 같이 개정한다.
제명 "경비업법시행령"을 "경비업법 시행령"으로 한다.
제32조를 다음과 같이 한다.

제32조(과태료의 부과기준 등) ① 법 제31조제1항에 따른 과태료의 부과기준은 별표 6과 같다.
② 지방경찰청장 또는 경찰관서장은 「질서위반행위규제법」 제14조 각 호의 사항을 고려하여 별표 6에 따른 금액의 100분의 50의 범위에서 경감하거나 가중할 수 있다. 다만, 가중하는 때에는 법 제31조제1항에 따른 과태료 금액의 상한을 초과할 수 없다.
③ 과태료를 부과받은 자는 과태료 부과 고지서를 받은 날부터 60일 이내에 납부하여야 한다. 다만, 천재지변이나 그 밖의 부득이한 사유로 과태료를 납부할 수 없는 때에는 그 사유가 없어진 날부터 5일 이내에 납부하여야 한다.
④ 제1항부터 제3항까지에서 규정한 사항 외에 과태료의 부과·징수절차에 관하여 필요한 사항은 행정안전부령으로 정한다.
별표 6을 별지 1과 같이 한다.
제2조부터 4조까지 생략

부칙
이 영은 공포한 날부터 시행한다.
※ 별지1 표6 과태료의 부과기준 제 32조 1항 관련 표 참고해야함

경비업법시행령

[시행 2008. 2. 29] [대통령령 제20732호, 2008. 2. 29, 타법개정]

【제정·개정문】
◉ 대통령령 제20732호(2008.2.29)
대통령경호실법 시행령 일부개정령
[본문생략]

부칙
제1조(시행일) 이 영은 공포한 날부터 시행한다.

제2조(다른 법령의 개정) ① 경비업법시행령 일부를 다음과 같이 개정한다.
제13조제2호 및 제18조제1항 단서 중 "「대통령경호실법」"을 각각 "「대통령 등의 경호에 관한 법률」"로 한다.
② 부터 ⑤ 까지 생략
제3조 및 제4조 생략

경비업법시행령

[시행 2008. 2. 29] [대통령령 제20692호, 2008. 2. 29, 타법개정]

【제정 · 개정문】

◉ 대통령령 제20692호(2008.2.29)
경찰청과 그 소속기관 직제 일부개정령
[본문 생략]
부칙

제1조(시행일) 이 영은 공포한 날부터 시행한다.

제2조(다른 법령의 개정) ① 생략
② 경비업법시행령 일부를 다음과 같이 개정한다.
제3조제1항, 제13조제4호, 제18조제2항 · 제4항, 제19조제1항 각 호 외의 부분 · 제3항 · 제4항, 제20조제7항 및 제32조제4항 중 "행정자치부령"을 각각 "행정안전부령"으로 한다.
③ 부터 ⑫ 까지 생략

경비업법시행령

[시행 2007. 10. 28] [대통령령 제20331호, 2007. 10. 23, 타법개정]

【제정 · 개정문】

◉ 대통령령 제20331호(2007.10.23)
통계법시행령 전부개정령
통계법시행령 전부를 다음과 같이 개정한다.
통계법 시행령
[본문 생략]

부칙

제1조 (시행일) 이 영은 2007년 10월 28일부터 시행한다. 〈단서 생략〉

제2조 (다른 법령의 개정) ① 부터 ③ 까지 생략
④ 경비업법시행령 일부를 다음과 같이 개정한다.
제7조의2제2항 중 "통계법"을 "「통계법」"으로 한다.
⑤ 부터 〈32〉 까지 생략
제3조 생략

경비업법시행령

[시행 2004. 3. 17] [대통령령 제18312호, 2004. 3. 17, 타법개정]

【제정 · 개정문】

◉ 대통령령 제18312호(2004.3.17)

전자적민원처리를위한가석방자관리규정등중개정령

제1조 내지 제14조 생략

제15조 (경비업법시행령의 개정) 경비업법시행령중 다음과 같이 개정한다.

제28조에 제4항을 다음과 같이 신설한다.

④경찰청장 및 지방경찰청장은 제2항 및 제3항의 규정에 불구하고 정보통신망을 이용하여 전자화폐 · 전자결제 등의 방법으로 수수료를 납부하게 할 수 있다.

제32조제2항 전단중 "서면"을 "서면(전자문서를 포함한다)"으로 한다.

제16조 내지 제325조 생략

부칙

이 영은 공포한 날부터 시행한다.

경비업법시행령

[시행 2003. 12. 19] [대통령령 제18124호, 2003. 11. 11, 일부개정]

【제정 · 개정문】

◉ 대통령령 제18124호(2003.11.11)

경비업법 시행령 중 개정령

경비업법 시행령 중 다음과 같이 개정한다.

제2조 중 "국가정보원장이 지정하는 국가보안목표시설"을 "국가정보원장이 지정하는 국가보안목표시설과 통합방위법 제15조의2제4항의 규정에 의하여 국방부장관이 지정하는 국가중요시설"로 한다.

제5조의 제목 "(허가사항의 변경신고)"를 "(폐업 또는 휴업 등의 신고)"로 하고, 동조제2항 후단을 다음과 같이 하며, 동조제4항 중 "정관의 변경"을 "정관의 목적"으로 한다.

이 경우 휴업신고를 한 경비업자가 신고한 휴업기간이 만료되기 전에 영업을 재개하거나 신고한 휴업기간을 연장하고자 하는 때에는 영업을 재개한 후 7일 이내 또는 신고한 휴업기간 종료 후 7일 이내에 영업재개신고서 또는 휴업기간연장신고서를 제출하여야 한다.

제7조의2를 다음과 같이 신설한다.

제7조의2 (특수경비업자가 할 수 있는 경비관련업) ①법 제7조제8항에서 "대통령령이 정하는 경비관련업"이라 함은 별표 1의2의 규정에 의한 경비관련업을 말한다.

②제1항의 규정에 의한 경비관련업의 범위에 관하여는 법 또는 이 영에 특별한 규정이 있는 경우를 제외하고는 통계법의 규정에 의하여 통계청장이 고시하는 한국표준산업분류표에 의한다.

제12조에 제6항을 다음과 같이 신설한다.

⑥ 제1차시험에 합격한 자에 대하여는 다음 회의 시험에 한하여 제1차 시험을 면제한다.

제13조제2호중 “경호원”을 “경호공무원 또는 별정직공무원”으로 한다.

제18조제1항을 다음과 같이 한다.

① 일반경비업자는 법 제13조제1항의 규정에 의하여 다음 각호의 1에 해당하는 사람에 대하여는 일반경비업자의 부담으로 신임교육을 받게 하여야 한다. 다만, 일반경비원으로 채용된 사람이 경찰공무원법에 의한 경찰공무원, 대통령경호실법에 의한 경호공무원 · 별정직공무원 또는 군인사법에 의한 부사관 이상의 경력을 가진 사람인 경우에는 그를 신임교육의 대상에서 제외할 수 있다.

1. 경비원의 경력이 없는 사람으로서 일반경비원으로 채용된 사람
2. 경비원 교육을 받은 후 3년 이상의 기간동안 경비업무에 종사하지 아니하다가 일반경비원으로 채용된 사람

제19조제1항을 다음과 같이 하고, 동조제2항을 삭제한다.

① 특수경비업자는 법 제13조제1항의 규정에 의하여 다음 각호의 1에 해당하는 사람에 대하여는 특수경비업자의 부담으로 경찰교육기관이나 행정자치부령이 정하는 기준에 적합한 기관 또는 단체에서 개설한 특수경비원 신임교육을 받게 하여야 한다.

1. 특수경비원의 경력이 없는 사람으로서 특수경비원으로 채용된 사람
2. 특수경비원 교육을 받은 후 3년 이상의 기간동안 특수경비업무에 종사하지 아니하다가 다시 특수경비원으로 채용된 사람

별표 1의2를 별지와 같이 신설한다.

별표 2를 다음과 같이 한다.

[별표 2]

※ 경비지도사의 시험과목(제12조제3항관련) 참고하여야 함

별표 3 제1호를 다음과 같이 하고, 동표 제2호 나목 및 제3호중 "제1호 가목(1)"을 각각 "제1호 가목"으로 한다.

1. 일반경비지도사

시설경비업 · 호송경비업 · 신변보호업 및 특수경비업에 한하여 선임 · 배치할 것

가. 경비원을 배치하여 영업활동을 하고 있는 지역을 관할하는 지방경찰청의 관할구역별로 경비원 200인까지는 일반경비지도사 1인씩 선임 · 배치하되, 200인을 초과하는 100인까지마다 1인씩을 추가로 선임 · 배치할 것. 다만, 특수경비업의 경우는 제19조제1항의 규정에 의한 특수경비원 교육을 이수한 일반경비지도사를 선임 · 배치할 것

나. 시설경비업 · 호송경비업 · 신변보호업 및 특수경비업 가운데 2 이상의 경비업을 하는 경우 경비지도사의 배치는 각 경비업에 종사하는 경비원의 수를 합산한 인원을 기준으로 할 것

부칙

① (시행일) 이 영은 2003년 12월 19일부터 시행한다.

② (경비지도사 제1차시험의 면제에 관한 적용례) 제12조제6항의 개정규정은 2003년도 경비지도사시험의 1차시험에 합격한 사람으로서 당해 경비지도사시험의 2차시험에 불합격한 사람부터 적용한다.

[별표 1의2]

※ 특수경비업자가 할 수 있는 경비관련업(제7조의2제1항관련) 참고해야함

경비업법시행령

[시행 2001. 3. 27] [대통령령 제17158호, 2001. 3. 27, 타법개정]

【제정 · 개정문】

◉ 대통령령 제17158호(2001.3.27)

군인사법시행령중개정령

[본문 생략]

부칙

제1조(시행일) 이 영은 2001년 3월 27일부터 시행한다.

제2조(다른 법령의 개정) ①내지 ④생략

④ 경비업법시행령 중 다음과 같이 개정한다.

제24조제2항 단서 중 "하사관"을 "부사관"으로 한다.

⑤내지 〈25〉생략

제3조 생략

경비업법시행령

[시행 2000. 1. 1] [대통령령 제16678호, 1999. 12. 31, 타법개정]

【제정 · 개정문】

◉ 대통령령 제16678호(1999.12.31)

대통령경호실법시행령중개정령

[본문 생략]

부칙

제1조 (시행일) 이 영은 2000년 1월 1일부터 시행한다.

제2조 및 제3조 생략

제4조 (다른 법령의 개정) ①생략

② 경비업법시행령 중 다음과 같이 개정한다.

제16조제2호중 "경호원으로"를 "경호공무원 또는 별정직공무원으로 경호업무에"로 한다.

③생략

경비업법시행령

[시행 1999. 10. 1] [대통령령 제16551호, 1999. 9. 9, 일부개정]

【제정 · 개정문】

◉ 대통령령 제16551호(1999.9.9)

용역경비업법시행령중개정령

용역경비업법 시행령 중 다음과 같이 개정한다.

제명 "용역경비업법시행령"을 "경비업법시행령"으로 한다.

제1조 중 "용역경비업법(이하 "법"이라 한다)"을 "경비업법"으로 한다.

제2조제1항 본문 중 "법 제4조제1항"을 "경비업법(이하 "법"이라 한다) 제4조제1항"으로, "용역경비업"을 "경비업"으로 하고, 동항제1호중 "2부"를 "1부"로 하며, 동항제3호를 삭제하고, 동항제5호중 "2부"를 "1부"로 한다.

제2조제2항 중 "용역경비업"을 "경비업"으로, "용역경비업자"를 "경비업자"로 하고, 동조제3항중 "용역경비업자"를 "경비업자"로 한다.

제3조의 제목 "(용역경비업의 시설등의 기준)"을 "(경비업의 시설등의 기준)"으로 하고, 동조제1항 및 제2항중 "용역경비업자"를 각각 "경비업자"로 한다.

제4조 중 "송신기 · 수신기 · 감지기 및 단말기를"을 "감지장치 · 송신장치 · 수신장치 및 관제시설을"로 한다.

제5조제2항 및 제3항중 "용역경비업"을 각각 "경비업"으로 하고, 동조제4항 본문 중 "용역경비업자는 용역경비업허가증을 잃어버리거나 용역경비업허가증"을 "경비업자는 경비업허가증을 잃어버리거나 경비업허가증"으로 한다.

제9조의 제목 "(중요시설 등의 용역경비)"를 "(중요시설등의 경비)"로 하고, 동조 중 "용역경비"를 "경비업자에 의한 경비"로, 용역경비업자"를 "경비업자"로 한다.

제10조제1항 및 제2항중 "용역경비"를 각각 "경비업자에 의한 경비"로 한다.

제11조제2항 중 "용역경비업자"를 "경비업자"로 하고, 동조제4항을 삭제한다.

제12조제2항제2호를 삭제한다.

제13조를 삭제한다.

제16조제3호중 "용역경비업무"를 "경비업무"로, "내무부령"을 "행정자치부령"으로 하고, 동조제4호중 "교육법"을 "고등교육법"으로, "내무부령"을 각각 "행정자치부령"으로, "용역경비업무"를 "경비업무"로 한다.

제20조를 삭제한다.

제24조제2항 본문 중 "용역경비업자"를 각각 "경비업자"로 하고, 동항 단서를 다음과 같이 하며, 동조제3항중 "용역경비업자가 용역경비협회"를 "경비업자가 법 제15조제1항의 규정에 의한 경비협회(이하 "경비협회"라 한다)"로, "용역경비업자"를 "경비업자"로 하고, 동조제4항 중 "내무부령"을 "행정자치부령"으로 한다.

다만, 경찰공무원 또는 하사관이상의 군인으로 복무한 경력이 있는 자에 대하여는 그러하지 아니하다.

제25조 및 제26조를 각각 삭제한다.

제27조제1항 및 제2항 중 "용역경비협회"를 각각 "경비협회"로 한다.

제28조 내지 제30조를 각각 삭제한다.

제31조의 제목 "(용역경비협회)"를 "(경비협회)"로 하고, 동조제1항을 다음과 같이 하며, 동조제2항 중 "협회"를 "경비협회"로 하고, 동조제3항을 삭제한다.

① 법 제15조제1항의 규정에 의하여 경비협회를 설립하고자 하는 경우에는 5이상의 경비업자가 발기인이 되어야 한다.

제33조제2항 중 "용역경비협회에 위탁한다."를 "경찰청장이 정하는 기준에 해당하는 전문기관 또는 단체에 위탁할 수 있다."로 한다.

제6조, 제7조제1항·제2항 및 제21조제1항 중 "용역경비업자"를 각각 "경비업자"로 한다.

제18조제1항제1호 및 제2호중 "용역경비업무"를 각각 "경비업무"로 한다.

별표 1 및 별표 2를 각각 별지와 같이 한다.

별표 3 제2호중 "용역경비업자"를 "경비업자"로 한다.

별표 4의 1차 시험란 중 "용역경비업법"을 "경비업법"으로 한다.

별표 5 및 별표 6을 각각 별지와 같이 한다.

부칙

① (시행일) 이 영은 1999년 10월 1일부터 시행한다.

② (행정처분기준의 적용에 관한 경과조치) 이 영 시행 전의 행위에 대한 행정처분기준의 적용에 관하여는 종전의 규정에 의한다.

[별표 1] ※ 경비업의 시설 등의 기준(제3조제1항관련) 참고해야함

[별표 2] ※기계경비시설에 따른 경비인력 및 장비등의 기준(제3조제2항관련) 참고해야함

[별표 5] ※경비지도사 자격정지처분 기준(제19조관련) 참고해야함

[별표 6] ※행정처분기준(제22조제1항관련) 참고해야함

※ 비 고

1. 위반행위의 횟수에 따른 행정처분의 기준은 당해위반행위가 있은 날이전 최근 2년간 같은 위반행위로 행정처분을 받은 경우에 적용한다.
2. 위반행위가 2이상일 때에는 그중 가장 중한 처분기준에 의한다.
3. 영업정지처분에 해당하는 위반행위가 있은 날이전 최근 2년간 같은 위반행위로 2회 영업정지처분을 받은 경우에는 위 표의 기준에 불구하고 그 위반행위에 대한 행정처분의 기준은 "허가취소"로 한다.

용역경비업법시행령

[시행 1998. 1. 1] [대통령령 제15598호, 1997. 12. 31, 타법개정]

【제정 · 개정문】

◉ 대통령령제15,598호(1997 · 12 · 31)

용역경비업법 시행령 중 개정령

용역경비업법 시행령 중 다음과 같이 개정한다.

제23조를 삭제한다.

제33조제1항 중 "권한"을 "권한 및 법 제12조의2제1호의 규정에 의한 청문에 관한 권한"으로 한다.

부칙

이 영은 1998년 1월 1일부터 시행한다.

용역경비업법시행령

[시행 1996. 7. 1] [대통령령 제15108호, 1996. 7. 1, 전부개정]

【제정 · 개정문】

법령 본문과 동일하여 제개정문을 생략합니다.

용역경비업법시행령

[시행 1991. 7. 31] [대통령령 제13435호, 1991. 7. 30, 타법개정]

【제정 · 개정문】

◉ 대통령령제13,435호(1991 · 7 · 30)

경찰공무원 임용령 중 개정령

[본문 생략]

부칙

제1조(시행일) 이 영은 1991년 7월 31일부터 시행한다.

제2조(다른 법령의 개정) ①내지 ⑧생략

⑨ 용역경비업법 시행령 중 다음과 같이 개정한다.

제9조 중 "서울특별시장 · 직할시장 또는 도지사(이하 "도지사"라 한다)는"을 "지방경찰청장은"으로 한다.

제19조제1항 본문 및 제2항 중 "내무부장관"을 각각 "경찰청장"으로 한다.

⑩ 내지 ⑬생략

제3조 생략

용역경비업법시행령

[시행 1990. 6. 8] [대통령령 제13019호, 1990. 6. 8, 일부개정]

【제정 · 개정문】

◉ 대통령령제13,019호(1990 · 6 · 8)

용역경비업법시행령중개정령

용역경비업법 시행령 중 다음과 같이 개정한다.

제2조본문중 "별지 제1호서식에 의한 허가신청서"를 "허가신청서"로 하고, 동조제1호 · 제2호 및 제4호 중 "2통"을 각각 "2부"로 하며, 동조제3호 및 제5호를 각각 다음과 같이 한다.

3. 공탁을 증명하는 서류, 이행보증보험이나 공제에의 가입을 증명하는 서류 2부

5. 경비장비 보유현황조서 또는 확보계획서 2부

제2조에 제2항을 다음과 같이 신설한다.

② 제1항제5호의 규정에 의하여 경비장비확보계획서를 제출한 자는 허가를 받은 후 1월이내에 경비장비를 갖추어 허가관청에 신고하여야 한다.

제3조의 제목 "(허가절차)"를 "(허가절차등)"으로 하고, 동조제1항 중 "허가결격요건"을 "법인 임원의 결격사유"로 하며, 동조제2항 중 "별지 제2호서식에 의하여 허가증"을 "허가증"으로 하고, 동조에 제4항 및 제5항을 각각 다음과 같이 신설한다.

④ 용역경비업자는 제2항의 규정에 의한 허가증을 그 주사무소의 잘 보이는 곳에 게시하여야 한다.

⑤ 용역경비업자는 그 허가증을 잃어버리거나 허가증이 못쓰게 된 때에는 허가증재교부신청서에 다음 서류를 첨부하여 허가관청에 허가증의 재교부를 신청하여야 한다.

1. 허가증을 잃어버린 경우에는 그 사유서
2. 허가증이 못쓰게 된 경우에는 그 허가증

제5조 중 "3일내에 별지 제3호서식에 의한 폐업신고서"를 "7일 이내에 폐업신고서"로 한다.

제6조 중 "3일 이내에 별지 제3호서식에 의한 휴업신고서"를 "7일이내에 휴업신고서"로 한다.

제6조의2를 다음과 같이 신설한다.

제6조의2 (기계경비시설) 법 제4조제2항제4호에서 "대통령령으로 정하는 기계경비시설"이라 함은 법제2조제1항 각호의 경비업무를 수행하기 위하여 다음의 기기와 이를 운용하기 위한 관제실을 갖춘 일련의 시설을 말한다.

1. 송신기: 경비대상시설에 설치하여 도난등 사고발생의 경보를 관제실로 송신하는 기기
2. 수신기: 관제실에 설치하여 송신기로부터 경보를 수신하는 기기

제7조제1항 본문 중 "법 제4조제2항제4호"를 "법 제4조제2항제5호"로 하고, 동항제3호 중 "공탁금액 또는 이행보증보험계약체결금액"을 "공탁금액 · 이행보증보험금액 또는 공제금액"으로 하며, 동조제2항을 다음과 같이 한다.

② 법 제4조제2항제2호 내지 제5호 해당사항의 신고는 그 사유가 발생한 날부터 7일 이내에 하여야 한다.

제9조 중 "부산시장"을 "직할시장"으로 한다.

제13조를 다음과 같이 한다.

제13조 (청문절차) ①허가관청은 법 제12조제3항의 규정에 의한 청문을 행하기 위하여 용역경비업자 또는 그 대리인의 출석을 요구하고자 하는 때에는 지체없이 행정처분을 하고자 하는 사유 · 청문일시 및 장소를 기재한 청문서를 청문일 7일전까지 당해 용역경비업자 또는 그 대리인에게 발송하여야 한다.

② 제1항의 규정에 의하여 청문서를 받은 용역경비업자 또는 그 대리인은 지정된 청문일에 출석하여 청문에 응하거나 청문서에 소명요지를 기재하여 허가관청에 제출하여야 하며, 지정된 기일까지 청문에 응하지 아니하거나 청문서를 제출하지 아니한 때에는 의견이 없는 것으로 본다.

③ 제2항의 규정에 의하여 용역경비업자 또는 그 대리인이 출석하여 청문에 응한 때에는 관계공무원은 답변서를 작성하여 출석자로 하여금 확인하고 서명 · 날인하게 하여야 한다.

제14조제3항 전단 중 "용역경비협회에서"를 "용역경비협회가, 보수교육은 당해 용역경비업자가"로 하고, 동항 후단 중 "경찰교육기관에"를 "경찰교육기관 또는 교육에 필요한 인력 · 시설을 갖춘 용역경비업자에게"로 하며, 동조제4항 중 "내무부장관이"를 "내무부령으로"로 한다.

제15조의 제목 "(용역경비협회를 피보험자로 하는 이행보증보험계약을 체결한 경우 손해배상금의 지급

절차)"를 "(용역경비협회를 피보험자로 하는 이행보증보험의 보험금 및 공제금의 지급절차)"로 하고, 동조제1항을 다음과 같이 한다.

① 용역경비업자가 법 제14조제1항의 규정에 의하여 손해를 배상하여야 할 사유가 발생한 경우에 당해 용역경비업자가 용역경비협회를 피보험자로 하는 이행보증보험에 가입한 때에는 당해 용역경비업자에게 경비를 의뢰한 자(이하 "용역경비도급자"라 한다)는 용역경비협회에 손해배상을 청구할 수 있으며 청구를 받은 용역경비협회는 지체없이 보험금을 수령하여 관계증빙에 따라 손해를 입은 용역경비도급자에게 이를 지급하여야 한다.

제15조제2항중 "보험금"을 "보험금 또는 공제금"으로 하여 이를 제3항으로 하고, 동조에 제2항을 다음과 같이 신설한다.

② 용역경비업자가 법 제14조제1항의 규정에 의하여 손해를 배상하여야 할 사유가 발생한 경우에 당해 용역경비업자가 공제에 가입한 때에는 용역경비도급자는 용역경비협회에 손해배상을 청구할 수 있으며, 청구를 받은 용역경비협회는 지체없이 당해 용역경비업자가 가입한 공제의 공제금을 관계증빙에 따라 손해를 입은 용역경비도급자에게 지급하여야 한다.

제16조제1항 본문을 다음과 같이 하고, 동항제1호 나목 및 동항제2호나목중 "이행보증보험금액"을 각각 "이행보증보험금액 · 공제금액"으로 한다.

법 제14조제2항의 규정에 의하여 용역경비업자가 공탁하거나 이행보증보험 또는 공제에 가입하여야 할 공탁금액 · 이행보증보험금액 또는 공제금액은 다음과 같다.

제16조제2항중 "공탁"을 "공탁, 공제에의 가입"으로 한다.

제16조제3항중 "자본시장육성에관한법률시행령 제5조"를 "자본시장육성에관한법률시행령 제21조"로 "자본시장육성에관한법률시행령 제6조"를 "자본시장육성에관한법률시행령 제22조"로 한다.

제16조의2를 다음과 같이 신설한다.

제16조의2 (공제사업) ① 용역경비협회는 법 제15조의2제1항의 규정에 의한 공제사업을 하는 때에는 그 회계를 다른 사업의 회계와 구분하여 계리하여야 한다.

② 용역경비협회는 법 제14조제1항의 규정에 의한 손해배상외의 목적으로 공제사업을 운영하여서는 아니 된다.

제17조제1항 본문 후단중 "별지 제5호서식에 의한 신청서"를 "신청서"로 하고 동항제3호를 다음과 같이 한다.

3. 공탁에 갈음하여 이행보증보험 또는 공제에 가입한 때

제18조 본문중 "이행보증보험계약을 체결하여야 한다"를 "이행보증보험 또는 공제에 가입하여야 한다"로 하고, 동조제1호중 "공탁금액이나 이행보증보험금액"을 "공탁금액 · 이행보증보험금액 또는 공제금액"으로 하며, 동조제2호중 "보험금"을 "보험금 또는 공제금"으로 한다.

[별지 제1호서식] 내지 [별지 제5호서식]을 각각 삭제한다.

부칙

이 영은 공포한 날부터 시행한다.

용역경비업법시행령

[시행 1988. 12. 19] [대통령령 제12555호, 1988. 12. 19, 타법개정]

【제정 · 개정문】

◉ 대통령령제12,555호(1988 · 12 · 19)

용역경비업법 시행령 중 일부개정령

용역경비업법 시행령 중 다음과 같이 개정한다.

[별지 제1호서식] · [별지 제2호서식] · [별지 제3호서식] · [별지 제4호서식] 및 [별지 제5호서식]중 본적란을 각각 삭제한다.

부칙

① (시행일) 이 영은 공포한 날로부터 시행한다.

② (경과조치) 이 영 시행 전에 종전의 규정에 의하여 작성되어 사용 중인 서식은 계속하여 사용하되, 이 영에 의하여 삭제된 란은 기재하지 아니한다.

용역경비업법시행령

[시행 1977. 6. 30] [대통령령 제8610호, 1977. 6. 30, 제정]

【제정 · 개정문】

법령 본문과 동일하여 제개정문을 생략합니다.

경비업법 시행령 제정 · 개정이유(용역경비업법 포함)

경비업법 시행령

[시행 2023. 5. 16.] [대통령령 제33464호, 2023. 5. 15., 일부개정]

【제정 · 개정이유】

[일부개정]

◇ 개정이유 및 주요내용

시설경비업을 영위하려는 법인의 경비인력 확보 부담을 완화하기 위하여 시설경비업 허가 요건 중 최소 경비원 수를 20명에서 10명으로 하향 조정하는 등의 내용으로 「경비업법」이 개정(법률 제19021호, 2022. 11. 15. 공포, 2023. 5. 16. 시행)됨에 따라, 시설경비업 경비인력 기준 중 일반경비원의 경우 20명 이상 두도록 하던 것을 10명 이상 두도록 조정하는 한편,

경계를 맞닿아 인접한 각 시 · 도 경찰청의 관할구역에 배치된 경비원 수를 합산하여 200명이 초과되는 경우에는 경비지도사 1명을 추가로 선임 · 배치하도록 하는 등 현행 제도의 운영상 나타난 일부 미비점을 개선 · 보완하려는 것임.〈법제처 제공〉

경비업법 시행령

[시행 2022. 12. 20] [대통령령 제33112호, 2022. 12. 20, 타법개정]

【제정 · 개정이유】

◉ 대통령령 제33112호(2022.12.20)

개인정보 침해요인 개선을 위한 49개 법령의 일부개정에 관한 대통령령

[일괄개정]

◇ 개정이유 및 주요내용

국민의 개인정보를 안전하게 처리할 수 있는 제도적 환경을 마련하기 위하여 민감정보, 고유식별정보 등 개인정보를 처리할 수 있도록 규정된 사무 중 개인정보의 처리가 불필요한 사무를 삭제하고, 행정기관에 제출하는 서류 중 개인정보를 과도하게 요구하는 서류가 포함된 경우에는 해당 서류의 사용 목적에 필요한 최소한의 개인정보만이 포함되도록 하는 등의 내용으로 「건강검진기본법 시행령」 등 49개 대통령령을 개정하려는 것임.〈법제처 제공〉

경비업법 시행령

[시행 2021. 7. 13] [대통령령 제31884호, 2021. 7. 13, 일부개정]

【제정 · 개정이유】

[일부개정]

◇ 개정이유 및 주요내용

성년후견제도의 활성화를 도모하고 직무수행능력이 인정되는 피후견인의 기본권 보장을 위하여 특수경비원의 결격사유에서 피한정후견인을 삭제하고, 국가중요시설에서 경비업무를 수행하는 특수경비원에 대한 결격사유로 심신상실자, 알코올 중독자 등 정신적 제약이 있는 자를 추가하는 등의 내용으로 「경비업법」이 개정(법률 제17894호, 2021. 1. 12. 공포, 7. 13. 시행)됨에 따라, 특수경비원의 결격사유인 정신적 제약이 있는 자를 심신상실자, 마약 · 대마 · 향정신성의약품 또는 알코올 중독자 등으로 구체적으로 정하는 한편,

경찰청장 등이 특수경비원 등의 결격사유 확인을 위한 사무의 처리를 위하여 건강에 관한 정보 등을 처리할 수 있는 근거를 마련하려는 것임.〈법제처 제공〉

경비업법 시행령

[시행 2021. 3. 2] [대통령령 제31516호, 2021. 3. 2, 타법개정]

【제정 · 개정이유】

◉ 대통령령 제31516호(2021.3.2)

규제 재검토기한 설정 해제 등을 위한 46개 법령의 일부개정에 관한 대통령령

[일괄개정]

◇ 제정이유 및 주요내용

2015년 및 2017년에 각각 3년 및 2년을 주기로 재검토기한을 설정한 규제의 재검토기한이 도래함에 따라 체육지도자의 자격검정 시험 과목 등 규제의 타당성 검토 실익이 적은 72개의 규제에 대해서는 규제의 재검토기한 설정을 해제하고, 기술사 교육훈련의 대상 및 이수기준 등 9개의 규제에 대해서는 재검토주기를 변경하는 한편,

과징금 및 과태료에 관한 사항은 「행정규제기본법」의 적용 대상에서 제외됨에 따라 과징금 및 과태료의 부과기준 등의 규제에 대해서는 이를 규제의 재검토 대상에서 제외하기 위하여 「가축분뇨의 관리 및 이용에 관한 법률 시행령」 등 46개 대통령령을 정비하려는 것임.〈법제처 제공〉

경비업법 시행령

[시행 2021. 1. 1] [대통령령 제31349호, 2020. 12. 31, 타법개정]

【제정 · 개정이유】

◉ 대통령령 제31349호(2020.12.31)

자치경찰사무와 시 · 도 자치경찰위원회의 조직 및 운영 등에 관한 규정

[제정]

◇ 제정이유

경찰사무를 국가경찰사무와 자치경찰사무로 나누고 시 · 도 자치경찰위원회가 자치경찰사무를 지휘 · 감독하도록 하는 등 자치경찰제 도입의 법적 근거를 마련하는 내용으로 「경찰법」이 「국가경찰과 자치경찰의 조직 및 운영에 관한 법률」로 개정(법률 제17689호, 2020. 12. 22. 공포, 2021. 1. 1. 시행)됨에 따라 자치경찰사무의 범위, 시 · 도자치경찰위원회 및 시 · 도 자치경찰위원회 위원추천위원회의 운영 등에 관하여 법률에서 위임된 사항과 그 시행에 필요한 사항을 정하려는 것임.

◇ 주요내용

가. 자치경찰사무의 범위 등(제2조, 제3조 및 별표)

생활안전 · 교통 · 경비 · 수사 등에 관한 자치경찰사무의 구체적인 사항과 범위 및 그 기준 등을 정함.

나. 시 · 도 자치경찰위원회 위원추천위원회의 구성 및 운영 등(제5조 및 제9조)

시 · 도 자치경찰위원회 위원추천위원회는 위원장 1명을 포함하여 5명의 위원으로 구성하고, 위원추천위원회가 시 · 도지사에게 위원을 추천하는 경우에는 서면으로 추천하도록 하며, 그 추천 결과를 즉시 시 · 도 자치경찰위원회에 통보하도록 함.

다. 시 · 도 자치경찰위원회의 회의 및 사무기구(제13조 및 제18조)

시 · 도 자치경찰위원회의 정기회의는 월 1회 이상 개최하고, 시 · 도 자치경찰위원회 사무기구에 두는 경찰공무원은 경찰청 소속 공무원으로 충원하도록 함.

라. 자치경찰사무에 대한 지휘 · 감독권 위임(제19조)

시 · 도 자치경찰위원회가 자치경찰사무에 대한 지휘 · 감독권을 시 · 도 경찰청장에게 위임하는 경우에 대비하여 시 · 도 자치경찰위원회는 미리 경찰청장과 협의하여 지휘 · 감독권의 위임 범위 · 절차 등을 시 · 도 자치경찰위원회의 의결로 정하도록 함.〈법제처 제공〉

경비업법 시행령

[시행 2020. 2. 4] [대통령령 제30384호, 2020. 2. 4, 타법개정]

【제정 · 개정이유】

◉ 대통령령 제30384호(2020.2.4)

군인사법 시행령 일부개정령

[일부개정]

◇ 개정이유 및 주요내용

헌병의 명칭이 일제 강점기 잔재이며 구시대적이라는 부정적인 의미로 인식됨에 따라 헌병의 수행 임무를 명확히 반영할 수 있는 자연스러운 우리말 표현인 군사경찰로 변경하기 위하여 군인의 기본병과 중 하나인 헌병과를 군사경찰과로 하고, 해병대 정보업무의 전문성 강화를 위하여 해병대 기본병과에 정보과를 신설하며, 장교 진급 선발기준 중 연령을 삭제하여 연령에 따른 불합리한 차별이 없도록 하는 등 현행 제도의 운영상 나타난 일부 미비점을 개선 · 보완하려는 것임.〈법제처 제공〉

경비업법 시행령

[시행 2019. 3. 12] [대통령령 제29611호, 2019. 3. 12, 일부개정]

【제정 · 개정이유】

[일부개정]

◇ 개정이유 및 주요내용

국민의 경비지도사 자격 취득 기회를 최대한 보장하기 위하여 경비지도사시험을 매년 1회 이상 시행하도록 하는 등의 내용으로 「경비업법」이 개정됨에 따라, 종전에는 경비지도사를 새로 선발할 필요가 있다고 인정되는 때에 경비지도사시험의 실시계획을 수립하던 것을, 앞으로는 매년 수립하도록 하려는 것임.〈법제처 제공〉

경비업법 시행령

[시행 2017. 7. 26] [대통령령 제28215호, 2017. 7. 26, 타법개정]

【제정 · 개정이유】

◉ 대통령령 제28215호(2017.7.26)

경찰청과 그 소속기관 직제 일부개정령

[일부개정]

◇ 개정이유 및 주요내용

행정자치부와 국민안전처를 통합하여 행정안전부를 신설하고, 해양수산부장관 소속으로 해양경찰청을 신설하여 경찰청 소관 사무 중 육지에서의 해양 관련 수사 및 정보 수집 등에 관한 사무를 해양경찰청으로 이관하는 등의 내용으로 「정부조직법」이 개정(법률 제14839호, 2017. 7. 26. 공포 · 시행)됨에 따라, 정부 조직의 명칭 및 소관 사항 변경 내용을 반영하고, 경찰청과 그 소속기관 소속 공무원 정원 중 육지에서의 해양 관련 수사 및 정보 수집 등에 관한 사무의 수행에 필요한 정원 505명(총경 5명, 경정 17명, 경감 31명, 경위 62명, 경사 168명, 경장 179명, 순경 40명, 8급 3명)을 해양경찰청으로 이체하려는 것임.〈법제처 제공〉

경비업법 시행령

[시행 2016. 6. 28] [대통령령 제27271호, 2016. 6. 28, 일부개정]

【제정 · 개정이유】

[일부개정]

◇ 개정이유 및 주요내용

일반경비원이 되려는 사람은 경비원으로 채용되기 전에 미리 일반경비원 신임교육을 받을 수 있도록 하는 등의 내용으로 「경비업법」이 개정됨에 따라, 일반경비원 신임교육을 받을 수 있는 교육기관을 경비협회 및 「경찰공무원 교육훈련규정」에 따른 경찰교육기관 등으로 정하는 등 법률에서 위임된 사항과 그 시행에 필요한 사항을 정하는 한편,

일반경비원으로 채용된 사람 중 특수경비원 신임교육을 받고 일반경비원 채용 전 3년 이내에 경비업무에 종사한 경력이 있는 사람은 일반경비원 신임교육을 면제할 수 있도록 하려는 것임. 〈법제처 제공〉

경비업법 시행령

[시행 2015. 10. 21] [대통령령 제26595호, 2015. 10. 20, 일부개정]

【제정 · 개정이유】

[일부개정]

◇ 개정이유 및 주요내용

경비업무를 도급하려는 자가 그 경비업무를 수급한 경비업자의 경비원 채용 시 무자격자나 부적격자를 채용하도록 관여하거나 영향력을 행사할 수 없도록 하고, 경비협회의 공제사업 범위를 확대하는 등의 내용으로 「경비업법」이 개정(법률 제13397호, 2015. 7. 20. 공포, 10. 21. 시행)됨에 따라, 특수경비업무를 도급하려는 자가 그 경비업무를 수급한 경비업자에게 채용하도록 관여하거나 영향력을 행사할 수 없는 무자격자나 부적격자를 만 18세 미만이거나 만 60세 이상인 자, 피성년후견인, 피한정후견인 및 아동 · 청소년대상 성범죄나 성인대상 성범죄로 형 또는 치료감호를 선고받아 확정된 자로서 그 형 또는 치료감호의 전부 또는 일부의 집행이 종료되거나 집행이 유예 · 면제된 날부터 10년이 지나지 아니한 사람으로 정하는 등 경비업무별로 채용하도록 관여하거나 영향력을 행사할 수 없는 무자격자나 부적격자의 범위를 구체적으로 정하고, 경비협회가 경비업자의 손해배상책임을 보장하기 위한 목적 외의 사업도 공제사업으로 할 수 있도록 하려는 것임.〈법제처 제공〉

경비업법 시행령

[시행 2014. 12. 30] [대통령령 제25915호, 2014. 12. 30, 일부개정]

【제정 · 개정이유】

[일부개정]

◇ 개정이유 및 주요내용

경비업체의 법인 명칭이나 대표자 · 임원 변경 등 변경신고 사유가 발생한 경우 사유 발생일 부터 15일 이내에 신고하도록 하던 것을 30일 이내로 개정하여 신고인의 편의를 도모하는 한편, 경비협회 설립 시 요구되던 발기인 5인 이상 요건을 폐지함으로써 경비협회 설립과 관련된 국민의 결사의 자유를 최대한 보장할 수 있도록 하려는 것임. 〈법제처 제공〉

경비업법 시행령

[시행 2014. 11. 19] [대통령령 제25751호, 2014. 11. 19, 타법개정]

【제정 · 개정이유】

⊙ 대통령령 제25751호(2014.11.19)

행정자치부와 그 소속기관 직제

[제정]

◇ 제정이유

종전에 안전행정부가 수행하던 안전 및 재난에 관한 정책의 수립 · 총괄 · 조정, 비상대비 · 민방위 제도에 관한 사무가 국민안전처로, 공무원의 인사 · 윤리 · 복무 · 연금에 관한 사무가 인사혁신처로 각각 이관되고, 종전의 안전행정부는 행정자치부로 개편하는 등의 내용으로 「정부조직법」이 개정(법률 제12844호, 2014. 11. 19. 공포 · 시행)됨에 따라, 행정자치부와 그 소속기관의 조직과 직무범위 및 정원 등을 구체적으로 정하려는 것임.

◇ 주요내용

가. 행정자치부의 직무(제3조)

행정자치부는 국무회의의 서무, 법령 및 조약의 공포, 정부조직과 정원, 상훈, 정부혁신, 행정능률, 전자정부, 개인정보보호, 정부청사의 관리, 지방자치제도, 지방자치단체의 사무지원 · 재정 · 세제, 낙후지역 등 지원, 지방자치단체 간 분쟁조정, 선거 · 국민투표의 지원 및 국가의 행정사무로서 다른 중앙행정기관의 소관에 속하지 아니하는 사무를 관장하도록 함.

나. 행정자치부에 두는 하부조직(제4조 및 제11조부터 제15조까지)

행정자치부에 두는 하부조직으로 운영지원과, 창조정부조직실, 전자정부국, 지방행정실 및 지방재정세제실을 둠.

다. 행정자치부 소속기관(제17조부터 제45조까지)

행정자치부장관 소속으로 지방행정연수원, 국가기록원, 정부청사관리소, 정부통합전산센터, 이북5도 및 국립과학수사연구원을 둠.

라. 행정자치부와 그 소속기관에 두는 공무원의 정원(제46조부터 제48조까지)

행정자치부에 공무원 819명(정무직 2명, 별정직 7명, 고위공무원단 21명, 3급 또는 4급 이하 781명, 전문경력관 8명), 지방행정연수원 등 소속기관에 공무원 1,470명(정무직 5명, 별정직 5명, 고위공무원단 16명, 3급 또는 4급 이하 1,421명, 전문경력관 19명, 임기제 4명)을 둠.〈법제처 제공〉

경비업법 시행령

[시행 2014. 11. 21] [대통령령 제25733호, 2014. 11. 19, 타법개정]

【제정 · 개정이유】

◉ 대통령령 제25733호(2014.11.19)

경찰장비의 사용기준 등에 관한규정 일부개정령

[일부개정]

◇ 개정이유

경찰장비 중 사람의 생명이나 신체에 위해를 끼칠 수 있는 경찰장비를 위해성 경찰장비로 약칭하여 그 밖의 경찰장비와 구분하도록 하고, 위해성 경찰장비를 새로 도입하려는 경우에 안전성 검사를 실시하여 그 결과를 국회에 보고하도록 하는 등의 내용으로 「경찰관 직무집행법」이 개정(법률 제12600호, 2014. 5. 20. 공포, 11. 21. 시행)됨에 따라, 위해성 경찰장비의 종류와 사용기준 등에 대하여 규정하고 있는 이 영의 제명 「경찰장비의 사용기준 등에 관한 규정」을 「위해성 경찰장비의 사용기준 등에 관한 규정」으로 변경하고, 안전성 검사의 기준 및 국회 보고 절차를 정하며, 사용보고서를 작성하여 보관하여야 할 위해성 경찰장비의 대상에 살수차를 추가하는 등 법률에서 위임한 사항과 그 시행에 필요한 사항을 정하는 한편, 법률로 상향 규정된 경찰장비의 일반적 사용기준에 관한 내용을 삭제하는 등 현행 제도의 운영상 나타난 일부 미비점을 개선 · 보완하려는 것임.

◇ 주요내용

가. 신규 도입 장비의 안전성 검사 등(제18조의2 신설)

위해성 경찰장비를 새로 도입하려는 경우 그 장비와 관련된 분야의 외부 전문가가 제시하는 검사방법 및 기준을 따라 안전성 검사를 실시하도록 하고, 안전성 검사를 실시한 후 3개월 이내에 안전성 검사의 결과 등이 포함된 안전성 검사 결과보고서를 국회 소관 상임위원회에 제출하도록 함.

나. 살수차의 사용기록 보관(제20조)

「경찰관 직무집행법」상 사용기록의 보관 대상에 살수차가 추가됨에 따라 위해성 경찰장비 사용 시 사용보고서를 작성하여야 할 대상에 살수차를 추가함. 〈법제처 제공〉

경비업법 시행령

[시행 2014. 6. 8] [대통령령 제25368호, 2014. 6. 3, 일부개정]

【제정 · 개정이유】

[일부개정]

◇ 개정이유

경비업의 허가 요건을 강화하고, 경비업자와 경비원들의 불법 행위에 대한 처벌을 강화하는 등의 내용으로 「경비업법」이 개정(법률 제11872호, 2013. 6. 7. 공포, 2014. 6. 8. 시행)됨에 따라, 경비업의 시설 기준, 행정처분 기준 및 과태료 부과기준 등 법률에서 위임된 사항과 그 시행에 필요한 사항을 정하려는 것임.

◇ 주요내용

가. 일반경비원 신임교육 제외 대상 추가(제18조제2항)

경비지도사 자격이 있는 일반경비원의 경우 경비지도사 자격 취득을 위하여 일반경비원 신임교육 내용에 포함되어 있는 사항에 관하여 이미 교육을 받은 점 등을 고려하여 일반경비원 신임교육 대상에서 제외할 수 있도록 함.

나. 경비원 배치 불허가 기준의 마련(제22조)

관할 경찰관서장은 집단민원현장 배치 대상으로 허가 신청된 경비원 중 결격사유에 해당하거나 신임교육을 받지 아니한 사람이 전체 경비원 수의 100분의 21 이상인 경우 경비원 배치를 허가하지 아니하도록 함.

다. 경비업 허가 기준의 조정(별표 1)

경비업무를 수행하기 위한 허가 요건 중 자본금 요건을 5천만 원 이상에서 1억 원 이상으로 상향 조정하고, 경비인력으로 경비지도사 1명을 확보하도록 함.

라. 행정처분 기준의 마련(별표 4)

집단민원현장에 경비지도사를 선임 · 배치하지 아니한 경우 1차 위반 시 1개월의 영업정지, 2차 위반 시 3개월의 영업정지, 3차 위반 시 허가취소를 명하도록 하는 등 법률의 개정에 따라 신설된 행정처분 대상 위반행위에 대하여 그 위반의 정도 및 위반 횟수 등을 고려하여 차등적으로 행정처분을 할 수 있도록 행정처분의 기준을 정함.

마. 과태료 부과기준의 마련(별표 6)

경비원의 복장에 관한 신고를 하지 아니하고 집단민원현장에 경비원을 배치한 경우 1차 위반 시 600만원, 2차 위반 시 1200만원, 3차 위반 시 2400만원의 과태료를 부과하도록 하는 등 법률의 개정에 따라 신설된 과태료 부과 대상 위반행위에 대하여 그 위반의 정도 및 위반 횟수 등을 고려하여 차등적으로 과태료를 부과할 수 있도록 과태료의 부과기준을 정함.〈법제처 제공〉

경비업법 시행령

[시행 2013. 3. 23] [대통령령 제24419호, 2013. 3. 23, 타법개정]

【제정 · 개정이유】

◉ 대통령령 제24419호(2013.3.23)

경찰청과 그 소속기관 직제 일부개정령

[일부개정]

◇ 개정이유 및 주요내용

국민경제를 부흥하고, 국민의 안전을 최우선으로 하는 창조적이고 유능한 정부를 구현하기 위하여 정부기능을 효율적으로 재배치하는 내용으로 「정부조직법」이 개정(법률 제11690호, 2013. 3. 23. 공포 · 시행)됨에 따라 경찰청의 조직과 기능을 합리적으로 개편하는 한편, 행정기관 효율화를 위하여 공통 · 지원부서 정원 25명(총경 이하 11명, 4급 또는 총경 이하 및 기능직 14명)을 감축하려는 것임.〈법제처 제공〉

경비업법 시행령

[시행 2012. 5. 1] [대통령령 제23759호, 2012. 5. 1, 타법개정]

【제정 · 개정이유】

◉ 대통령령 제23759호(2012.5.1)

수험생 편의제공 및 충분한 수험준비기간 부여 등을 위한 경비업법 시행령 등 일부개정령

[일괄개정]

◇ 개정이유 및 주요내용

「공무원임용시험령」 등 총 37개의 대통령령에서 공무원 임용시험 및 국가자격시험 등의 공고 시기를 시험 실시 20일 전까지 또는 30일 전까지 등으로 달리 규정하던 것을 시험 실시 90일 전까지 공고하도록 통일하여 해당 시험을 준비하는 수험생에게 편의를 제공하고 충분한 수험준비기간을 부여하려는 것임. 〈법제처 제공〉

경비업법 시행령

[시행 2012. 1. 6] [대통령령 제23488호, 2012. 1. 6, 타법개정]

【제정 · 개정이유】

◉ 대통령령 제23488호(2012.1.6)

민감정보 및 고유식별정보 처리 근거 마련을 위한 과세자료의 제출 및 관리에 관한 법률 시행령 등 일부개정령

[일괄개정]

◇ 개정이유 및 주요내용

개인정보의 보호를 강화하는 내용으로 「개인정보 보호법」이 제정(법률 제10465호, 2011. 3. 29. 공포, 9. 30. 시행)되어 공공기관 등 개인정보처리자가 소관 사무를 수행하기 위하여 개인의 건강에 관한 정보 등 민감정보나 주민등록번호 등 고유식별정보를 처리하려면 법령에 그 근거를 마련하거나 정보주체의 동의를 받도록 함에 따라,

그 후속조치로서 공공기관의 법령상 사무 수행에 필요한 민감정보나 고유식별정보 처리의 근거를 마련하기 위하여 기획재정부 소관 「과세자료의 제출 및 관리에 관한 법률 시행령」 등 총 210개의 대통령령을 일괄정비하려는 것임.〈법제처 제공〉

경비업법 시행령

[시행 2011. 7. 5] [대통령령 제22832호, 2011. 4. 4, 일부개정]

【제정 · 개정이유】

[일부개정]

◇ 개정이유

지방경찰청장에게 제출하도록 되어 있는 경비업 허가신청서 등을 경찰서장에게도 제출할 수 있도록 하고, 경비업 허가요건 중 자본금 기준을 완화하는 한편,

7년 이상 재직한 교정직 공무원을 경비지도사 1차 시험 면제 대상에 포함시키고, 경비지도사의 경비원 순회점검 횟수 등에 대한 한시적 행정규제 유예 규정을 삭제하여 월 1회 이상 수행하도록 개선하며, 경비지도사 시험 응시수수료에 대한 반환규정을 신설하여 국민들의 수수료 납부의무를 합리화하는 등 현행 제도의 운영상 나타난 일부 미비점을 개선 · 보완하려는 것임.

◇ 주요내용

가. 경비업 허가 절차 등의 개선(안 제3조제1항, 제4조제2항 · 제3항 및 제5조제1항 · 제2항)

1) 지방경찰청장에게 제출하도록 되어 있는 경비업 허가신청서, 변경허가신청서, 폐업신고서 등을 법인의 주사무소를 관할하는 지방경찰청 소속의 경찰서장에게도 제출할 수 있도록 함.

2) 지방경찰청장이 경비업을 허가하거나 변경허가를 한 경우 신청인에게 허가증을 직접 발급하던 것을 법인의 주사무소를 관할하는 경찰서장을 거쳐 신청인에게 허가증을 발급하도록 함.

나. 한시적 행정규제 유예 규정의 폐지(안 제17조제2항)

1) 주 1회 이상 수행하도록 되어 있는 경비지도사의 경비현장에 배치된 경비원에 대한 순회점검 및 감독 업무 등을 2009년 7월 1일부터 2011년 6월 30일까지 2년간 월 1회 이상 수행하도록 규제를 유예하고 있음.

2) 유예종료일이 다가옴에 따라 유예규정을 삭제하여 경비지도사의 경비현장에 배치된 경비원에 대한 순회점검 및 감독 업무 등을 현행과 같이 월 1회 이상 실시할 수 있도록 개선함.

다. 경비업 허가 요건 중 자본금 기준의 완화(안 별표 1)

1) 경비업 허가에 필요한 자본금을 시설경비업무 · 호송경비업무 · 신변보호업무 · 기계경비업무의 경우에는 현행 1억 원 이상에서 5천만 원 이상으로, 특수경비업무의 경우에는 현행 5억 원 이상에서 3억 원 이상으로 각각 완화함.

2) 경비업 허가요건 중 자본금 기준 완화로 경비업의 진입 장벽을 낮추어 경비업 창업을 촉진할 것으로 기대됨.〈법제처 제공〉

경비업법 시행령

[시행 2009. 11. 22] [대통령령 제21827호, 2009. 11. 17, 타법개정]

【제정 · 개정이유】

◉ 대통령령 제21827호(2009.11.17)
통합방위법 시행령 일부개정령

[일부개정]

◇ 개정이유

통합방위대책을 효율적으로 시행하기 위하여 경계태세의 발령 에 대한 법적 근거를 마련하는 등의 내용으로 「통합방위법」이 개정(법률 제9675호, 2009. 5. 21. 공포, 11. 22. 시행)에 따라 경계태세의 종류, 경계태세 발령 · 해제 절차 등 법률에서 위임된 사항과 그 시행을 위하여 필요한 사항을 정하고, 통합방위시책의 추진실적을 평가하는 통합방위회의를 연 1회 이상 개최하도록 하며, 그 밖에 현행 제도의 운영상 나타난 일부 미비점을 개선 · 보완하는 한편,
어려운 용어를 쉬운 용어로 바꾸고, 길고 복잡한 문장을 간결하게 하는 등 국민이 법 문장을 이해하기 쉽게 정비하려는 것임.

◇ 주요내용

가. 통합방위회의의 개최 근거를 마련(영 제3조 신설)

1) 통합방위태세를 확립하기 위하여 통합방위시책의 추진 실적을 정기적으로 평가할 필요가 있음.

2) 중앙 통합방위협의회의 의장(국무총리) 또는 특별시 · 광역시 · 도 · 특별자치도 통합방위협의회의 의장(시 · 도지사)은 국가 또는 지방자치단체가 마련한 통합방위시책의 국가방위요소(군, 경찰, 예비군 등)별 추진실적을 평가하기 위하여 연 1회 이상 중앙 또는 지방 통합방위회의를 개최하도록 함.

나. 경계태세의 종류 등(영 제21조부터 제23조까지 신설)

1) 법률의 개정으로 적의 침투 · 도발이나 그 위협이 예상될 경우 경계태세를 발령할 수 있는 군부대의 장 및 경찰관서의 장과 경계태세의 종류 등을 대통령령으로 정하도록 위임함에 따라 위임받은 사항을 정할 필요가 있음.

2) 경계태세의 발령권자를 연대장급 또는 경찰서장급 이상의 지휘관으로 하고, 경계태세의 종류를 경계태세 3급, 경계태세 2급 및 경계태세 1급으로 구분함.

다. 통합방위사태 선포 시 지휘 및 협조 관계(영 제25조 신설)

1) 법률의 개정으로 통합방위사태 선포 시 모든 국가방위요소는 대통령령으로 정하는 바에 따라 통합방위작전의 수행에 필요한 지휘·협조체계를 구축하도록 됨에 따라 위임받은 사항을 정할 필요가 있음.

2) 통합방위사태의 구분(갑종사태, 을종사태 또는 병종사태)에 따라 갑종사태가 선포된 경우에는 통합방위본부장(합동참모의장) 또는 지역군사령관이, 을종사태가 선포된 경우에는 지역군사령관이 통합방위작전을 수행하고, 병종사태가 선포된 경우에는 관할구역별로 지방경찰청장, 지역군사령관 또는 함대사령관이 통합방위작전을 수행하도록 함.

경비업법 시행령

[시행 2009. 7. 1] [대통령령 제21590호, 2009. 6. 30, 타법개정]

【제정·개정이유】

⦿ 대통령령 제21590호(2009.6.30)

한시적 행정규제 유예 등을 위한 건축법 시행령 등 일부개정령

[일부개정]

◇ 개정이유 및 주요내용

2009년 3월 27일 국가정책조정회의에서 경제위기 조기극복을 위해 경기활성화에 부담이 되는 규제를 일정기간 유예하거나 완화하는 '한시적 규제유예 제도'를 도입·추진하기로 함에 따라 「건축법 시행령」 등 39개의 대통령령을 일괄정비하려는 것임.

경비업법 시행령

[시행 2008. 12. 31] [대통령령 제21214호, 2008. 12. 31, 타법개정]

【제정·개정이유】

⦿ 대통령령 제21214호(2008.12.31)

행정안전부와 그 소속기관 직제 일부개정령

[일부개정]

◇ 개정이유 및 주요내용

광주지역 특별지방행정기관 청사의 통합 운영을 위하여 광주청사관리소를 설치하고, 이에 필요한 관리인력을 별도 증원 없이 충원하기 위하여 정부광주지방합동청사에 입주할 부처의 인력 11명(노동부 1명, 국가보훈처 2명, 국세청 3명, 관세청 3명, 조달청 2명)을 이체받고 나머지 인력은 행정안전부의 자체 인력 등을 상계하여 충원하는 한편, 지식경제부 우정사업본부 소속 지방체신청에서 수행하고 있는 행정안전부 소관 정보격차 해소에 관한 기능을 지방자치단체(특별시, 광역시, 도 및 특별자치도)로 이관하며 이에 따른 실무인력 29명(6급 이하)을 지방자치단체로 이체하고, 정부조직개편에 따라 각 부처의 명칭 등을 정비하려는 것임.

경비업법 시행령

[시행 2008. 11. 26] [대통령령 제21127호, 2008. 11. 26, 타법개정]

【제정 · 개정이유】

◉ 대통령령 제21127호(2008.11.26)

과태료 부과 · 징수절차 정비를 위한 경비업법시행령 등 일부개정령

◇ 개정이유 및 주요내용

과태료의 부과 · 징수절차를 일원화하는 내용으로 「질서위반행위규제법」이 제정(법률 제8725호, 2007. 12. 21. 공포, 2008. 6. 22. 시행)됨에 따라 과태료의 부과 · 징수와 관련하여 중복되는 규정을 정비하고, 과태료의 부과기준과 납부기한을 정하는 등 과태료의 부과 · 징수절차의 정비를 위해 「경비업법 시행령」 등 4개 법령을 개정하려는 것임.

경비업법시행령

[시행 2008. 2. 29] [대통령령 제20732호, 2008. 2. 29, 타법개정]

【제정 · 개정이유】

◉ 대통령령 제20732호(2008.2.29)

대통령경호실법 시행령 일부개정령

[일부개정]

◇ 개정이유 및 주요내용

대통령 및 국가요인의 효율적인 경호를 위하여 대통령실장 소속으로 경호처를 설치하는 내용으로 「대통령경호실법」이 개정(법률 제8852호, 2008. 2. 29. 공포 · 시행)됨에 따라, 종전의 대통령경호실 소속 공무원을 대통령실로 이체하고, 대통령실장이 경호처장에게 3급 이하 5급 이상의 전보권, 4급 및 5급의 임용제청권, 6급 이하 및 기능직공무원의 임용권을 위임할 수 있도록 하고, 외국의 국가원수 또는 행정수반 등의 경호대상자에 대한 경호등급을 구분하여 운영할 수 있도록 하는 등 법률의 시행에 필요한 사항을 정하려는 것임.

경비업법시행령

[시행 2008. 2. 29] [대통령령 제20692호, 2008. 2. 29, 타법개정]

【제정 · 개정이유】

◉ 대통령령 제20692호(2008.2.29)

경찰청과 그 소속기관 직제 일부개정령

[일부개정]

◇ 개정이유 및 주요내용

유연하고 창의적으로 일하는 정부를 구축하기 위하여 정부기능을 효율적으로 재배치하는 내용으로 「정부조직법」이 개정(법률 제8852호, 2008. 2. 29. 공포 · 시행)됨에 따라 경찰청과 그 소속기관의 조직과 직무범위 등을 조정하는 한편, 보다 효율적인 조직운영을 위하여 대변인이 홍보업무를 겸임하도록 하고, 종전의 총무과를 운영지원과로 변경하는 등 대국(大局) 체제로 조직 및 기능을 합리적으로 개편하려는 것임.

경비업법시행령

[시행 2007. 10. 28] [대통령령 제20331호, 2007. 10. 23, 타법개정]

【제정 · 개정이유】

◉ 대통령령 제20331호(2007.10.23)

통계법시행령 전부개정령

[전부개정]

◇ 개정이유

통계의 작성과 보급 · 이용시스템의 개선을 통하여 국가통계인프라를 강화하기 위하여 통계품질진단제도, 통계작성 목적의 행정자료 제공제도 등을 도입하는 내용으로 「통계법」이 개정(법률 제8387호, 2007. 4.27. 공포, 2007.10.28. 시행)됨에 따라 「통계법」에서 위임한 사항과 그 시행에 필요한 사항을 정하는 한편,

중앙행정기관의 장이 소관 법령을 제정하거나 개정하는 경우 해당 법령을 통하여 도입되는 정책과 제도의 집행 · 평가에 적합한 통계의 구비 여부 등에 대한 평가를 통계청장에게 요청하도록 하는 등 현행 제도의 운영상 나타난 일부 미비점을 개선 · 보완하려는 것임.

◇ 주요내용

가. 「통계법」 적용 대상이 아닌 수량적 정보의 범위(영 제2조)

(1) 국가적으로나 사회적으로 중요성이 낮은 통계의 경우에는 「통계법」 적용 대상에서 제외할 필요가 있음.

(2) 「통계법」이 적용되지 아니하는 수량적 정보의 범위를 통계작성기관이 그 기관의 관리 · 운영이나 일상적인 업무수행 등에 내부적으로 사용할 목적으로 작성하는 수량적 정보 등으로 구체화함.

(3) 「통계법」 적용 대상이 아닌 수량적 정보에 대하여 민간의 자율성을 존중하고 통계청의 통계관리 부담을 경감함으로써 중요통계에 대한 관리가 강화될 것으로 기대됨.

나. 통계책임관의 지정범위(영 제3조)

(1) 대부분의 통계작성기관에 통계전담부서가 없으므로 통계 업무를 실질적으로 담당하는 부서의 장을 통계책임관으로 지정할 필요가 있음.

(2) 통계작성기관의 장이 통계책임관을 지정하려면 통계관련 사무를 총괄하거나 통계관련 사무와

밀접한 관련이 있는 자 중에서 중앙행정기관의 경우에는 고위공무원단 소속 공무원을, 지방자치단체의 경우에는 실장·국장급 이상의 공무원을, 통계작성지정기관의 경우에는 임원 및 이에 준하는 자를 각각 지정하도록 함.

(3) 적정한 전문성과 직위를 갖춘 자를 통계책임관으로 지정함으로써 통계의 조정 및 통계자료의 공유 등이 활성화될 것으로 기대됨.

다. 통계교육의 대상자와 내용(영 제5조 및 제6조)

법률에서 위임한 통계교육의 대상자를 통계작성기관에서 통계기획·조사·처리·분석·품질관리·분류 및 보급 등의 사무에 종사하고 있거나 종사할 예정인 자로 하고, 통계교육의 내용은 통계기획 등에 관한 이론과 실무로 함.

라. 정기통계품질진단의 실시(영 제7조 및 제9조부터 제12조까지)

(1) 통계의 종류가 계속 증가하고 있으므로 통계청장 및 통계작성기관의 인력 및 예산 등을 고려하여 합리적인 수준에서 통계품질진단의 주기 및 방법 등을 조정할 필요가 있음.

(2) 정기통계품질진단은 5년 주기로 통계작성기관의 통계종사자 및 민간전문가 등이 통계작성의 환경 및 통계작성의 절차 등에 관하여 통계작성기관을 직접 방문하거나 전화 등을 이용하여 통계조사의 실시 여부 등을 직접 확인하는 등의 방법으로 실시하도록 함.

(3) 적정한 주기로 정기통계품질진단을 실시함으로써 통계품질이 향상될 것으로 기대됨.

마. 정책통계기반평가의 절차 및 방법(영 제33조)

(1) 정책의 집행·평가에 필요한 통계의 발굴이나 개발·개선이 부족하여 정책 추진에 어려움이 있음.

(2) 중앙행정기관의 장은 소관 법령을 제정하거나 개정하는 경우에는 해당 법령을 통하여 도입되는 정책과 제도의 집행·평가에 적합한 통계의 구비 여부 등에 대한 평가를 통계청장에게 요청하도록 함.

(3) 합리적 통계자료에 근거한 정책의 집행·평가를 통하여 정책품질이 향상될 것으로 기대됨.

바. 행정자료의 요청 및 제공(영 제38조)

(1) 공공기관에서 보유하고 있는 행정자료를 이용하여 통계를 작성할 수 있도록 함으로써 통계작성에 드는 시간과 비용을 절약할 필요가 있음.

(2) 중앙행정기관의 장 또는 지방자치단체의 장은 국가통계를 작성하기 위하여 공공기관의 장에게 행정자료 제공을 요청하려면 행정자료의 사용 목적·내용 및 범위 등을 문서에 적어 요청하도록 하고, 해당 공공기관의 장은 행정자료의 제공 요청을 받으면 요청을 받은 날부터 30일 이내에 행정자료를 제공하도록 함.

(3) 통계조사에 드는 행정비용을 절감함으로써 통계작성기관이 다양한 통계수요에 효율적으로 대응할 수 있을 것으로 기대됨.

경비업법시행령

[시행 2004. 3. 17] [대통령령 제18312호, 2004. 3. 17, 타법개정]

【제정 · 개정이유】

◉ 대통령령 제18312호(2004.3.17)

전자적민원처리를 위한 가석방자 관리규정 등 중개정령

[일부개정]

◇ 개정이유 및 주요내용

국민이 전자민원서비스의 내용과 방법을 알기 쉽도록 하고, 전자적 민원처리의 활성화를 위하여 종이문서에 의한 각종민원을 전자문서 또는 정보통신망을 이용하여 신청할 수 있도록 하고, 행정기관이 공동이용하는 행정정보에 의하여 관련사항을 확인할 수 있는 경우에는 첨부서류를 생략할 수 있도록 하며, 현금 · 수입인지 및 수입증지로 납부하고 있는 민원수수료를 전자화폐 · 전자결제 등 전자적 방식에 의하여도 납부할 수 있도록 하는 등 전자정부구현을위한행정업무등의전자화촉진에관한법률의 내용을 325개 대통령령에 한꺼번에 반영하려는 것임.

경비업법시행령

[시행 2003. 12. 19] [대통령령 제18124호, 2003. 11. 11, 일부개정]

【제정 · 개정이유】

[일부개정]

◇ 개정이유

국가중요시설의 경비업무를 담당하는 특수경비업자에 대하여 경비업과 대통령령이 정하는 경비관련업 외의 영업을 함께 하지 못하도록 하는 내용으로 경비업법이 개정(2002. 12. 18, 법률 제6787호)됨에 따라 특수경비업자가 함께 영업할 수 있는 경비관련업을 구체적으로 정하고, 특수경비업자가 경비업무를 수행하는 국가중요시설의 범위, 휴업기간 만료 전의 영업재개신고와 경비원 업무를 중단한 사람의 일반경비원 업무 재개시의 교육실시 등 현행 제도의 운영상 나타난 일부 미비점을 개선 · 보완하려는 것임.

◇ 주요골자

가. 특수경비업자가 경비업무를 수행하는 국가중요시설에 국가정보원장이 지정하는 국가보안목표시설 외에 통합방위법에 의하여 국방부장관이 지정하는 국가중요시설을 추가함(영 제2조).

나. 경비업자가 휴업기간 만료 전에 경비업무를 도급받게 되어 영업을 재개한 경우에는 영업을 재개한 후 7일 이내에 신고하도록 하는 근거를 신설하여 경비업자의 편의를 도모하고 필요한 감독 등을 할 수 있도록 함(영 제5조제2항).

다. 특수경비업자가 복수경비업과 함께 영업할 수 있는 경비관련업을 전기경보 및 신호장치 제조업, 유선 · 무선통신업, 경비관련 교육서비스업 등과 이에 부수되는 것으로서 경찰청장이 지정 · 고시하는 경비관련업으로 정함(영 제7조의2 및 별표 1의2 신설).

라. 경비원 교육을 받은 후 3년 이상의 기간동안 경비업무에 종사하지 아니하다가 일반경비원으로 채용되어 경비업무를 수행하고자 하는 경우에는 일반경비원 교육을 다시 받도록 하여 경비업무의 질적 수준을 높일 수 있도록 함(영 제18조제1항).

경비업법시행령

[시행 2001. 7. 8] [대통령령 제17298호, 2001. 7. 7, 전부개정]

【제정 · 개정이유】

[전문개정]

◇ 개정이유

국가중요시설에 대한 효율적인 경비체제의 구축을 위하여 경비업의 종류에 특수경비업(特殊警備業)을 추가하고, 기계경비산업의 급속한 발전에 따라 기계경비업(機械警備業)의 신고제를 허가제로 변경하는 등의 내용으로 경비업법(警備業法)이 개정(2001. 4. 7, 법률 제6467호)됨에 따라 특수경비원에 대한 교육과 시설주 및 특수경비원 등에 대한 지도 · 감독 등을 통하여 철저한 무기관리체계를 마련하고, 그 밖에 현행 제도의 운영상 나타난 일부 미비점을 개선 · 보완하려는 것임.

◇ 주요골자

가. 특수경비원이 특수경비업무를 수행하게 되는 경비대상시설인 국가중요시설을 주요 공항 · 항만, 원자력발전소 등의 시설 중 국가정보원장이 지정하는 국가보안목표시설(國家保安目標施設)로 함(영 제2조).

나. 특수경비업의 허가를 받고자 하는 법인은 경비업자로서 5억 원 이상의 자본금, 20인 이상의 경비인력과 그 인력을 동시에 교육할 수 있는 교육장을 갖추어야 함(영 제3조제2항 및 별표 1).

다. 기계경비업자는 관제시설 등에서 경보를 수신한 때에는 늦어도 25분 이내에는 경비원을 현장에 도착시킬 수 있는 대응체제를 갖추도록 하고, 배치된 경보수신의 일시와 조치의 결과 등을 기재한 서류를 출장소별로 갖추어 두도록 함(영 제7조 및 제9조).

라. 특수경비업자는 그 부담으로 특수경비원에게 경찰교육기관이나 행정자치부령이 정하는 기준에 적합한 기관 또는 단체에서 개설한 특수경비원 신임교육의 과정을 이수하게 하되, 교육을 이수하거나 특수경비업무를 종료한 후 3년 이상의 기간동안 특수경비업무에 종사하지 아니한 자가 특수경비업무를 수행하고자 하는 경우에도 특수경비원 교육과정을 다시 이수하도록 함(영 제19조제1항 및 제2항).

마. 시설주가 관할경찰관서장으로부터 대여받은 무기를 특수경비원에게 지급하는 경우에는 관할경찰관서장의 사전승인을 얻도록 하고, 시설주, 무기의 관리책임자와 특수경비원은 무기관리수칙을 준수하여야 하며, 관할경찰관서장은 매월 1회 이상 시설주 및 특수경비원의 무기관리상황을 점검하도록 함(영 제20조제2항 · 제7항 및 제21조).

경비업법시행령

[시행 2001. 3. 27] [대통령령 제17158호, 2001. 3. 27, 타법개정]

【제정 · 개정이유】

◉ 대통령령 제17158호(2001.3.27)
군인사법시행령중개정령

[일부개정]

◇ 개정이유 및 주요골자
군인사법이 개정(2000. 12. 26, 법률 제6290호)됨에 따라 하사관의 명칭을 부사관으로 변경하는 등 관련 규정을 정비하려는 것임.

경비업법시행령

[시행 2000. 1. 1] [대통령령 제16678호, 1999. 12. 31, 타법개정]

【제정 · 개정이유】

◉ 대통령령 제16678호(1999.12.31)
대통령경호실법시행령중개정령

[일부개정]

◇ 개정이유
대통령경호실(大統領警護室)소속 경호공무원의 신분을 별정직국가공무원에서 특정직국가공무원으로 전환하고, 이에 따른 자격 · 임용 · 정년 · 징계 등에 관하여 국가공무원법(國家公務員法)에 대한 특례를 정하며, 직원이 경호업무수행중 상이(傷痍)를 입거나 사망한 경우에는 보상을 하도록 하는 등의 내용으로 대통령경호실법(大統領警護室法)이 개정됨에 따라 동법에서 위임된 사항과 그 시행에 관하여 필요한 사항을 정하려는 것임.

◇ 주요골자

가. 대통령경호실에 인사에 관한 정책 및 그 운용에 관한 중요사항을 심의하기 위하여 인사위원회(人事委員會)를 두도록 함(영 제6조).

나. 경호공무원 및 기능직공무원의 신규채용은 공개경쟁시험에 의하도록 하되, 임용예정직에 관련된 자격증 소지자나 연구실적 · 전문지식 · 경험 · 기술이 있는 자등의 경우에는 특별채용(特別採用)할 수 있도록 함(영 제7조의2 신설).

다. 시험은 공개경쟁채용시험 · 특별채용시험 · 승진시험으로 구분하여 실시하며, 시험의 출제 및 채점에 있어서는 과목당 2인이상의 시험위원을 임명 또는 위촉하도록 함(영 제7조의4 신설).

라. 근무성적평정(勤務成績評定)은 직원의 직무수행의 성과 · 능력 · 태도, 청렴도 및 직무에의 적합성등에 관하여 연 1회 실시하도록 함(영 제7조의9 및 제7조의10 신설).

마. 경호공무원 또는 기능직공무원이 경호위해요소(警護危害要素)를 사전에 발견 · 제거하여 경호안전

에 특별한 공을 세우거나 경호위급사태(警護危急事態) 발생 시 피경호인의 생명을 구하는데 공이 현저한 경우 등에는 인사위원회의 심의를 거쳐 특별승진임용할 수 있도록 함(영 제10조의2 신설).

바. 대통령경호실 직원이 임무수행 또는 이와 관련하여 상이를 입거나 사망한 경우에 국가유공자등예우및지원에관한법률(국가유공자등예우및지원에관한법률)에 의하여 공상군경(公傷軍警) 또는 순직군경(殉職軍警)에 준하는 보상을 하도록 함(영 제12조의6 신설).

경비업법시행령

[시행 1999. 10. 1] [대통령령 제16551호, 1999. 9. 9, 일부개정]

【제정 · 개정이유】

[일부개정]

◇ 개정이유

경비업과 관련된 각종 규제를 개선하기 위하여 용역경비업법이 개정(1999.3.31, 법률 제5940호)됨에 따라 동법에서 위임된 사항과 그 시행에 관하여 필요한 사항을 정하고, 그밖에 현행 제도의 운영상 나타난 일부 미비점을 개선 · 보완하려는 것임.

◇ 주요골자

가. 경비업자가 경비지도사를 배치하기 전에 배치계획서를 허가관청에 제출하도록 하던 규정을 폐지하여 경비업자의 영업상 자율성을 제고함(현행 제11조제4항 삭제).

나. 지금까지 경비업자는 수행하는 업무의 종류에 관계없이 20인이상을 동시에 교육할 수 있는 교육장을 갖추도록 하였으나, 앞으로는 경비업자의 수행업무에 따라 갖추어야 하는 기준 경비인력수이상을 동시에 교육할 수 있는 규모의 교육장을 갖추면 되도록 경비업의 시설기준을 완화함(령 별표 1).

용역경비업법시행령

[시행 1998. 1. 1] [대통령령 제15598호, 1997. 12. 31, 타법개정]

【제정 · 개정이유】

◉ 대통령령제15,598호(1997 · 12 · 31)
용역경비업법시행령중개정령

[일괄입법]

◇ 개정이유 및 주요골자

행정절차법이 1998년 1월 1일부터 시행됨에 따라 행정절차법의 규정과 중복되는 각 법률시행령의 규정을 삭제하는 한편, 행정절차법의시행에따른공인회계사법등의정비에관한법률에서청문을 실시하도록 규정한 허가취소 등의 권한이 지방자치단체의 장 등에게 이미 위임되어 있는 경우에는 청문에 관한 권한도 함께 위임하는 규정을 신설하며, 각 법률시행령에 규정된 불이익처분중 청문을 실시하여야 할 처분을 명확히 규정함으로써 행정절차법 운영의 실효성을 확보하려는 것임.

용역경비업법시행령

[시행 1996. 7. 1] [대통령령 제15108호, 1996. 7. 1, 전부개정]

【제정 · 개정이유】

[전문개정]

◇ 개정이유

용역경비업법이 개정(1995.12.30, 법률 제5124호)됨에 따라 용역경비업자가 갖추어야 할 경비인력 · 자본금 · 시설 등의 기준과 경비지도사의 직무 · 시험 등 동법에서 위임된 사항과 그 시행에 관하여 필요한 사항을 정하고 기타 욱행규정의 운영상 나타난 일부 미비점을 개선 · 보완하려는 것임.

◇ 주요골자

가. 용역경비업의 업무별로 필요한 경비인력 · 자본금 · 시설 및 장비등의 기준을 정함(령 제3조 및 별표1 · 별표2).

나. 경비지도사는 시설경비원 · 호송경비원 및 신변보호경비원을 지도 · 감독 · 교육하는 일반경비지도사와 기계경비시설을 운용하는 경비원을 지도 · 감독 · 교육하는 기계경비지도사로 구분함(령 제11조제1항).

다. 경비지도사의 직무를 경비원의 지도 · 교육에 관한 계획의 수립 및 그 실시와 경비현장에 배치된 경비원에 대한 경회점검 및 감독 등으로 정함(령 제12조).

라. 경비지도사시험의 응시자격, 시험과목, 합격결정 등 시험실시에 관하여 필요한 사항을 정함(령 제13조 내지 제18제).

마. 용역경비업자 및 경비지도사에 대한 행정처분의 기준을 정함(령 제19조 · 제22조 · 별표2 및 별표6).

용역경비업법시행령

[시행 1991. 7. 31] [대통령령 제13435호, 1991. 7. 30, 타법개정]

【제정 · 개정이유】

◉ 대통령령제13,435호(1991 · 7 · 30)
경찰공무원임용령 중 개정령

[일부개정]

◇ 개정이유

경찰법의 제정(1991.5.31,법률 제4,369호)과 아울러 경찰공무원법이 개정됨에 따라 경찰공무원임용령 및 경찰공무원복무규정 등 관련 대통령령을 정비하고, 기타 현행 경찰공무원임용령상의 일부 미비점을 개선 · 보완하려는 것임.

◇ 주요골자

가. 경찰청장이 지방경찰청장등에게 위임할 수 있는 임용권의 범위를 조정함(령 제4조제1항).

나. 지방경찰청장등이 그 소속경찰공무원에 대하여 소속기관을 달리하는 인사교류를 하고자 할 때에는 경찰청장의 사전승인을 얻도록 함(령 제28조제2항).

다. 정년퇴직예정자가 사회적응능력 배양을 위하여 연수를 받는 경우에는 일반직공무원의 경우와 같이 별도정원이 있는 것으로 볼 수 있도록 함(령 제31조).

라. 통신경찰간부후보생에 대한 필기시험과목을 신설함(령 별표1).

마. 경찰공무원복무규정 등 13개 대통령령을 개정하고, 경찰공무원법제16조의 시행에관한규정 등 3개 대통령령을 폐지함(령 부칙 제2조 및 제3조).

용역경비업법시행령

[시행 1990. 6. 8] [대통령령 제13019호, 1990. 6. 8, 일부개정]

【제정 · 개정이유】

[일부개정]

◇ 개정이유

용역경비업법이 개정(1989.12.27, 법률 제4,148호)됨에 따라 동법에서 위임된 사항과 그 시행에 관하여 필요한 사항을 정하고 기타 현행규정상의 미비점을 보완하려는 것임.

◇ 주요골자

가. 용역경비업의 허가신청시 경비장비 보유현황조서를 제출하도록 하던 것을 경비장비 확보계획서를 제출할 수 있도록 하되, 이 경우 허가를 받은 후 1월 이내에 경비장비를 갖추도록 함(령 제2조제5호 · 제2항)

나. 모법에서 기계경비시설을 설치 · 폐지 · 변경한 때에는 허가관청에 신고하도록 함에 따라 기계경비시설의 내용과 신고절차를 정함(령 제6조의2, 제7조제2항).

다. 모법에서 용역경비업의 허가취소 또는 영업정지처분시 청문을 행하도록 함에 따라 청문절차를 구체적으로 정함(령 제13조).

라. 모법에서 용역경비업자의 손해배상을 위하여 공탁 또는 이행보증보험가입외에 공제가입을 할 수 있도록 함에 따라 공제가입시의 공제금액을 정함(령 제16조제1항).

용역경비업법시행령

[시행 1988. 12. 19] [대통령령 제12555호, 1988. 12. 19, 타법개정]

【제정 · 개정이유】

◉ 대통령령제12,555호(1988 · 12 · 19)

용역경비업법시행령 중 일부개정령

[일괄입법]

◇ 개정이유 및 주요골자

각종 행정서식중 본적란을 삭제함으로써 지역감정을 해소하고 국민화합 분위기조성에 기여하고자 상훈법시행령등 25개 시행령중 83개 서식의 본적기재란을 삭제하려는 것임.

경비업법 시행규칙 제정 · 개정문(용역경비업법 포함)

경비업법 시행규칙

[시행 2023. 7. 17.] [행정안전부령 제418호, 2023. 7. 17., 일부개정]

【제정 · 개정문】

◉ 행정안전부령 제418호

경비업법 시행규칙 일부개정령을 다음과 같이 공포한다.

2023년 7월 17일

경찰청장 (인)

경비업법 시행규칙 일부개정령

경비업법 시행규칙 일부를 다음과 같이 개정한다.

제7조 중 "법 제10조제2항제4호"를 "법 제10조제2항제5호"로 한다.

제13조제1항 중 "4시간"을 "2시간"으로 하고, 같은 조 제2항 중 "이론 · 실무과목, 그 밖에 정신교양"을 "이론 · 실무과목 및 직업윤리"로 한다.

제16조제1항 중 "6시간"을 "3시간"으로 하고, 같은 조 제3항 중 "이론 · 실무과목, 그 밖에 정신교양"을 "이론 · 실무과목 및 직업윤리"로 한다.

제24조제6항 중 "배치폐지 확인증"을 "배치폐지 또는 현재 배치여부 확인증"으로 한다.

별표 1을 별지와 같이 한다.

별표 2를 별지와 같이 한다.

별표 4를 별지와 같이 한다.

별표 5 제3호의 장비기준란 중 "「총포 · 도검 · 화약류 등 단속법」"을 "「총포 · 도검 · 화약류 등의 안전관리에 관한 법률」"로 한다.

별지 제1호서식 중 통지인란을 다음과 같이 한다.

통지인	법인 명칭	허가번호
	대표자 성명	전화번호
	소재지	

별지 제2호서식 중 "접수일자"를 "접수일"로 하고, 같은 서식의 접수일(종전의 접수일자)란 오른쪽에 처리일란을 다음과 같이 신설하며, 같은 서식 중 신청인란 및 처리절차란을 각각 다음과 같이 한다.

처리일

신청인	법인 명칭	허가번호
	주사무소 소재지	전화번호
	출장소 소재지	전화번호
	대표자 성명	생년월일

처리절차						
신청서 작성	→	접수	→	결재	→	허가증 교부
(신청인)		(시 · 도경찰청 및 경찰서)		(시 · 도경찰청 및 경찰서)		(신청인)

별지 제3호서식 앞쪽을 별지와 같이 한다.

별지 제4호서식 중 "접수일자"를 "접수일"로 하고, 같은 서식의 접수일(종전의 접수일자)란 오른쪽에 처리일란을 다음과 같이 신설하며, 같은 서식 중 신청인란 및 처리절차란을 각각 다음과 같이 한다.

처리일

신청인	법인 명칭	허가번호
	소재지	전화번호
	대표자 성명	생년월일

처리절차						
신청서 작성	→	접수	→	결재	→	허가증 재교부
(신청인)		(시 · 도경찰청 및 경찰서)		(시 · 도경찰청 및 경찰서)		(신청인)

별지 제6호서식 중 "접수일자"를 "접수일"로 하고, 같은 서식의 접수일(종전의 접수일자)란 오른쪽에 처리일란을 다음과 같이 신설하며, 같은 서식 중 신고인란 및 처리절차란을 각각 다음과 같이 한다.

처리일

신고인	법인 명칭	허가번호
	소재지	전화번호
	대표자 성명	생년월일

처리절차						
신청서 작성 (신청인)	→	접수 (시·도경찰청 및 경찰서)	→	결재 (시·도경찰청 및 경찰서)	→	허가증 교부 (신청인)

별지 제7호서식 중 신고인란을 다음과 같이 한다.

신고인	법인 명칭	허가번호
	소재지	전화번호
	대표자 성명	생년월일

별지 제12호의2서식을 별지와 같이 한다.

별지 제13호의2서식 중 신고인란을 다음과 같이 한다.

신고인	법인 명칭	허가번호
	소재지	전화번호
	대표자 성명	생년월일

별지 제13호의3서식을 별지와 같이 한다.
별지 제13호의4서식 중 신고인란을 다음과 같이 한다.

신고인	법인 명칭	허가번호
	대표자 성명	전화번호
	소재지	

별지 제13호의5서식 중 작성요령란을 다음과 같이 한다.

작성요령
1. 영문 성명 및 국적은 조회 대상자가 외국인인 경우만 적습니다.
2. 조회 대상자가 외국인인 경우 주민등록번호 대신 여권번호 또는 외국인등록번호를 적습니다.
3. 조회 대상자가 여러 명일 경우에는 별지를 사용하시기 바랍니다.

별지 제14호서식을 별지와 같이 한다.

별지 제15호서식 중 신고인란 및 경비원 명단란을 각각 다음과 같이 하고, 같은 서식 중 "유의사항"을 "작성요령"으로 하며, 같은 서식의 작성요령(종전의 유의사항)란을 다음과 같이 한다.

신고인	법인 명칭	대표자 성명	허가번호
	소재지		전화번호
	배치장소(구체적으로 기재)		전화번호

경비원 명단	연번	성명	주민등록번호	배치 경비업무	경비원 신임교육 이수증 교부번호

작성요령
1. 경비원 신임교육 이수증 번호는 신임교육을 받은 경비원만 적습니다.
2. 배치ㆍ배치폐지 경비원 명단 작성 시 필요하면 별지를 사용하시기 바랍니다.

별지 제15호의3서식 중 "접수일자"를 "접수일"로 하고, 같은 서식의 접수일(종전의 접수일자)란 오른쪽에 처리일란을 다음과 같이 신설하며, 같은 서식 중 경비업체란을 다음과 같이 한다.

처리일

경비업체	법인 명칭	허가번호
	대표자 성명	전화번호
	소재지	

별지 제15호의4서식 중 경비업체란을 다음과 같이 한다.

경비업체	법인 명칭	허가번호
	대표자 성명	전화번호
	소재지	

부칙

이 규칙은 공포한 날부터 시행한다. 다만, 다음 각 호의 개정규정은 해당 호에서 정하는 날부터 시행한다.

1. 제13조제1항 및 제16조제1항의 개정규정: 2023년 8월 1일
2. 별표 1, 별표 2 및 별표 4의 개정규정: 2024년 1월 1일

[별표 1]

경비지도사 교육의 과목 및 시간(제9조제1항 관련)

구분 (교육시간)	과목		시간
공통교육 (24시간)	「경비업법」, 「경찰관직무집행법」 등 관계 법령 및 「개인정보 보호법」에 따른 개인정보 보호지침 등		4
	실무 I		4
	실무 II		3
	장비 사용법		2
	범죄 · 테러 · 재난 대응 요령 및 화재대처법		2
	응급처치법		2
	직업윤리 및 인권보호		2
	체포 · 호신술		2
	입교식, 평가 및 수료식		3
자격의 종류별 교육 (16시간)	일반경비 지도사	시설경비	3
		호송경비	2
		신변보호	2
		특수경비	2
		기계경비 개론	2
		일반경비 현장실습	5
	기계경비 지도사	기계경비 운용관리	4
		기계경비 기획 및 설계	4
		인력경비 개론	3
		기계경비 현장실습	5
계			40

비고: 일반경비지도사 자격증 취득자 또는 기계경비지도사 자격증 취득자가 자격증 취득일부터 3년 이내에 기계경비지도사 또는 일반경비지도사 시험에 합격하여 교육을 받은 경우에는 공통교육은 면제한다.

[별표 2]

일반경비원 신임교육의 과목 및 시간(제12조제1항 관련)

구분 (교육시간)	과목	시간
이론교육 (4시간)	「경비업법」 등 관계 법령	2
	범죄예방론	2
실무교육 (19시간)	시설경비 실무	4
	호송경비 실무	2
	신변보호 실무	2
	기계경비 실무	2
	사고 예방대책	3
	체포 · 호신술	2
	장비 사용법	2
	직업윤리 및 서비스	2
기타(1시간)	입교식, 평가 및 수료식	1
계		24

[별표 4]

특수경비원 신임교육의 과목 및 시간(제15조제1항 관련)

구분 (교육시간)	과목	시간
이론교육 (15시간)	「경비업법」 및 「경찰관직무집행법」 등 관계 법령	8
	「헌법」 및 형사법	4
	범죄예방론	3
실무교육 (61시간)	테러 및 재난 대응요령	4
	폭발물 처리요령	6
	화재대처법	3
	응급처치법	3
	장비 사용법	3
	출입통제 요령	3
	직업윤리 및 서비스	4
	기계경비 실무	3
	정보보호 및 보안업무	6
	시설경비 요령	4
	민방공	4
	총기조작	3
	사격	8
	체포 · 호신술	4
	관찰 · 기록기법	3
기타(4시간)	입교식, 평가 및 수료식	4
계		80

 (앞쪽)

제 호

허 가 증

1. 법인 명칭
2. 소재지
3. 대표자 성명
4. 허가번호
5. 허가경비업무
6. 허가유효기간

「경비업법」 제4조제1항 및 제6조제2항에 따라 위와 같이 허가합니다.

년 월 일

시 · 도경찰청장 직 인

210㎜×297㎜[보존용지(1종) 120g/㎡)]

■ 경비업법 시행규칙 [별지 제12호의2서식]

제 호

[ ] 신임교육 이수
[ ] 배치폐지 확인증
[ ] 현재 배치여부

성명		생년월일	

1. 신임교육 이수 확인

위의 사람은 아래와 같이 [ ] 일반경비원 [ ] 특수경비원 신임교육을 이수하였음을 확인합니다.

교육기관	교육일	교육이수증 교부번호

2. 배치폐지 확인

위의 사람에 대하여 최종 배치폐지일이 아래와 같음을 확인합니다.

○ 최종 배치폐지일: 년 월 일

3. 현재 배치여부

위의 사람에 대하여 현재 배치여부가 아래와 같음을 확인합니다.

○ 현재 배치여부: [ ] 배치 중(년 월 일부터)
[ ] 미배치

년 월 일

시 · 도경찰청장(경찰서장) 직 인

210mm× 297mm[백상지(80g/m²)]

■ 경비업법 시행규칙 [별지 제13호의3서식]

[ ] 경비원 복장 등 [ ] 출동차량 도색 등 시정명령 이행보고서

접수번호	접수일	처리기간 즉시

보고인	법인 명칭	허가번호
	대표자 성명	
	소재지	전화번호

시정명령 이행보고	시정 지시사항
	시정 결과

「경비업법」 제16조제4항 · 제16조의3제4항 및 같은 법 시행규칙 제19조제2항 · 제21조제2항에 따라 경비원 복장 등 또는 출동차량 도색 등의 시정명령에 대한 이행을 위와 같이 보고합니다.

년 월 일

보고인(대표자) (서명 또는 인)

시 · 도경찰청장 귀하

첨부서류	시정사항에 따른 시정 결과 사진	수수료 없음

작성요령
여러 개의 복장과 차량 디자인을 보고할 경우에는 별지를 사용하시기 바랍니다.

210mm × 297mm [백상지 80g/m²(재활용품)]

■ 경비업법 시행규칙 [별지 제14호서식]

(앞쪽)

관리번호		경비원 명부(제23조 관련)			채용일	
					퇴직일	
성명		(성별)	생년월일		사진 (3.5㎝×4.5㎝)	
주소			전화번호			
배치지			경비원 신임교육 이수증 교부번호			
신체조건 (특수경비원으로 한정함)		신체 이상 여부	시력			
			좌	우		
		[ ]O / [ ]X				

상벌	연월일	종류	시행·처분기관	연월일	종류	시행·처분기관

297mm×210mm(보존용지(1종) 120g/㎡)

(뒤쪽)

교육훈련		경력		
기간	내용	기간	근무장소	직위(직책)
~		~		
~		~		
~		~		
~		~		
~		~		
~		~		
~		~		
~		~		
~		~		
~		~		
~		~		
~		~		
~		~		
~		~		
~		~		
~		~		
~		~		

경비업법 시행규칙

[시행 2022. 12. 19] [행정안전부령 제363호, 2022. 12. 19, 타법개정]

【제정 · 개정문】

◉ 행정안전부령 제363호(2022.12.19)

자격 취득 등에 요구되는 실무경력의 인정범위 확대 등을 위한 3개 법령의 일부개정에 관한 행정안전부령

제1조(「경비업법 시행규칙」의 개정) 경비업법 시행규칙 일부를 다음과 같이 개정한다.

별표 3 제2호의 기준란 중 "3년 이상 종사한 경력"을 "3년 이상 종사한 경력(학위 취득 전의 경력을 포함한다)"으로, "사람으로서 교육과목 관련 분야에서 2년 이상 실무 경력"을 "사람으로서 교육과목 관련 분야에서 2년 이상 실무 경력(자격 취득 전의 경력을 포함한다)"으로 한다.

제2조 및 제3조 생략

부칙

이 규칙은 공포한 날부터 시행한다.

경비업법 시행규칙

[시행 2021. 12. 31] [행정안전부령 제298호, 2021. 12. 31, 타법개정]

【제정 · 개정문】

◉ 행정안전부령 제298호(2021.12.31)

어려운 법령용어 정비를 위한 11개 법령의 일부개정을 위한 행정안전부령

제1조 생략

제2조(「경비업법 시행규칙」의 개정) 경비업법 시행규칙 일부를 다음과 같이 개정한다.

제11조 중 "법 제11조의 규정에 의한"을 "법 제11조에 따른"으로, "제9조의 규정에 의한"을 "제9조에 따른"으로, "자에 대하여는"을 "사람에게는"로, "소정의"를 "정해진"으로, "교부하여야"를 "교부해야"로 한다.

제18조제1항 각 호 외의 부분 중 "법 제14조제4항의 규정에 의하여"를 "법 제14조제4항에 따라"으로, "동조제7항의 규정에 의한"을 "같은 조 제7항에 따른"으로, "각호의"를 "각 호의"로, "관리하여야"를 "관리해야"로 하고, 같은 항 제2호 중 "총가"를 "총받침대"로 하며, 같은 조 제5항 각 호 외의 부분 중 "각호의 1에 해당하는"을 "각 호의"로, "지급하여서는 아니되며"를 "지급해서는 안 되며"로, "회수하여야"를 "회수해야"로 하고, 같은 항 제2호 중 "사의"를 "사직 의사"로 한다.

별표 5 제6호 장비기준란 중 "안면"을 "얼굴"로 한다.

별지 제10호서식 앞쪽 중 "PVC(비닐)"를 "폴리염화비닐(PVC)"로 한다.

별지 제13호의2서식의 작성요령란 중 "수 개"를 "여러 개"로 한다.

별지 제13호의3서식의 작성요령란 중 "수 개"를 "여러 개"로 한다.

별지 제13호의4서식의 작성요령란 중 "수 개"를 "여러 개"로 한다.

별지 제14호서식 앞쪽 중 “병과”를 “병과(兵科)”로 한다.
제3조부터 제11조까지 생략
부칙
이 규칙은 공포한 날부터 시행한다.

경비업법 시행규칙

[시행 2021. 7. 13] [행정안전부령 제269호, 2021. 7. 13, 일부개정]

【제정 · 개정문】
◉ 행정안전부령 제269호
경비업법 시행규칙 일부개정령을 다음과 같이 공포한다.

2021년 7월 13일

행정안전부장관 (인)

경비업법 시행규칙 일부개정령
경비업법 시행규칙 일부를 다음과 같이 개정한다.
제24조제1항 본문 중 “포함한다”를 “포함하며, 이하 “배치신고서”라 한다”로, “제출하여야”를 “제출해야”로 하고, 같은 항 단서 중 “제출하여야”를 “제출해야”로 하며, 같은 조 제2항 및 제3항을 각각 제5항 및 제6항으로 하고, 같은 조에 제2항부터 제4항까지를 각각 다음과 같이 신설한다.
② 법 제18조제2항제3호에 해당하는 특수경비원을 배치하는 경비업자는 배치신고서에 특수경비원 전원의 별지 제15호의2서식의 병력(病歷)신고 및 개인정보 이용 동의서(이하 이 조에서 “동의서”라 한다)를 첨부하여 관할 경찰관서장에게 제출해야 한다.
③ 제2항에 따른 동의서를 제출받은 관할 경찰관서장은 국민건강보험공단 등 관계기관에 치료경력의 조회를 요청할 수 있다.
④ 관할 경찰관서장은 제2항에 따른 동의서의 기재내용 또는 관계기관의 조회결과를 확인하여 필요한 경우 경비업자에게 다음 각 호의 서류를 제출하도록 요청할 수 있다. 이 경우 경비업자는 해당 특수경비원의 서류(제출일 기준 6개월 이내에 발급된 서류에 한정한다)를 관할 경찰관서장에게 제출해야 한다.
1. 영 제10조의2 각 호에 해당하지 않음을 증명하는 해당 분야 전문의의 진단서 1부
2. 영 제10조의2제3호 단서에 해당하는 경우 이를 증명하는 해당 분야 전문의의 진단서 1부
제24조의2제1항 중 “별지 제15호의2서식”을 “별지 제15호의3서식”으로, “제출하여야”를 “제출해야”로 하고, 같은 조 제5항 중 “별지 제15호의3서식”을 “별지 제15호의4서식”으로, “제출하여야”를 “제출해야”로 한다.
별지 제15호서식의 첨부서류란 중 “없음”을 “병력(病歷)신고 및 개인정보 이용 동의서(특수경비원의 배치신고에만 해당합니다)”로 한다.
별지 제15호의2서식 및 별지 제15호의3서식을 각각 별지 제15호의3서식 및 별지 제15호의4서식으로 하고, 별지 제15호의2서식을 별지와 같이 신설한다.

부칙

제1조(시행일) 이 규칙은 2021년 7월 13일부터 시행한다.

제2조(경비원 배치신고에 관한 적용례) 제24조제2항 · 제3항 · 제4항, 별지 제15호서식 및 별지 제15호의2 서식의 개정규정은 이 규칙 시행 이후 접수된 특수경비원의 배치신고부터 적용한다.

■ 경비업법 시행규칙 [별지 제15호의2서식]

병력(病歷) 신고 및 개인정보 이용 동의서

※ 다음 물음을 읽고 있음 또는 없음의 해당 [ ] 칸에 √표시를 하며, 있음에 표시한 경우 그 내용을 적습니다.

접수번호	접수일	처리일	처리기간 10일

(1) 귀하는 조현병 · 정동장애(情動障碍) · 재발성우울장애 등의 정신질환으로 치료받은 사실이 있습니까?		[ ]있음 [ ]없음
(있는 경우)	병명	치료병원
	치료개시일	치료종료일
(2) 귀하는 치매 · 정신발육지연 · 뇌전증 등으로 치료받은 사실이 있습니까?		[ ]있음 [ ]없음
(있는 경우)	병명	치료병원
	치료개시일	치료종료일
(3) 귀하는 마약 · 대마 · 향정신성의약품의 사용 또는 알코올 중독 등으로 치료받거나 수사기관에 단속된 사실이 있습니까?		[ ]있음 [ ]없음
(치료사실이 있는 경우)	병명	치료병원
	치료개시일	치료종료일
(단속된 사실이 있는 경우)	단속일시	단속기관
	위반행위	

년 월 일

신고인 (서명 또는 인)

OO 경찰서장 귀하

개인정보 이용 동의서

본인은 배치지 관할 경찰관서장이 「경비업법」 제10조제2항에 따른 특수경비원 결격사유의 해당여부 판단을 위해 국민건강보험공단 등 관계기관에 동의일부터 최근 5년간 본인의 심신상실, 마약 · 대마 · 향정신성의약품 · 알코올 중독, 치매, 조현병 · 조현정동장애 · 양극성정동장애(조울병) · 재발성우울장애 등의 정신질환 또는 정신 발육지연, 뇌전증 등의 치료경력을 조회하는 것에 동의합니다.

년 월 일

동의인 (서명 또는 인)

유의사항

1. 기재하신 내용은 「경비업법」 제10조제2항에 따른 특수경비원 결격사유의 해당여부 판단을 위한 자료로만 활용됩니다.
2. 허위사실을 기재하여 특수경비원으로 배치된 경우 「경비업법」 제24조에 따라 배치가 폐지될 수 있습니다.

210mm×297mm(백상지 80g/㎡)

경비업법 시행규칙

[시행 2021. 1. 1] [행정안전부령 제224호, 2020. 12. 31, 타법개정]

【제정 · 개정문】

◉ 행정안전부령 제224호(2020.12.31)

경찰공무원 임용령 시행규칙 일부개정령

[본문 생략]

부칙

제1조(시행일) 이 규칙은 2021년 1월 1일부터 시행한다.

제2조(다른 법령의 개정) ① 경비업법 시행규칙 일부를 다음과 같이 개정한다.

제3조제1항 각 호 외의 부분 전단 · 후단, 같은 조 제2항, 제5조제2항 각 호 외의 부분 전단, 같은 조 제3항, 제6조제1항 전단, 같은 조 제2항 · 제3항, 제12조제6항, 제15조제4항, 제18조제1항제7호 단서, 제19조제1항 · 제2항, 같은 조 제3항 전단 · 후단, 제21조제1항 · 제2항, 같은 조 제3항 전단 · 후단, 제24조제3항, 별지 제5호서식 앞쪽, 별지 제13호의5서식 및 별지 제13호의6서식 중 "지방경찰청장"을 각각 "시 · 도 경찰청장"으로 한다.

제3조제1항 각 호 외의 부분 전단, 제5조제2항 각 호 외의 부분 전단 및 제6조제1항 전단 중 "해당 지방경찰청"을 각각 "해당 시 · 도 경찰청"으로 한다.

제5조제2항 각 호 외의 부분 후단 및 제6조제1항 후단 중 "관할지방경찰청장"을 각각 "관할 시 · 도 경찰청장"으로 한다.

별지 제2호서식, 별지 제4호서식, 별지 제6호서식, 별지 제7호서식, 별지 제12호의2서식, 별지 제13호의2서식부터 별지 제13호의4서식까지, 별지 제16호서식 앞쪽 및 별지 제17호서식 중 "○○ 지방경찰청장"을 각각 "시 · 도 경찰청장"으로 한다.

별지 제2호서식, 별지 제4호서식 및 별지 제6호서식 중 "지방청"을 각각 "시 · 도 경찰청"으로 한다.

별지 제3호서식 앞쪽 중 "○○지방경찰청장"을 "시 · 도 경찰청장"으로 한다.

별지 제13호서식 뒤쪽 중 "지방경찰청"을 "시 · 도 경찰청"으로 한다.

②부터 ⑭까지 생략

경비업법 시행규칙

[시행 2019. 4. 23] [행정안전부령 제112호, 2019. 4. 23, 일부개정]

【제정 · 개정문】

◉ 행정안전부령 제112호

경비업법 시행규칙 일부개정령을 다음과 같이 공포한다.

2019년 4월 23일

행정안전부장관 (인)

경비업법 시행규칙 일부개정령

경비업법 시행규칙 일부를 다음과 같이 개정한다.

제8조의 제목 "(응시원서)"를 "(응시원서 등)"으로 하고, 같은 조 제목 외의 부분을 제1항으로 하며, 같은 조 제1항(종전의 제목 외의 부분) 중 "경찰청장에게 제출하여야"를 "영 제31조제2항에 따라 경비지도사 시험의 관리를 위탁받은 기관 또는 단체(이하 이 조에서 "시험관리기관"이라 한다)에 제출해야"로 하고, 같은 조에 제2항 및 제3항을 각각 다음과 같이 신설한다.

② 영 제13조에 따라 경비지도사 제1차 시험을 면제받으려는 사람은 같은 조 각 호의 면제 사유를 증명할 수 있는 서류로서 영 제11조제2항에 따른 공고에서 정하는 서류를 시험관리기관에 제출해야 한다.

③ 시험관리기관은 제2항에 따른 서류 중 재직증명서 또는 경력증명서를 제출받은 경우에는 「전자정부법」 제36조제1항에 따른 행정정보의 공동이용을 통하여 제출인의 국민연금가입자가입증명 또는 건강보험자격득실확인서를 확인해야 한다. 다만, 제출인이 확인에 동의하지 않는 경우에는 해당 서류를 제출하도록 해야 한다.

제12조제1항 중 "영 제18조제4항의 규정에 의한"을 "영 제18조제1항에 따른"으로 하고, 같은 조 제4항 중 "기록하여야"를 "기록해야 하며, 교육기관, 교육일, 교육이수증 교부번호 등을 포함한 신임교육 이수자 현황을 경찰청장에게 통보해야"로 하고, 같은 조에 제6항을 다음과 같이 신설한다.

⑥ 지방경찰청장 또는 경찰서장은 제1항에 따른 일반경비원 신임교육을 받은 사람이 요청하는 경우에는 별지 제12호의2서식의 신임교육 이수 확인증을 발급할 수 있다.

제13조제2항 중 "영 제18조제4항"을 "영 제18조제3항"으로 한다.

제14조의 제목 "(특수경비원에 대한 신임교육의 실시 등)"을 "(특수경비원 신임교육 기관 또는 단체의 지정 등)"으로 한다.

제15조의 제목 "(특수경비원 교육과목 등)"을 "(특수경비원에 대한 신임교육의 실시 등)"으로 하고, 같은 조 제1항 중 "영 제19조제4항의 규정에 의한"을 "영 제19조제1항에 따른"으로 하며, 같은 조 제2항 중 "기록하여야"를 "기록해야 하며, 교육기관, 교육일, 교육이수증 교부번호 등을 포함한 신임교육 이수자 현황을 경찰청장에게 통보해야"로 하고, 같은 조에 제4항을 다음과 같이 신설한다.

④ 지방경찰청장 또는 경찰서장은 제1항에 따른 특수경비원 신임교육을 받은 사람이 요청하는 경우에는 별지 제12호의2서식의 신임교육 이수 확인증을 발급할 수 있다.

제16조제3항 중 "영 제19조제4항"을 "영 제19조제3항"으로 한다.

제24조에 제3항을 다음과 같이 신설한다.

③ 지방경찰청장 또는 경찰서장은 일반경비원 또는 특수경비원이나 일반경비원 또는 특수경비원으로 근무했던 사람이 요청하는 경우에는 별지 제12호의2서식의 배치폐지 확인증을 발급할 수 있다.

별지 제8호서식을 별지와 같이 한다.

별지 제12호의2서식을 별지와 같이 신설한다.

부칙

이 규칙은 공포한 날부터 시행한다.

■ 경비업법 시행규칙 [별지 제8호서식]

경비지도사시험 응시원서

※ 아래 각 항목은 뒤쪽의 응시원서 작성방법을 참조하여 작성하시기 바랍니다. (앞쪽)

①응시번호		②응시종목	[ ]일반경비지도사 [ ]기계경비지도사	
③선택과목	일반경비지도사 [ ]소방학 [ ]범죄학 [ ]경호학			
	기계경비지도사 [ ]기계경비개론 [ ]기계경비기획 및 설계			
응시자	④성 명	(한자)		⑩사 진 (3.5cm×4.5cm)
	⑤주민등록번호			
	⑥주 소			
	⑦연 락 처	(자택) (휴대전화번호)		
	⑧최종 학력	※ 제1차 시험 면제자 등 학력 증명이 필요한 사람만 기재합니다 [ ]대학원 [ ]대학(교) [ ]전문대학 [ ]재학 [ ]휴학 [ ]졸업 [ ]수료	⑨ 직 업	
⑪제 1차 시험 면제 여부 및 사유	[ ] 해당없음 [ ] 전 회 시험의 제1차 시험 합격자 [ ] 경력자 등			

⑫ 「경비업법」 제11조 및 같은 법 시행규칙 제8조에 따라 ( )년도 제( )회 경비지도사시험 응시원서를 제출합니다.

년 월 일

응시인 (서명 또는 인)

(시험관리기관명) 귀하

담당 직원 확인사항: 국민연금가입자가입증명 또는 건강보험자격득실확인서

행정정보 공동이용 동의서(제1차 시험 면제자의 경우에만 작성합니다)

⑬ 본인은 이 건의 업무처리와 관련하여 담당 직원이 「전자정부법」 제36조 제1항에 따른 행정정보의 공동이용을 통하여 위의 담당 직원 확인사항([ ]국민연금가입자증명, [ ]건강보험자격득실확인서)을 확인하는 것에 동의합니다.

※ 동의하지 않는 경우에는 제출인이 직접 해당 서류를 제출해야 합니다.

본인 (서명 또는 인)

자르는 선

제 회 경비지도사시험 응시표	①응시번호	⑩사 진 (3.5cm×4.5cm)
③성 명 (한자)		
④주민등록번호		

이 사람은 년도 제 회 경비지도사시험 응시자임을 확인합니다.

년 월 일

(시험관리기관명) 직인

210mm×297mm[백상지(80g/㎡)]

(뒤쪽)

응시원서 작성방법

① 응시번호: 응시자가 작성하지 않습니다.
② 응시종목: 해당하는 종목에 '√' 표시를 합니다.
③ 선택과목: 응시종목에 따라 선택과목 1개에 '√' 표시를 합니다.
④ 성 명: 한글로 적되, 한자란은 한자를 적어 넣으시기 바랍니다.
⑤ 주민등록번호: 숫자로 명확하게 기재합니다.
⑥ 주 소: 주민등록상의 주소를 기재하되, 상세 주소(동 · 호수)까지 기재해야 합니다.
⑦ 연락처: 연락 가능한 번호를 정확하게 기재해야 합니다.
⑧ 최종학력: 「경비업법 시행령」 제13조제4호부터 제6호까지의 규정에 해당하는 사람만 작성하며, 같은 조 제4호의 경우에는 「경비업법 시행규칙」 제10조제1호에 해당하는 사람만 작성합니다.
⑨ 직업: 회사원, 공무원, 학생, 농업, 자영업, 무직, 그 밖의 직업 등을 기재합니다.
⑩ 사진: 최근 6개월 이내에 모자를 쓰지 않고 찍은 여권용 사진(3.5cm×4.5cm)을 응시원서 및 응시표에 각각 붙여야 합니다.
⑪ 제1차 시험 면제 여부 및 사유 : 제1차 시험 면제 대상자는 해당되는 사유에 '√' 표시를 합니다.
 1) 전 회 시험의 제1차 시험 합격자: 「경비업법 시행령」 제12조제6항에 해당하는 사람
 2) 경력자 등: 「경비업법 시행령」 제13조 각 호에 해당하는 사람
⑫ 시험 응시 년도, 회차, 응시원서 제출 날짜, 이름, 서명(또는 날인)을 정확히 기재합니다.
⑬ 「경비업법 시행령」 제13조제1호부터 제6호까지 및 제8호에 해당하는 사람이 재직증명서 또는 경력증명서를 제출한 경우에만 작성합니다.

자르는 선

응시자 주의사항

1. 수험원서 또는 제출서류 등의 허위작성 · 위조 · 오기 · 누락 및 연락불능의 경우에 발생하는 불이익은 전적으로 수험자 책임입니다.
2. 수험자는 시험 시행 전까지 시험장 위치 및 교통편을 확인하여야 하며(시험실 출입은 할 수 없습니다), 시험 당일 교시별 입실시간까지 신분증, 수험표, 필기구를 지참하고 해당 시험실의 지정된 좌석에 착석해야 합니다.
3. 결시 또는 기권하거나 답안카드(답안지) 제출에 불응한 수험자는 해당 교시 이후 시험에 응시할 수 없습니다.
4. 시험 종료 후 감독위원의 답안카드(답안지) 제출 지시에 불응한 경우 해당 시험은 무효로 하고 부정행위자로 처리될 수 있으니 유의하시기 바랍니다.
5. 수험자는 감독위원의 지시에 따라야 하며, 부정한 행위를 한 수험자는 해당 시험을 무효로 합니다.
6. 개인용 손목시계를 준비하여 시험시간을 관리하시기 바랍니다.(휴대전화 등 데이터 저장이 가능한 전자기기는 사용이 불가합니다)
7. 전자계산기는 필요시 1개만 사용할 수 있습니다. 공학용 등 데이터 저장기능이 있는 전자계산기는 수험자 본인이 반드시 메모리, SD카드를 제거 · 삭제해야 하고, 메모리 내용이 제거되지 않은 계산기는 사용이 불가하며, 사용 시 부정행위로 처리될 수 있습니다.
8. 시험시간 중에는 통신기기 및 전자기기[휴대용 전화기, 휴대용 휴대용 멀티미디어 재생장치(PMP) 등 기타 사용 불가 기기는 수험자 유의사항 참조]를 일체 휴대할 수 없으며, 금속(전파)탐지기 수색을 통해 시험도중 관련 장비를 휴대하다가 적발될 경우 실제 사용여부와 관계없이 부정행위자로 처리될 수 있음을 유의하기 바랍니다.
9. 가답안 발표 후 의견제시 사항은 반드시 정해진 기간 내에 제출해야 합니다.
10. 그 밖에 시험일정, 운영, 기타 유의사항 등에 관한 사항은 해당 자격 큐넷 홈페이지(www.q-net.or.kr)의 시행공고를 확인하시기 바라며, 미확인으로 인한 불이익은 수험자의 책임입니다.

210mm×297mm[백상지(80g/㎡)]

제 호

[ ] 신임교육 이수 / [ ] 배치폐지 확인증

성명		생년월일	

1. 신임교육 이수 확인

위의 사람은 아래와 같이 [ ] 일반경비원 / [ ] 특수경비원 신임교육을 이수하였음을 확인합니다.

교육기관	교육일	교육이수증 교부번호

2. 배치폐지 확인

위의 사람에 대하여 경비원 최종 배치폐지일이 아래와 같음을 확인합니다.

○ 최종 배치폐지일 : 년 월 일

년 월 일

OO 지방경찰청장(경찰서장) 직 인

210mm× 297mm[백상지(80g/㎡)]

경비업법 시행규칙

[시행 2017. 7. 26] [행정안전부령 제3호, 2017. 7. 26, 타법개정]

【제정 · 개정문】

◉ 행정안전부령 제3호(2017.7.26)

경찰청과 그 소속기관 직제 시행규칙 일부개정령

[본문 생략]

부칙

제1조(시행일) 이 규칙은 공포한 날부터 시행한다.

제2조 생략

제3조(다른 법령의 개정) ① 생략

② 경비업법 시행규칙 일부를 다음과 같이 개정한다.

제7조, 제9조제1항, 제10조 각 호 외의 부분, 제13조제1항 및 제16조제1항 중 "행정자치부령"을 각각 "행정안전부령"으로 한다.

③부터 ⑨까지 생략

경비업법 시행규칙

[시행 2015. 9. 24] [행정자치부령 제36호, 2015. 9. 24, 일부개정]

【제정 · 개정문】

◉ 행정자치부령 제36호

경비업법 시행규칙 일부개정령을 다음과 같이 공포한다.

2015년 9월 24일

행정자치부장관 (인)

경비업법 시행규칙 일부개정령

경비업법 시행규칙 일부를 다음과 같이 개정한다.

제18조제1항제4호 중 "시건장치"를 "잠금장치"로 한다.

부칙

이 규칙은 공포한 날부터 시행한다.

경비업법 시행규칙

[시행 2014. 12. 10] [행정자치부령 제7호, 2014. 12. 10, 일부개정]

【제정 · 개정문】

◉ 행정자치부령 제7호

경비업법 시행규칙 일부개정령을 다음과 같이 공포한다.

2014년 12월 10일

행정자치부장관 (인)

경비업법 시행규칙 일부개정령

경비업법 시행규칙 일부를 다음과 같이 개정한다.

별표 2를 별지와 같이 한다.

부칙

제1조(시행일) 이 규칙은 공포한 날부터 시행한다.

제2조(일반경비원의 신입교육 시간에 관한 적용례) 별표 2의 개정규정은 이 규칙 시행 후 일반경비원 신임교육을 받는 경우부터 적용한다.

[별표 2]

일반경비원 신임교육의 과목 및 시간(제12조제1항 관련)

구분 (교육시간)	과 목	시 간
이론교육 (4시간)	「경비업법」	2
	범죄예방론(신고 및 순찰요령을 포함한다)	2
실무교육 (19시간)	시설경비실무(신고 및 순찰요령, 관찰 · 기록기법을 포함한다)	2
	호송경비실무	2
	신변보호실무	2
	기계경비실무	2
	사고예방대책(테러 대응요령, 화재대처법 및 응급처치법을 포함한다)	3
	체포 · 호신술(질문 · 검색요령을 포함한다)	3
	장비사용법	2
	직업윤리 및 서비스(예절 및 인권교육을 포함한다)	3
기타(1시간)	입교식, 평가 및 수료식	1
계		24

경비업법 시행규칙

[시행 2014. 11. 19] [행정자치부령 제2호, 2014. 11. 19, 타법개정]

【제정 · 개정문】

◉ 행정자치부령 제2호(2014.11.19)
경찰청과 그 소속기관 직제 시행규칙 일부개정령

[본문 생략]

부칙

제1조(시행일) 이 규칙은 공포한 날부터 시행한다.

제2조 생략

제3조(다른 법령의 개정) ① 생략

② 경비업법 시행규칙 일부를 다음과 같이 개정한다.

제7조, 제9조제1항, 제10조 각 호 외의 부분, 제13조제1항 및 제16조제1항 중 "안전행정부령"을 각각 "행정자치부령"으로 한다.

③부터 ⑨까지 생략

경비업법 시행규칙

[시행 2014. 6. 8] [안전행정부령 제72호, 2014. 6. 5, 일부개정]

【제정 · 개정문】

◉ 안전행정부령 제72호
경비업법 시행규칙 일부개정령을 다음과 같이 공포한다.

2014년 6월 5일

안전행정부장관 (인)

경비업법 시행규칙 일부개정령

경비업법 시행규칙 일부를 다음과 같이 개정한다.

제6조의2를 다음과 같이 신설한다.

제6조의2(집단민원현장에 선임 · 배치된 경비지도사의 직무) 법 제7조제6항에 따라 경비업자는 집단민원현장에 선임 · 배치된 경비지도사로 하여금 다음 각 호의 직무를 수행하도록 하여야 한다.

1. 법 제15조의2에 따른 경비원 등의 의무 위반행위 예방 및 제지
2. 법 제16조에 따른 경비원의 복장 착용 등에 대한 지도 · 감독
3. 법 제16조의2에 따른 경비원의 장비 휴대 및 사용에 대한 지도 · 감독
4. 법 제18조제1항 단서에 따라 집단민원현장에 비치된 경비원 명부의 관리

제12조제2항 중 "영 제18조제3항의 규정에 의한"을 "영 제18조제1항에 따른"으로 하고, 같은 조 제3항을 삭제하며, 같은 조 제4항을 다음과 같이 한다.

④ 영 제18조제1항에 따른 일반경비원 신임교육 기관 또는 단체의 장은 제1항에 따른 일반경비원 신임교육과정을 마친 사람에게 별지 제11호서식의 신임교육이수증을 교부하고 그 사실을 별지 제12호서식의 신임교육이수증 교부대장에 기록하여야 한다.

제13조제1항을 다음과 같이 한다.

① 영 제18조제3항에서 "안전행정부령으로 정하는 시간"이란 4시간을 말한다.

제15조제2항을 다음과 같이 한다.

② 영 제19조제1항에 따른 특수경비원 신임교육 기관 또는 단체의 장은 제1항에 따른 특수경비원 신임교육과정을 마친 사람에게 별지 제11호서식의 신임교육이수증을 교부하고 그 사실을 별지 제12호서식의 신임교육이수증 교부대장에 기록하여야 한다.

제16조제1항 중 "안전행정부령이 정하는 시간"을 "안전행정부령으로 정하는 시간"으로 한다.

제19조를 다음과 같이 한다.

제19조(경비원의 복장 등 신고 등) ① 법 제16조제1항에 따라 경비원의 복장 신고(변경신고를 포함한다)를 하려는 경비업자는 소속 경비원에게 복장을 착용하도록 하기 전에 별지 제13호의2서식의 경비원 복장 등 신고서(전자문서로 된 신고서를 포함한다. 이하 같다)를 경비업자의 주된 사무소를 관할하는 지방경찰청장에게 제출하여야 한다.

② 법 제16조제4항에 따라 경비원 복장 시정명령에 대한 이행보고를 하려는 경비업자는 별지 제13호의3서식의 시정명령 이행보고서(전자문서로 된 보고서를 포함한다. 이하 같다)에 이행사실을 입증할 수 있는 사진 등의 서류를 첨부하여 시정명령을 한 지방경찰청장에게 제출하여야 한다.

③ 경비업자는 제1항에 따른 신고서 또는 제2항에 따른 이행보고서를 경비업자의 주된 사무소를 관할하는 지방경찰청장 소속 경찰서장을 거쳐 제출할 수 있다. 이 경우 신고서 또는 이행보고서를 받은 경찰서장은 지체 없이 경비업자의 주된 사무소를 관할하는 지방경찰청장에게 해당 신고서 또는 이행보고서를 보내야 한다.

④ 경비원은 경비업무 수행 시 이름표를 경비원 복장의 상의 가슴 부위에 부착하여 경비원의 이름을 외부에서 알아볼 수 있도록 하여야 한다.

제20조를 다음과 같이 한다.

제20조(경비원의 휴대장비) ① 법 제16조의2제1항에 따라 경비원은 근무 중 경적, 단봉, 분사기, 안전방패, 무전기 및 그 밖에 경비 업무 수행에 필요한 것으로서 공격적인 용도로 제작되지 아니하는 장비를 휴대할 수 있으며, 안전모 및 방검복 등 안전장비를 착용할 수 있다.

② 제1항에 따른 경비원 장비의 구체적인 기준은 별표 5에 따른다.

제21조를 다음과 같이 한다.

제21조(출동차량 등의 신고 등) ① 법 제16조의3제2항에 따라 출동차량 등에 대한 신고(변경신고를 포함한다)를 하려는 경비업자는 출동차량 등을 운행하기 전에 별지 제13호의4서식의 출동차량등 신고서(전

자문서로 된 신고서를 포함한다. 이하 같다)를 경비업자의 주된 사무소를 관할하는 지방경찰청장에게 제출하여야 한다.

② 법 제16조의3제4항에 따라 출동차량 등의 시정명령에 대한 이행보고를 하려는 경비업자는 별지 제13호의3서식의 시정명령 이행보고서에 이행사실을 입증할 수 있는 사진 등의 서류를 첨부하여 시정명령을 한 지방경찰청장에게 제출하여야 한다.

③ 경비업자는 제1항에 따른 신고서 및 제2항에 따른 이행보고서를 경비업자의 주된 사무소를 관할하는 지방경찰청장 소속의 경찰서장을 거쳐 제출할 수 있다. 이 경우 신고서 또는 이행보고서를 받은 경찰서장은 지체 없이 경비업자의 주된 사무소를 관할하는 지방경찰청장에게 해당 신고서 또는 이행보고서를 보내야 한다.

제22조를 다음과 같이 한다.

제22조(결격사유 확인을 위한 범죄경력조회 요청) ① 법 제17조제2항에 따른 범죄경력조회 요청은 별지 제13호의5서식의 범죄경력조회 신청서(전자문서로 된 신청서를 포함한다)에 따른다.

② 경비업자는 제1항에 따라 범죄경력조회를 요청하는 경우 다음 각 호의 서류를 첨부하여야 한다.

1. 경비업 허가증 사본
2. 별지 제13호의6서식의 취업자 또는 취업예정자 범죄경력조회 동의서

제23조를 다음과 같이 한다.

제23조(경비원의 명부) 경비업자는 법 제18조제1항에 따라 다음 각 호의 장소에 별지 제14호서식의 경비원 명부(제2호 및 제3호의 경우에는 해당 장소에 배치된 경비원의 명부를 말한다)를 작성·비치하여 두고, 이를 항상 정리하여야 한다.

1. 주된 사무소
2. 영 제5조제3항에 따른 출장소
3. 집단민원현장

제24조제1항을 다음과 같이 한다.

① 경비업자는 법 제18조제2항에 따라 경비업무를 수행하기 위하여 20일 이상 경비원을 배치하거나 그 기간을 연장하려는 때에는 경비원을 배치한 후 7일 이내에 별지 제15호서식의 경비원 배치신고서(전자문서로 된 신고서를 포함한다)를 배치지를 관할하는 경찰관서장에게 제출하여야 한다. 다만, 법 제18조제2항제2호 및 제3호에 해당하는 경비원을 배치하는 경우에는 경비원을 배치하는 기간과 관계없이 경비원을 배치하기 전까지 제출하여야 한다.

제24조의2 및 제24조의3을 각각 다음과 같이 신설한다.

제24조의2(집단민원현장에의 일반경비원 배치허가 신청 등) ① 법 제18조제2항 각 호 외의 부분 단서에 따라 집단민원현장에 일반경비원 배치허가를 신청하려는 경비업자는 별지 제15호의2서식의 집단민원현장 일반경비원 배치허가 신청서(전자문서에 의한 신청서를 포함하며, 이하 "배치허가 신청서"라 한다)에 집단민원현장에 배치될 일반경비원의 신임교육 이수증(영 제18조제2항에 따른 일반경비원 신임교육 면제 대상의 경우 신임교육 면제 대상에 해당함을 입증할 수 있는 서류를 말한다) 각 1부를 첨부하여 관할 경찰관서장에게 제출하여야 한다.

② 제1항에 따른 배치허가 신청서를 받은 관할 경찰관서장은 경비원 배치예정 일시 전까지 배치허가 여부를 결정하여 경비업자에게 통보하여야 한다.
③ 제2항에 따라 일반경비원 배치허가를 받은 경비업자가 경비원 배치기간을 연장하려는 경우에는 배치기간이 만료되기 48시간 전까지 배치허가 신청서를 관할 경찰관서장에게 제출하여 허가를 받아야 한다.
④ 제2항에 따라 일반경비원 배치허가를 받은 경비업자가 집단민원현장에 새로운 경비원을 배치하려는 경우에는 새로운 경비원을 배치하기 48시간 전까지 배치허가 신청서를 관할 경찰관서장에게 제출하여 허가를 받아야 한다.
⑤ 제2항에 따라 일반경비원 배치허가를 받은 경비업자가 경비원의 배치를 폐지한 때에는 배치폐지를 한 날부터 48시간 이내에 별지 제15호의3서식의 집단민원현장 일반경비원 배치폐지 신고서(전자문서로 된 신고서를 포함한다)를 관할 경찰관서장에게 제출하여야 한다.
⑥ 제2항에 따라 일반경비원 배치허가를 받은 경비업자가 집단민원현장에 배치된 경비지도사를 변경한 경우에는 변경된 내용을 관할 경찰관서장에게 통보하여야 한다.

제24조의3(경비원 근무상황 기록부) ① 경비업자는 법 제18조제5항에 따라 경비업무를 수행하는 경비원의 인적사항, 배치일시, 배치장소, 배차폐지일시 및 근무여부 등 근무상황을 기록한 근무상황기록부(전자문서로 된 근무상황기록부를 포함한다. 이하 같다)를 작성하여 주된 사무소 및 출장소에 갖추어 두어야 한다.
② 경비업자는 제1항에 따른 근무상황기록부를 1년 동안 보관하여야 한다.

제27조를 삭제한다.
제27조의2 중 "장구"를 "장비"로, "2014년 1월 1일"을 "2014년 6월 8일"로, "1월 1일 전"을 "6월 8일 전"으로 한다.

제28조제1항 및 제2항 중 "법 제31조제1항"을 각각 "법 제31조제1항 및 제2항"으로 한다.

별표 5를 별지와 같이 신설한다.
별지 제10호서식을 별지와 같이 한다.
별지 제11호서식 및 별지 제12호서식을 각각 별지 제12호서식 및 별지 제11호서식으로 한다.
별지 제13호의2서식부터 별지 제13호의6서식까지, 별지 제15호의2서식 및 별지 제15호의3서식을 각각 별지와 같이 신설한다.
별지 제16호서식 및 별지 제17호서식을 각각 별지와 같이 한다.
별도 1부터 별도 5까지를 각각 삭제한다.

부칙

제1조(시행일) 이 규칙은 2014년 6월 8일부터 시행한다.

제2조(경비지도사 자격증에 관한 경과조치) 이 규칙 시행 당시 종전의 규정에 의하여 발급된 경비지도사 자격증은 이 규칙에 의하여 발급된 것으로 본다.

■ 경비업법 시행규칙 [별표 5]

경비원 휴대장비의 구체적인 기준(제20조제2항 관련)

장비	장비기준
1. 경적	금속이나 플라스틱 재질의 호루라기
2. 단봉	금속(합금 포함)이나 플라스틱 재질의 전장 700㎜ 이하의 호신용 봉
3. 분사기	「총포·도검·화약류 등 단속법」에 따른 분사기
4. 안전방패	플라스틱 재질의 폭 500㎜ 이하, 길이 1,000㎜이하의 방패로 경찰공무원이 사용하는 안전방패와 색상 및 디자인이 명확히 구분되어야 함
5. 무전기	무전기 송신 시 실시간으로 수신이 가능한 것
6. 안전모	안면을 가리지 아니하면서, 머리를 보호하는 장비로 경찰공무원이 사용하는 방석모와 색상 및 디자인이 명확히 구분되어야 함
7. 방검복	경찰공무원이 사용하는 방검복과 색상 및 디자인이 명확히 구분되어야 함

■ 경비업법 시행규칙 [별지 제10호서식]

경비지도사 자격증

(앞쪽)

제　　호

경비지도사 자격증

(자 격 종 별)

성　　명 :

생 년 월 일 :

자 격 취 득 일 :

사진

위의 사람은 「경비업법」 제11조에 따른 경비지도사 자격이 있음을 증명합니다.

(발 급 일)

경 찰 청 장 직인

54㎜×84㎜ [PVC(비닐)]

(뒤쪽)

유 의 사 항

1. 다른 사람에게 대여하거나 목적 외 사용을 할 수 없습니다.
2. 자격이 정지된 때에는 그 정지기간 동안 자격증을 경찰관서에 반납하셔야 합니다.
3. 자격이 취소된 때에는 자격증을 경찰관서에 반납하셔야 합니다.

■ 경비업법 시행규칙 [별지 제13호의2서식]

경비원 복장 등 신고서

접수번호	접수일자	처리기간 즉시

신고인	법인명칭	허가번호
	소재지 (전화번호)	

	상의	하의
복장 사진		
표지장 사진		

「경비업법」 제16조제1항, 같은 법 시행규칙 제19조제1항에 따라 위와 같이 경비원의 복장을 신고합니다.

년 월 일

신고인(대표자) (서명 또는 인)

OO 지방경찰청장 귀하

첨부서류	없음	수수료 없음

작성요령
수 개의 복장을 신고할 경우에는 별지를 사용하시기 바랍니다.

210㎜×297㎜[백상지 80g/㎡(재활용품)]

[별지 4]

■ 경비업법 시행규칙 [별지 제13호의3서식]

[ ]경비원 복장 등 / [ ]출동차량 도색 등 시정명령 이행보고

접수번호	접수일자	처리기간 즉시

신고인	법인명칭	허가번호
	소재지 (전화번호)	

시정명령 이행보고

시정 지시 사항

시정 결과

「경비업법」 제16조제4항, 제16조의3제4항 및 같은 법 시행규칙 제19조제2항, 제21조제2항에 따라 (복장 등 · 출동차량 도색 등)의 시정명령에 대한 이행을 위와 같이 보고합니다.

년 월 일

신고인(대표자) (서명 또는 인)

OO 지방경찰청장 귀하

첨부서류	시정사항에 따른 시정결과 사진	수수료 없음

작성요령
수 개의 차량 디자인을 신고할 경우에는 별지를 사용하시기 바랍니다.

210mm×297mm[백상지 80g/㎡(재활용품)]

■ 경비업법 시행규칙 [별지 제13호의4서식]

출동차량 등 신고서

접수번호	접수일자	처리기간 즉시

신고인	법인명칭	허가번호
	소재지 (전화번호)	

차량 사진	
전면	후면
좌측면	우측면

「경비업법」 제16조의3제2항 및 같은 법 시행규칙 제21조제1항에 따라 위와 같이 출동차량 등을 신고합니다.

년 월 일

신고인(대표자) (서명 또는 인)

OO 지방경찰청장 귀하

첨부서류	없음	수수료 없음

작성요령
수 개의 차량을 신고할 경우에는 별지를 사용하시기 바랍니다.

210㎜×297㎜[백상지 80g/㎡(재활용품)]

■ 경비업법 시행규칙 [별지 제13호의5서식]

범죄경력조회 신청서

접수번호	접수일자	처리일자	처리기간 1일

신청인 (대표자)	업체명	허가번호
	대표자	전화번호
	주소지	

대상자	성 명	한글		
		한자	영문*	
	주민등록번호 (여권번호 또는 외국인등록번호*)	-	국적*	
	주 소			
	취업(예정)직위			

「경비업법」 제17조제2항에 따라 우리 업체에 취업(예정)자인 (임원·경비원·경비지도사)에 대한 범죄경력조회를 요청하오니 그 결과를 회신해 주시기 바랍니다.

년 월 일

신청인(대표자) (서명 또는 인)

__________지방경찰청장(경찰서장) 귀하

첨부서류	1. 경비업 허가증 사본 2. 취업자 또는 취업예정자 범죄경력조회 동의서 각 1부	수수료 없 음

작성요령

1. 영문 성명 및 국적은 조회 대상자가 외국인인 경우만 적습니다.
2. 조회 대상자가 외국인인 경우 주민등록번호 대신 여권번호 또는 외국인등록번호를 적습니다.

처리절차

신청서 작성	→	접 수	→	대상자 확인 (적합, 부적합)	→	통보
신청인		경찰서장 / 지방경찰청장		경찰서장 / 지방경찰청장		

210㎜×297㎜[백상지 80g/㎡(재활용품)]

■ 경비업법 시행규칙 [별지 제13호의6서식]

범죄경력조회 동의서

대상자	성 명	한글		
		한자		영문*
	주민등록번호 (여권번호 또는 외국인등록번호*)	-	국적*	
	주 소			
	전화번호	자택		휴대전화

본인은 경비업체 ○○에 (임원·경비지도사·경비원)으로 취업한 사람(취업예정자)로서, 「경비업법」 제17조제2항에 따른 범죄경력조회에 동의합니다.

년 월 일

동의자 (서명 또는 인)

________________지방경찰청장(경찰서장) 귀하

작성요령

1. 영문 성명 및 국적은 조회 대상자가 외국인인 경우만 적습니다.
2. 조회 대상자가 외국인인 경우 주민등록번호 대신 여권번호 또는 외국인등록번호를 적습니다.

210㎜×297㎜[백상지 80g/㎡(재활용품)]

■ 경비업법 시행규칙 [별지 제15호의2서식]

집단민원현장 일반경비원 배치허가 신청서

접수번호	접수일자	처리기간	48시간

경비업체	법인명칭			허가번호	
	소재지 (전화번호)				
경비지도사	성명	자격번호		연락처	
집단민원현장 관리책임자	성명	직책		연락처	
경비원 배치 내용	배치 예정일시		배치허가의 요청 기간		
	집단민원현장의 유형 및 배치 예정 경비원 수				
	경비의 목적 또는 내용(구체적으로 기재)				
	배치지 주소 및 경비원의 업무 활동의 범위(구체적으로 기재)				
	사용 예정 장비				
	경비계획				
경비업무 도급인	성명			연락처	

경비원 명단	연번	경비원 성명	주민등록번호	경비원 신임교육 이수증 번호

「경비업법」 제18조제2항 각 호 외의 부분 단서 및 같은 법 시행규칙 제24조의2에 따라 위와 같이 집단민원현장 일반경비원 배치허가를 신청합니다.

년 월 일

신청인(대표자) (서명 또는 인)

○○ 경찰서장 귀하

첨부서류	배치될 경비원의 신임교육 이수증 또는 배치될 경비원이 신임교육 면제대상에 해당함을 입증할 수 있는 서류 각 1부	수수료 없음

유의사항
1. 경비계획 기재 또는 배치할 경비원의 명단 작성 시 필요하면 별지를 사용하시기 바랍니다. 2. 집단민원현장 관리책임자는 선임한 경우만 적습니다.

210㎜×297㎜[백상지 80g/㎡(재활용품)]

■ 경비업법 시행규칙 [별지 제15호의3서식]

집단민원현장 일반경비원 배치폐지 신고서

접수번호	접수일자	처리기간 즉시

경비업체	법인명칭				허가번호	
	소재지 (전화번호)					
경비지도사	성명		자격번호		연락처	
배치장소	주소					

배치폐지 경비원 명단	연번	경비원 성명	주민등록번호	배치폐지일시

「경비업법」 제18조제2항 각 호 외의 부분 본문 및 같은 법 시행규칙 제24조의2제5항에 따라 위와 같이 집단민원현장 일반경비원 배치폐지를 신고합니다.

년 월 일

신고인(대표자) (서명 또는 인)

OO 경찰서장 귀하

첨부서류	없음	수수료 없음

유의사항
배차폐지 경비원 명단 작성 시 필요하면 별지를 사용하시기 바랍니다.

210mm×297mm[백상지 80g/㎡(재활용품)]

과태료부과 사전 통지서
(의견제출 통지)

제 호

______________ 귀하

「경비업법」 제31조에 따라 아래와 같이 과태료를 부과하고자 하오니 의견이 있으시면 기한 내에 의견을 제출하여 주시기 바랍니다.

과태료 부과 대상자	성명	(. . .생)
	주소	
과태료 금액		
과태료 부과 원인행위	일시	
	장소	
	내용	
적용 법령		
의견제출 기한		

<의 견>

년 월 일

OO 지방경찰청장(경찰서장) 인

210㎜×297㎜[백상지 80g/㎡(재활용품)]

< 의견제출시 유의사항 >

1. 귀하는 앞쪽의 과태료 부과 사항에 대하여 이 서면 또는 정보통신망을 이용하여 의견제출을 할 수 있으며, 주장을 입증할 증거자료를 함께 제출할 수 있습니다. 다만, 정보통신망을 이용하여 의견을 제출하고자 하는 경우에는 미리 의견제출기관으로 알려주시고, 의견을 제출한 후에 의견의 도달 여부를 담당자에게 확인하여 주시기 바랍니다.

2. 「질서위반행위규제법」 제18조에 따라 의견제출 기한 내에 과태료 사전납부고지서를 이용하여 자진 납부하는 경우 과태료를 감경(100분의 20의 범위 이내) 받을 수 있습니다.

3. 의견제출 기한 내 의견을 제출하지 아니하는 경우에는 의견이 없는 것으로 간주합니다.

4. 귀하께서 행정청에 출석하여 의견진술을 하고자 하는 경우에는 행정청에 미리 그 사실을 알려주십시오.

5. 그 밖에 궁금한 사항이 있으시면 아래 연락처로 문의하시기 바랍니다.

의 견 제 출 기 관

부 서 명		담 당 자	
주 소		전 화 번 호	
전자우편주소		모 사 전 송	

■ 경비업법 시행규칙 [별지 제17호서식]

보내는 사람
○○ 지방경찰청장(경찰서장)
주소
□ □ □ - □ □ □

우체국
요금후납

과태료 납부 고지서 재중

받는 사람

귀하

□ □ □ - □ □ □

절 취 선

부과 내역

▣ 납입고지서 및 영수증(납부자용)

납부번호			
납부자		실명번호	
주소			

산출 근거

세목	납기 내	납기 후
	20 년 월 일	
과태료		

위 금액을 한국은행 국고(수납) 대리점인 은행 또는 우체국, 신용협동조합, 새마을금고, 상호저축은행에 납부하시기 바랍니다.

위 금액을 정히 영수합니다.

○○경찰서(인) 년 월 일 수납인

절 취 선

안 내 말 씀
◈ 은행이나 우체국, 신용협동조합, 새마을금고, 상호저축은행을 방문하거나 인터넷 뱅킹의 방법으로 납부하실 수 있습니다. ◈ 인터넷 납부는 은행 인터넷 뱅킹 및 금융결제원(www.giro.or.kr)에서 납부할 수 있습니다.

▣ 납입고지서 및 영수증(수납기관용)

납부번호

회계년도 회계 소관
납 부 자 실명번호

금융기관	징수관계좌	세 목	납기 내	납기 후
			20 년 월 일	
합계금액				

위 금액을 수납하여 주시기 바랍니다.

○○경찰서(인) 년 월 일 수납인

<안 내 말 씀>

◈ 전면에 기재된 과태료 금액을 한국은행 국고(수납) 대리점인 은행 또는 우체국, 신용협동조합, 새마을금고, 상호저축 은행에 납부하시기 바랍니다.

◈ 위의 과태료 처분에 불복이 있는 경우 그 처분의 고지를 받은 날부터 60일 내에 해당 경찰서장에게 이의를 제기할 수 있습니다.

◈ 과태료 처분에 대한 이의가 없으면서 지정한 기한 내에 과태료를 납부하지 아니한 때에는 최대 77%까지 가산금이 부과되고, 국세(지방세) 체납처분의 예에 따라 자동차 압류 등의 방법으로 과태료를 강제 징수할 수 있음을 알려드립니다.

◈ 지정된 기한내에 특별한 사유없이 과태료를 납부하지 아니할 경우 「질서위반행위규제법」 제52조부터 제54조까지의 규정에 따라 다음과 같은 불이익을 받을 수 있습니다.

1. 체납 또는 결손처분자료가 신용정보기관에 제공될 수 있습니다.
2. 과태료를 3회 이상 체납하고 있고, 체납발생일부터 각 1년이 경과하였으며, 체납금액 합계가 500만원 이상인 경우에는 관허사업의 제한을 받을 수 있습니다.
3. 과태료를 3회 이상 체납하고 있고, 체납발생일부터 각 1년이 경과하였으며, 체납금액의 합계가 1,000만원 이상인 경우에는 법원의 결정으로 감치(監置)에 처해질 수 있습니다.

경비업법 시행규칙

[시행 2014. 1. 8] [안전행정부령 제50호, 2014. 1. 8, 타법개정]

【제정 · 개정문】

◉ 안전행정부령 제50호(2014.1.8)

행정규제기본법 개정에 따른 재검토기한 규정을 위한 경비업법 시행규칙 등 일부개정령

제1조(「경비업법 시행규칙」의 개정) 경비업법 시행규칙 일부를 다음과 같이 개정한다.

제27조의2를 다음과 같이 신설한다.

제27조의2(규제의 재검토) 경찰청장은 제20조에 따른 경비원이 휴대하는 장구 등에 대하여 2014년 1월 1일을 기준으로 3년마다(매 3년이 되는 해의 1월 1일 전까지를 말한다) 그 타당성을 검토하여 개선 등의 조치를 하여야 한다.

제2조부터 제5조까지 생략

부칙

이 규칙은 공포한 날부터 시행한다.

경비업법 시행규칙

[시행 2013. 10. 22] [안전행정부령 제20호, 2013. 10. 22, 타법개정]

【제정 · 개정문】

◉ 안전행정부령 제20호(2013.10.22)

법령 서식 개선을 위한 경비업법 시행규칙 등 일부개정령

제1조(「경비업법 시행규칙」의 개정) 경비업법 시행규칙 일부를 다음과 같이 개정한다.

별지 제1호서식, 별지 제2호서식, 별지 제4호서식, 별지 제6호서식, 별지 제7호서식 및 별지 제15호서식을 각각 별지 1부터 별지 6까지와 같이 한다.

제2조부터 제6조까지 생략

부칙

이 규칙은 공포한 날부터 시행한다.

[별지 1]

■ 경비업법 시행규칙 [별지 제1호서식]

호송경비통지서

접수번호	접수일자	처리기간 즉시

통지인	법인명칭		허가번호	
	소재지			
통지 내용	출발지			
	종착지			
	중간기착지	도내(지명)	관할경찰서	
		도외(지명)	관할경찰서	
	도급자(회사명)			
	주요호송품명			
	경비업무의 기간	. . .부터 . . .까지 (일간)		
	호송횟수	월 회		

경비원 명단	성 명	직 책	성 명	직 책

「경비업법 시행규칙」 제2조에 따라 위와 같이 통지합니다.

년 월 일

통지인(대표자) (서명 또는 인)

OO 경찰서장 귀하

첨부서류	없음	수수료 없음

210mm×297mm[백상지 80g/㎡(재활용품)]

[별지 2]

■ 경비업법 시행규칙 [별지 제2호서식]

경비업 [ ]신규 [ ]변경 [ ]갱신 허가신청서

접수번호	접수일자	처리기간 15일

신청인	법인명칭	허가번호
	주사무소의 소재지 (전화번호 :)	
	출장소의 소재지 (전화번호 :)	
신청 내용	신청경비업무 [ ]시설경비업무 [ ]호송경비업무 [ ]신변보호업무 [ ]기계경비업무 [ ]특수경비업무	
	자본	
	손해배상(공탁 · 보험 · 공제)	

「경비업법」 제4조제1항 · 제6조제2항, 같은 법 시행령 제3조 및 같은 법 시행규칙 제3조 · 제6조제1항에 따라 위와 같이 경비업의 (신규 · 변경 · 갱신) 허가를 신청합니다.

년 월 일

신청인(대표자) (서명 또는 인)

OO 지방경찰청장 귀하

신청인 제출서류	1. 신규 · 변경 허가신청 가. 법인의 정관 1부 나. 법인 임원의 이력서 1부 다. 경비인력 · 시설 및 장비의 확보계획서 각 1부(경비업의 허가를 신청하는 때에 갖출 수 없는 경우만 해당합니다) 2. 갱신 허가신청 가. 허가증 원본 나. 정관 1부(변경사항이 있는 경우만 해당합니다)	수수료 10,000원
담당 공무원 확인사항	법인의 등기사항증명서	

처리절차

신청서 작성	➜	접수	➜	결재	➜	허가증 교부
(신청인)		(경찰서 · 지방청)		(경찰서 · 지방청)		(신청인)

210㎜×297㎜[백상지 80g/㎡(재활용품)]

[별지 3]

■ 경비업법 시행규칙 [별지 제4호서식]

허가증 재교부신청서

접수번호	접수일자	처리기간 7일

신청인	법인명칭	허가번호
	주소지 (전화번호 :)	
	대표자	생년월일
	주소	

「경비업법 시행령」 제4조제3항 및 「경비업법 시행규칙」 제4조제2항에 따라 위와 같이 경비업허가증의 재교부를 신청합니다.

년 월 일

신청인 (서명 또는 인)

OO 지방경찰청장 귀하

첨부서류	1. 사유서(허가증을 잃어버린 경우만 해당합니다) 2. 허가증(허가증이 못쓰게 된 경우만 해당합니다)	수수료 2,000원

처리절차

신청서 작성	➜	접수	➜	결재	➜	허가증 재교부
(신청인)		(경찰서 · 지방청)		(경찰서 · 지방청)		(신청인)

210㎜×297㎜[백상지 80g/㎡(재활용품)]

[별지 4]

■ 경비업법 시행규칙 [별지 제6호서식]

경비업 허가사항 등의 변경신고서

접수번호	접수일자	처리기간 7일

신고인	법인명칭	허가번호
	소재지 (전화번호 :)	

신고 내용	
	현재
	변경 후
	사유

「경비업법」 제4조제3항, 같은 법 시행령 제5조제4항·제5항 및 같은 법 시행규칙 제5조제2항에 따라 위와 같이 경비업의 허가사항 등의 변경을 신고합니다.

년 월 일

신고인(대표자) (서명 또는 인)

○○ 지방경찰청장 귀하

신고인 제출서류	1. 명칭 변경의 경우: 허가증 원본 2. 대표자 변경의 경우: 법인 대표자의 이력서 1부 및 허가증 원본 3. 임원 변경의 경우: 법인 임원의 이력서 1부 4. 주사무소 또는 출장소 변경의 경우: 허가증 원본 5. 정관의 목적 변경의 경우: 법인의 정관 1부	수수료 2,000원
담당 공무원 확인사항	법인의 등기사항증명서	

처리절차

신청서 작성	➔	접수	➔	결재	➔	허가증 교부
(신청인)		(경찰서 · 지방청)		(경찰서 · 지방청)		(신청인)

210㎜×297㎜[백상지 80g/㎡(재활용품)]

[별지 5]

■ 경비업법 시행규칙 [별지 제7호서식]

특수경비업무 [ ] 개시 [ ] 종료 신고서

접수번호	접수일자	처리기간 즉시

신고인	업체명	허가번호
	대표자	전화번호
	주소지	
경비업무 수행시설	시설명	
	주소지	
도급내역	도급기간	도급액
	경비원의 수	
경비업무의 기간	개시일 년 월 일	
	종료일 년 월 일	

「경비업법」 제4조제3항 및 같은 법 시행규칙 제5조제4항에 따라 위와 같이 특수경비업무의 (개시·종료)를 신고합니다.

년 월 일

신고인(대표자) (서명 또는 인)

OO 지방경찰청장 귀하

첨부서류	없음	수수료 없음

210㎜×297㎜[백상지 80g/㎡(재활용품)]

[별지 6]

■ 경비업법 시행규칙 [별지 제15호서식]

경비원 [ ] 배치 [ ] 배치폐지 신고서

접수번호	접수일자	처리기간 즉시

신고인	법인명칭	허가번호
	소재지 (전화번호)	
	배치장소(구체적으로 기재) (전화번호)	

경비원 배치(폐지) 내용	배치일시	배치폐지(예정)일시
	경비의 목적 또는 내용(구체적으로 기재)	

	배치 경비업무	경비원 성명	주민등록번호	경비원 신임교육 이수증 번호
경비원 명단				

「경비업법」 제18조제2항, 같은 법 시행규칙 제24조에 따라 위와 같이 경비원의 (배치ㆍ배치폐지)를 신고합니다.

년 월 일

신고인(대표자) (서명 또는 인)

○○ 경찰서장 귀하

첨부서류	없음	수수료 없음

유의사항
경비원 신임교육 이수증 번호는 신임교육을 받은 경비원만 기재합니다.

210㎜×297㎜[백상지 80g/㎡(재활용품)]

경비업법 시행규칙

[시행 2013. 3. 23] [안전행정부령 제2호, 2013. 3. 23, 타법개정]

【제정 · 개정문】

◉ 행정안전부령 제2호(2013.3.23)

경찰청과 그 소속기관 직제 시행규칙 일부개정령

[본문 생략]

부칙

제1조(시행일) 이 규칙은 공포한 날부터 시행한다.

제2조 생략

제3조(다른 법령의 개정) ① 경비업법 시행규칙 일부를 다음과 같이 개정한다.

제7조, 제9조제1항, 제10조 각 호 외의 부분, 제13조제1항 및 제16조제1항 중 "행정안전부령"을 각각 "안전행정부령"으로 한다.

②부터 ⑥까지 생략

경비업법 시행규칙

[시행 2012. 5. 31] [행정안전부령 제297호, 2012. 5. 31, 타법개정]

【제정 · 개정문】

◉ 행정안전부령 제297호(2012.5.31)

개인정보 보호를 위한 공공기록물 관리에 관한 법률 시행규칙 등 일부개정령

제1조부터 제7조까지 생략

제8조(「경비업법 시행규칙」의 개정) 경비업법 시행규칙 일부를 다음과 같이 개정한다.

별지 제4호서식, 별지 제5호서식 및 별지 제13호서식을 각각 별지 19부터 별지 21까지와 같이 한다.

제9조부터 제19조까지 생략

부칙

제1조(시행일) 이 규칙은 공포한 날부터 시행한다.

제2조(서식 개정에 관한 경과조치) 이 규칙 시행 당시 종전의 규정에 따른 서식은 2012년 8월 31일까지 이 규칙에 따른 서식과 함께 사용할 수 있다.

[별지 19]

■ 경비업법 시행규칙 [별지 제4호서식]

허가증 재교부신청서

접수번호	접수일자	처리기간 7일

신청인	법인 명칭	허가번호
	주소지 (전화번호 :)	
	대표자	생년월일
	주소	

「경비업법 시행령」 제4조제3항 및 같은 법 시행규칙 제4조제2항에 따라 경비업허가증의 재교부를 신청합니다.

년 월 일

신청인 (서명 또는 인)

지방경찰청장 귀하

첨부서류	1. 사유서(허가증을 잃어버린 경우에만 해당합니다) 2. 허가증(허가증이 못쓰게 된 경우에만 해당합니다)	수수료 2,000원

210㎜×297㎜[백상지 80g/㎡]

[별지 20]

■ 경비업법 시행규칙 [별지 제5호서식]

경비업 [ ] 폐업 / [ ] 휴업 / [ ] 영업재개 / [ ] 휴업기간연장 신고서

※ [ ]에는 해당되는 곳에 √표를 합니다. (앞쪽)

접수번호	접수일자	처리기간 즉시

구분	항목		항목	
신고인	법인 명칭		허가번호	
	소재지		(전화번호 :)	
	대표자		생년월일	
신고 내용	주소		(전화번호 :)	
	폐업 연월일			
	휴업기간 또는 영업재개 연월일			
사유				

휴 · 폐업상황

계약 회사명	경비장소	경비원 성명	경비원에 대한 조치

「경비업법」 제4조제3항, 같은 법 시행령 제5조제1항, 제2항 및 같은 법 시행규칙에 따라

경비업의 [ ]폐업 / [ ]휴업 / [ ]영업재개 / [ ]휴업기간연장 을(를) 신고합니다.

년 월 일

신고인 (서명 또는 인)

지방경찰청장 귀하

첨부서류	허가증	수수료 없음

210mm×297mm[백상지 80g/㎡]

[별지 21]

■ 경비업법 시행규칙 [별지 제13호서식]

무기대여신청서

(앞쪽)

접수번호	접수일자	처리기간 30일

시설주 (신청인)	성명		생년월일
	직책		

배치사업장의 명칭		배치사업장의 소재지
특수경비원 배치 인원		

대여 요청량	총기 종류	수량	탄종	수량

대여신청 사유	
대여기간	
무기관리 방법	
비고	

「경비업법」 제14조제4항, 같은 법 시행령 제20조제1항 및 같은 법 시행규칙 제17조에 따라 위와 같이 무기대여를 신청합니다.

년 월 일

신청인 (서명 또는 인)

○○경찰서장 귀하

첨부서류	없음	수수료 없음

210㎜×297㎜[백상지 80g/㎡]

(뒤쪽)

처리절차

이 신청서는 아래와 같이 처리됩니다.

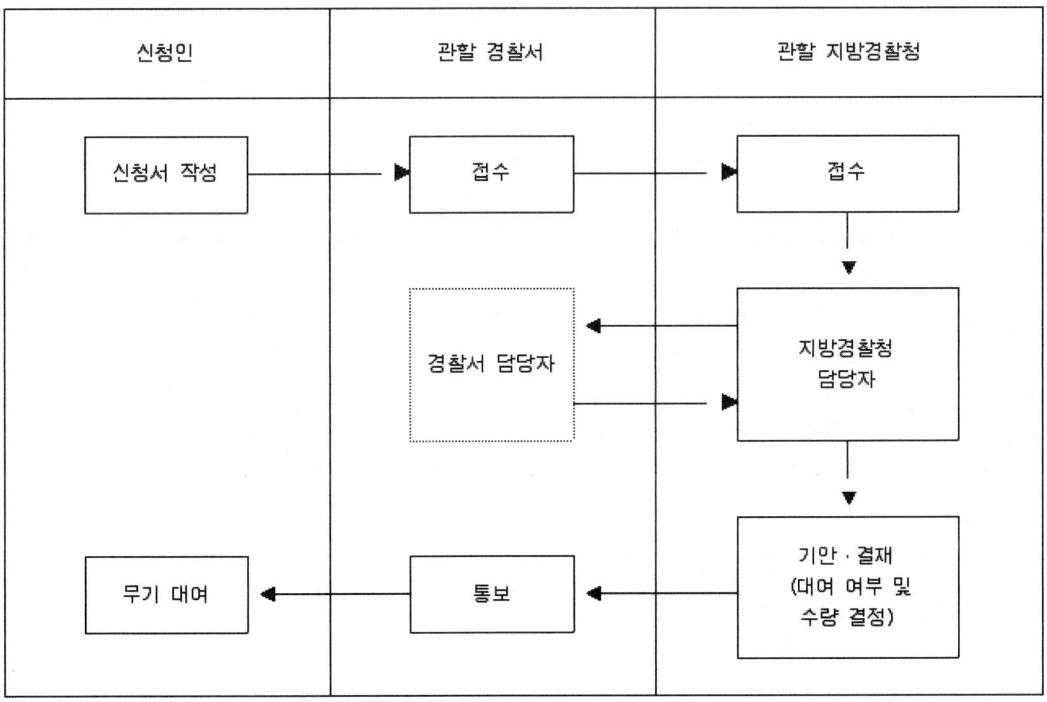

경비업법 시행규칙

[시행 2011. 7. 5] [행정안전부령 제210호, 2011. 4. 4, 일부개정]

【제정 · 개정문】

◉ 국무총리부령 제210호

경비업법 시행규칙 일부개정령을 다음과 같이 공포한다.

2011년 4월 4일

행정안전부장관 (인)

경비업법 시행규칙 일부개정령

경비업법 시행규칙 일부를 다음과 같이 개정한다.

제3조제1항 각 호 외의 부분을 다음과 같이 한다.

법 제4조제1항 및 「경비업법 시행령」(이하 "영"이라 한다) 제3조제1항에 따라 경비업의 허가를 받으려는 경우 또는 경비업자가 허가를 받은 경비업무를 변경하거나 새로운 경비업무를 추가하려는 경우에는 별지 제2호서식의 경비업 허가신청서 또는 변경허가신청서(전자문서로 된 신청서를 포함한다)에 다음 각 호의 서류(전자문서를 포함한다)를 첨부하여 법인의 주사무소를 관할하는 지방경찰청장 또는 해당 지방경찰청 소속의 경찰서장에게 제출하여야 한다. 이 경우 신청서를 제출받은 경찰서장은 지체 없이 관할 지방경찰청장에게 보내야 한다.

제5조제2항 각 호 외의 부분을 다음과 같이 한다.

법 제4조제3항제2호에 따른 법인의 명칭 · 대표자 · 임원, 같은 항 제3호에 따른 주사무소 · 출장소나 영 제5조제4항에 따른 정관의 목적이 변경되어 법 제4조제3항에 따른 신고를 하는 경우에는 별지 제6호서식의 경비업 허가사항 등의 변경신고서(전자문서로 된 신고서를 포함한다)에 다음 각 호의 서류(전자문서를 포함한다)를 첨부하여 법인의 주사무소를 관할하는 지방경찰청장 또는 해당 지방경찰청 소속의 경찰서장에게 제출하여야 한다. 변경신고서를 제출받은 경찰서장은 이를 지체 없이 관할지방경찰청장에게 보내야 한다.

제6조제1항을 다음과 같이 한다.

① 법 제6조제2항에 따라 경비업의 갱신허가를 받으려는 자는 허가의 유효기간 만료일 30일 전까지 별지 제2호서식의 경비업 갱신허가신청서(전자문서로 된 신청서를 포함한다)에 허가증 원본 및 정관(변경사항이 있는 경우만 해당한다)을 첨부하여 법인의 주사무소를 관할하는 지방경찰청장 또는 해당 지방경찰청 소속의 경찰서장에게 제출하여야 한다. 경비업 갱신허가신청서를 제출받은 경찰서장은 이를 지체 없이 관할지방경찰청장에게 보내야 한다.

제10조 각 호 외의 부분을 다음과 같이 한다.

영 제13조제4호에서 "행정안전부령으로 정하는 교육과정을 이수한 사람"이란 다음 각 호의 어느 하나에 해당하는 사람을 말한다.

제11조의2를 다음과 같이 신설한다.

제11조의2(경비원 직무교육 실시대장) 영 제17조제3항에 따른 경비원 직무교육 실시대장은 별지 제10호의2서식에 따른다.

별지 제10호의2서식을 별지와 같이 신설한다.

부칙

이 규칙은 공포 후 3개월이 경과한 날부터 시행한다.

※ 별지 제 10호의 2서식 경비원 직무교육 실시대장 의 표 참고해야함

경비업법 시행규칙

[시행 2011. 4. 27] [행정안전부령 제190호, 2011. 1. 26, 일부개정]

【제정 · 개정문】

◉ 행정안전부령 제190호

경비업법 시행규칙 일부개정령을 다음과 같이 공포한다.

2011년 1월 26일

행정안전부장관 (인)

경비업법 시행규칙 일부개정령

경비업법 시행규칙 일부를 다음과 같이 개정한다.

제13조의 제목 중 "시간"을 "시간 등"으로 하고, 같은 조 제목 외의 부분을 제1항으로 하며, 같은 조에 제2항을 다음과 같이 신설한다.

② 영 제18조제4항에 따른 일반경비원에 대한 직무교육의 과목은 일반경비원의 직무수행에 필요한 이론 · 실무과목, 그 밖에 정신교양 등으로 한다.

제16조의 제목 중 "특수경비원의"를 "특수경비원에 대한"으로 하고, 같은 조 제1항 중 "행정안전부령이 정하는 시간"이라 함은"을 "행정안전부령이 정하는 시간"이란"으로 하며, 같은 조에 제3항을 다음과 같이 신설한다.

③ 영 제19조제4항에 따른 특수경비원에 대한 직무교육의 과목은 특수경비원의 직무수행에 필요한 이론 · 실무과목, 그 밖에 정신교양 등으로 한다.

별표 1에 비고를 다음과 같이 신설한다.

비고: 일반경비지도사 자격증 취득자 또는 기계경비지도사 자격증 취득자가 자격증 취득일부터 3년 이내에 기계경비지도사 또는 일반경비지도사 시험에 합격하여 교육을 받을 경우에는 공통교육은 면제한다.

별표 2를 별지와 같이 한다.

부칙

이 규칙은 공포 후 3개월이 경과한 날부터 시행한다.

[별표 2]

일반경비원 신임교육의 과목 및 시간(제12조제1항 관련)

구분 (교육시간)	과 목	시 간
이론교육 (5시간)	「경비업법」	3
	범죄예방론(신고 및 순찰요령을 포함한다)	2
실무교육 (20시간)	시설경비실무(신고 및 순찰요령, 관찰·기록기법을 포함한다)	2
	호송경비실무	2
	신변보호실무	2
	기계경비실무	2
	사고예방대책(테러 대응요령, 화재대처법 및 응급처치법을 포함한다)	3
	체포·호신술(질문·검색요령을 포함한다)	3
	장비사용법	2
	직업윤리 및 서비스(예절 및 인권교육을 포함한다)	4
기타(3시간)	입교식, 평가 및 수료식	3
계		28

경비업법 시행규칙

[시행 2010. 9. 10] [행정안전부령 제161호, 2010. 9. 10, 타법개정]

【제정 · 개정문】

◉ 행정안전부령 제161호(2010.9.10)
행정정보의 공동이용을 위한 경비업법 시행규칙 등 일부개정령

제1조(「경비업법 시행규칙」의 개정) 경비업법 시행규칙 일부를 다음과 같이 개정한다.

제3조제2항 본문 중 "담당 공무원은「전자정부법」제21조제1항에 따라"를 "지방경찰청장은「전자정부법」제36조제1항에 따른"으로, "법인등기부 등본을"을 "법인의 등기사항증명서를"로 하고, 같은 항 단서를 삭제한다.

제5조제3항 본문 중 "담당 공무원은「전자정부법」제21조제1항에 따라"를 "지방경찰청장은「전자정부법」제36조제1항에 따른"으로, "법인등기부 등본을"을 "법인의 등기사항증명서를"로 하고, 같은 항 단서를 삭제한다.

제6조제2항 본문 중 "담당 공무원은「전자정부법」제21조제1항에 따라"를 "지방경찰청장은「전자정부법」제36조제1항에 따른"으로, "법인등기부 등본을"을 "법인의 등기사항증명서를"로 하고, 같은 항 단서를 삭제한다.

별지 제2호서식 및 별지 제6호서식을 각각 별지 1 및 별지 2와 같이 한다.

제2조부터 제6조까지 생략

부칙

이 규칙은 공포한 날부터 시행한다.

[별지 1]
[별지 제2호서식]

<table>
<tr><td colspan="3">□신 규
경비업 □변 경 허가신청서
□갱 신</td><td>처리기간
15 일</td></tr>
<tr><td rowspan="3">신청인</td><td>①법 인 명 칭</td><td colspan="2"></td></tr>
<tr><td>②주 사 무 소 의 소 재 지</td><td colspan="2">(전화번호:)</td></tr>
<tr><td>③ 출 장 소 의 소 재 지</td><td colspan="2">(전화번호:)</td></tr>
<tr><td rowspan="3">신 청 내 용</td><td>④신 청 경 비 업 무</td><td colspan="2">□시설경비업무 □호송경비업무 □신변보호업무
□기계경비업무 □특수경비업무</td></tr>
<tr><td>⑤자 본</td><td colspan="2"></td></tr>
<tr><td>⑥손 해 배 상(공탁·보험·공제)</td><td colspan="2"></td></tr>
<tr><td colspan="4">「경비업법」 제4조제1항 및 제6조제2항, 같은 법 시행령 제3조와 같은 법 시행규칙 제3조 및 제6조제1항에 따라 경비업의 (신규·변경·갱신) 허가를 신청합니다.

. . .

신청인(대표자) (서명 또는 인)

지방경찰청장 귀하</td></tr>
</table>

<table>
<tr><td rowspan="3">구비서류</td><td>구 분</td><td>신청인(대표자) 제출서류</td><td>담당 공무원 확인사항</td><td>수수료</td></tr>
<tr><td>신규(변경) 허가신청서</td><td>1. 법인의 정관 1부
2. 법인 임원의 이력서 1부
3. 경비인력·시설 및 장비의 확보계획서 각 1부(경비업의 허가를 신청하는 때에 갖출 수 없는 경우만 해당합니다)</td><td>법인의 등기사항증명서</td><td rowspan="2">10,000원</td></tr>
<tr><td>갱 신 허 가 신 청 서</td><td>1. 허가증 원본
2. 정관 1부(변경사항이 있는 경우만 해당합니다)</td><td>법인의 등기사항증명서</td></tr>
<tr><td colspan="5"></td></tr>
</table>

210㎜×297㎜[일반용지 60g/㎡(재활용품)]

[별지 2]
[별지 제6호서식]

경비업허가사항 등의 변경신고서				처리기간 7 일
신고인	①법 인 명 칭		②허가번호	
	③소 재 지	(전화번호:)		
신 고 내 용	④현 재			
	⑤변 경 후			
	⑥사 유			

「경비업법」 제4조제3항, 같은 법 시행령 제5조제4항·제5항 및 같은 법 시행규칙 제5조제2항에 따라 경비업의 허가사항 등의 변경을 신고합니다.

. . .

신고인(대표자) (서명 또는 인)

지방경찰청장 귀하

	구 분	신고인(대표자) 제출서류	담당 공무원 확인사항	수수료
구비서류	명 칭 변경의 경우	허가증 원본	법인의 등기사항증명서	2,000원
	대 표 자 변경의 경우	1. 법인 대표자의 이력서 1부 2. 허가증 원본	법인의 등기사항증명서	
	임 원 변경의 경우	법인 임원의 이력서 1부	법인의 등기사항증명서	
	주 사 무 소 또는 출장소 변경의 경우	허가증 원본	법인의 등기사항증명서	
	정관의 목적 변경의 경우	법인의 정관 1부		

210㎜×297㎜[일반용지 60g/㎡(재활용품)]

경비업법 시행규칙

[시행 2009. 7. 1] [행정안전부령 제90호, 2009. 7. 1, 일부개정]

【제정 · 개정문】

◉ 행정안전부령 제90호

경비업법 시행규칙 일부개정령을 다음과 같이 공포한다.

2009년 7월 1일

행정안전부장관 (인)

경비업법 시행규칙 일부개정령

경비업법 시행규칙 일부를 다음과 같이 개정한다.

제12조제3항 본문 중 "1월"을 "2개월"로 한다.

제24조제1항 각호 외의 부분 본문 및 같은 조 제2항 본문 중 "3일"을 각각 "7일"로 한다.

부칙

이 규칙은 공포한 날부터 시행한다.

경비업법 시행규칙

[시행 2008. 12. 5] [행정안전부령 제43호, 2008. 12. 5, 타법개정]

【제정 · 개정문】

◉ 행정안전부령 제43호(2008.12.5)

과태료 부과 · 징수절차 정비를 위한 경비업법시행규칙 등 일부개정령

제1조(「경비업법 시행규칙」의 개정) 경비업법시행규칙 일부를 다음과 같이 개정한다.

제명 "경비업법시행규칙"을 "경비업법 시행규칙"으로 한다.

제3조제2항 본문, 제5조제3항 본문 및 제6조제2항 본문 중 "「전자정부구현을 위한 행정업무 등의 전자화촉진에 관한 법률」"을 각각 "「전자정부법」"으로 한다.

제28조를 다음과 같이 한다.

제28조(과태료 부과 고지서 등) ① 법 제31조제1항에 따른 과태료 부과의 사전 통지는 별지 제16호서식의 과태료 부과 사전 통지서에 따른다.

② 법 제31조제1항에 따른 과태료의 부과는 별지 제17호서식의 과태료 부과 고지서에 따른다.

별지 제2호서식 및 별지 제6호서식 중 "「전자정부구현을 위한 행정업무 등의 전자화촉진에 관한 법률」"을 각각 "「전자정부법」"으로 한다.

별지 제16호서식 및 별지 제17호서식을 각각 별지 1 및 별지 2와 같이 신설한다.

제2조부터 제4조 까지 생략

부칙

이 규칙은 공포한 날부터 시행한다.

[별지 1]

※ [별지 제16호서식] 과태료 부과 사전 통지서 참고해야함

경비업법시행규칙

[시행 2008. 3. 6] [행정안전부령 제4호, 2008. 3. 6, 타법개정]

【제정 · 개정문】

◉ 행정안전부령 제4호(2008.3.6)

경찰청과 그 소속기관 직제 시행규칙 일부개정령

[본문 생략]

부칙

제1조(시행일) 이 규칙은 공포한 날부터 시행한다.

제2조 생략

제3조(다른 법령의 개정) ① 경비업법시행규칙 일부를 다음과 같이 개정한다.

제7조, 제9조제1항, 제10조 각 호 외의 부분, 제13조 및 제16조제1항 중 "행정자치부령"을 각각 "행정안전부령"으로 한다.

② 부터 ⑦ 까지 생략

경비업법시행규칙

[시행 2006. 9. 7] [행정자치부령 제345호, 2006. 9. 7, 타법개정]

【제정 · 개정문】

◉ 행정자치부령 제345호(2006.9.7)

행정정보의 공동이용 및 문서감축을 위한 경비업법 시행규칙 등 일부개정령

제1조 (「경비업법 시행규칙」의 개정) 경비업법 시행규칙 일부를 다음과 같이 개정한다.

제3조 각 호 외의 부분 단서를 삭제하고, 동조제1호를 다음과 같이 한다.

1. 법인의 정관 1부

제3조본문 및 각 호를 제1항으로 하고, 동조에 제2항을 다음과 같이 신설한다.

②제1항에 따른 신청서를 제출받은 담당 공무원은 「전자정부구현을 위한 행정업무 등의 전자화촉진에 관한 법률」 제21조제1항에 따라 행정정보의 공동이용을 통하여 법인등기부 등본을 확인하여야 한다. 다만, 신청인이 확인에 동의하지 아니하는 경우에는 이를 첨부하도록 하여야 한다.

제5조제2항 각 호 외의 부분 단서를 삭제하고, 동항제1호를 다음과 같이 하며, 동항제2호 가목을 삭제하고, 동항제3호 내지 제5호를 각각 다음과 같이 한다.

1. 명칭 변경의 경우 : 허가증 원본
3. 임원 변경의 경우 : 법인 임원의 이력서 1부
4. 주사무소 또는 출장소 변경의 경우 : 허가증 원본
5. 정관의 목적 변경의 경우 : 법인의 정관 1부

제5조제3항을 제4항으로 하고, 동조에 제3항을 다음과 같이 신설한다.

③제2항에 따른 신고서를 제출받은 담당 공무원은 「전자정부구현을 위한 행정업무 등의 전자화촉진에 관한 법률」 제21조제1항에 따라 행정정보의 공동이용을 통하여 법인등기부 등본을 확인하여야 한다. 다만, 신고인이 확인에 동의하지 아니하는 경우에는 이를 첨부하도록 하여야 한다.

제6조제1항 전단중 "허가증 원본, 법인등기부 등본 및 정관"을 "허가증 원본 및 정관(변경사항이 있는 경우에 한한다)"으로 하고, 동항후단을 삭제한다.

제6조제2항을 제3항으로 하고, 동조에 제2항을 다음과 같이 신설한다.

②제1항에 따른 신청서를 제출받은 담당 공무원은 「전자정부구현을 위한 행정업무 등의 전자화촉진에 관한 법률」 제21조제1항에 따라 행정정보의 공동이용을 통하여 법인등기부 등본을 확인하여야 한다. 다만, 신청인이 확인에 동의하지 아니하는 경우에는 이를 첨부하도록 하여야 한다.

별지 제2호서식 및 별지 제6호서식을 각각 별지 1과 같이 한다.

제2조 내지 제14조 생략

부칙

이 영은 공포한 날부터 시행한다.

※ 별지 제 제2호 서식 참고해야함 신규허가신청서 및 변경사항

경비업법시행규칙

[시행 2006. 2. 5] [행정자치부령 제318호, 2006. 2. 2, 일부개정]

【제정 · 개정문】

◉ 행정자치부령 제318호(2006.2.2)
경비업법 시행규칙 일부개정령

경비업법 시행규칙 일부를 다음과 같이 개정한다.

제5조제2항제4호 가목중 "법인등기부등본 1부"를 "법인등기부등본 1부(출장소 변경의 경우에는 법인등기부등본의 기재내용이 변경된 경우에 한한다)"로 한다.

제12조제2항 및 제3항을 각각 다음과 같이 한다.

②경찰청장은 일반경비원에 대한 신임교육의 실시를 위하여 연도별 교육계획을 수립하고, 영 제18조제3항의 규정에 의한 일반경비원 신임교육 기관 또는 단체가 교육계획에 따라 교육을 실시하도록 하여야 한다.

③경비업자는 경비원을 새로이 채용한 때에는 근무배치후 1월이 경과하기 전까지 신임교육을 받게 하여야 한다. 다만, 법 제18조제2항제1호 및 제2호의 규정에 의하여 배치하는 일반경비원의 경우에는 근무배치 전까지 신임교육을 받게 하여야 한다.

제14조제2항중 "그 기준에 적합한 경우에 한하여 특수경비원 신임교육을 실시할 수 있는 기관 또는 단체로 지정하여야 한다."를 "그 기준에 적합한 경우 이를 특수경비원 신임교육을 실시할 수 있는 기관 또는 단체로 지정할 수 있다."로 하고, 동조제3항중 "사격훈련등의 교육을 위하여 필요한 경우에는 경찰청장"을 "필요한 경우에는 관할 경찰관서장"으로 한다.

제19조제5항중 "사복"을 "제복외의 복장"으로 하고, 동조제6항을 다음과 같이 신설한다.

⑥ 경비업자는 제5항의 규정에 의하여 제복외의 복장을 착용하는 경비원을 동일한 배치장소에 2인 이상을 배치할 경우 동일한 복장을 착용하게 하여야 한다. 다만, 신변보호 업무의 수행 등 부득이한 사유가 있는 경우에는 그러하지 아니하다.

제24조제1항을 다음과 같이 한다.

① 경비업자는 법 제18조제2항의 규정에 의하여 경비업무를 수행하기 위하여 20일 이상 경비원을 배치하거나 그 기간을 연장하고자 하는 때에는 경비원을 배치한 후 3일 이내에 별지 제15호서식의 경비원 배치신고서(전자문서로 된 신고서를 포함한다)를 배치지의 관할경찰관서장에게 제출하여야 한다. 다만, 법 제18조제2항제1호의 규정에 의하여 다음 각호의 장소에 일반경비원을 배치하는 때에는 경비원을 배치하는 기간과 관계없이 경비원을 배치하기 24시간 전까지 제출하여야 한다.

1. 영 제30조의 규정에 의하여 지방경찰청장이 행사장 그 밖의 많은 사람들이 모이는 시설 또는 장소로서 혼잡 등으로 인한 위험의 발생을 방지하기 위하여 경비원에 의한 경비가 필요하다고 인정하는 장소
2. 노사분규가 진행 중인 사업장 또는 노사분규가 발생할 것으로 예상되는 사업장
3. 주택재개발 · 재건축관련 이해대립이 있어 다툼이 있는 장소
4. 특정 시설물의 설치와 관련하여 민원이 있는 장소
5. 주주총회와 관련하여 이해대립이 있어 다툼이 있는 장소
6. 건물 · 토지 등 부동산 및 동산에 대한 소유권 · 운영권 · 관리권 · 점유권 등 법적 권리에 대한 이해대립이 있어 다툼이 있는 장소

별표 1 내지 별표 4를 각각 별지와 같이 한다.

별제 제15호 서식을 별지와 같이 한다.

부칙

이 규칙은 2006년 2월 5일부터 시행한다.

[별표 1]

경비지도사 교육의 과목 및 시간(제9조제1항관련) 공통교육 총 28시간 ,자격의 종류별교육 16 시간.

※ 참고사항

[별표 2]

일반경비원 신임교육의 과목 및 시간(제12조제1항관련) 이론교육 7시간, 실무교육18시간, 기타3시간.

※참고사항

[별표 3]

특수경비원 교육기관 시설 및 강사의 기준(제14조제1항관련)

※ 참고사할

[별표 4]

특수경비원 신임교육의 과목 및 시간(제15조제1항관련) 이론교육 15시간, 실무교육 69시간. 기타 4시간

※ 참고사항

[별지 제15호서식] 경비원 배치신고서

※ 경비원 배치신고서 참고사항

경비업법시행규칙

[시행 2004. 12. 10] [행정자치부령 제259호, 2004. 12. 10, 타법개정]

【제정 · 개정문】

◉ 행정자치부령 제259호(2004.12.10)

전자적민원처리를위한경비업법시행규칙등중개정령

제1조 (경비업법시행규칙의 개정) 경비업법시행규칙중 다음과 같이 개정한다.

제2조중 "호송경비통지서"를 "호송경비통지서(전자문서로 된 통지서를 포함한다)"로 한다.

제3조 각호외의 부분중 "변경허가신청서"를 "변경허가신청서(전자문서로 된 신청서를 포함한다)"로, "서류"를 "서류(전자문서를 포함한다)"로 하고, 동조 각호외의 부분에 단서를 다음과 같이 신설한다.

다만, 전자정부구현을위한행정업무등의전자화촉진에관합법률 제21조제1항의 규정에 의한 행정정보의 공동이용을 통하여 첨부서류에 대한 정보를 확인할 수 있는 경우에는 그 확인으로 첨부서류에 갈음할 수 있다.

제5조제2항 각호외의 부분중 "변경신고서"를 "변경신고서(전자문서로 된 신고서를 포함한다)"로, "서류"를 "서류(전자문서를 포함한다)"로 하고, 동항 각호외의 부분에 단서를 다음과 같이 신설한다.

다만, 전자정부구현을위한행정업무등의전자화촉진에관합법률 제21조제1항의 규정에 의한 행정정보의 공동이용을 통하여 첨부서류에 대한 정보를 확인할 수 있는 경우에는 그 확인으로 첨부서류에 갈음할 수 있다.

제6조제1항 전단중 "경비업갱신허가신청서"를 "경비업갱신허가신청서(전자문서로 된 신청서를 포함한다)"로 하고, 동항 후단중 "아니할 수 있다."를 "아니할 수 있으며, 전자정부구현을위한행정업무등의전자화촉진에관합법률 제21조제1항의 규정에 의한 행정정보의 공동이용을 통하여 그 정보를 확인할 수 있는

경우에는 그 확인으로 첨부서류에 갈음할 수 있다."로 한다.
제8조중 "응시원서"를 "응시원서(전자문서로 된 원서를 포함한다)"로 한다.
제24조제1항 각호외의 부분 본문중 "경비원배치신고서"를 "경비원배치신고서(전자문서로 된 신고서를 포함한다)"로 하고, 동조제2항 본문중 "경비원배치폐지신고서"를 "경비원배치폐지신고서(전자문서로 된 신고서를 포함한다)"로 한다.
제2조 내지 제5조 생략

부칙
이 규칙은 공포한 날부터 시행한다.

경비업법시행규칙

[시행 2003. 12. 19] [행정자치부령 제209호, 2003. 11. 17, 일부개정]

【제정 · 개정문】
◉ 행정자치부령 제209호(2003.11.17)
경비업법시행규칙중개정령

경비업법시행규칙중 다음과 같이 개정한다.
제5조의 제목 "(허가사항 변경등의 신고)"를 "(폐업 또는 휴업 등의 신고)"로 하고, 동조제1항을 다음과 같이 한다.
① 법 제5조제1항의 규정에 의한 폐업신고서와 동조제2항의 규정에 의한 휴업신고서 · 영업재개신고서 및 휴업기간연장신고서는 별지 제5호서식에 의한다.
제5조제2항 각호 외의 부분 및 동항제5호중 "정관"을 각각 "정관의 목적"으로 한다.

제7조를 다음과 같이 한다.
제7조 (특수경비원의 신체조건) 법 제10조제2항제4호에서 "행정자치부령이 정하는 신체조건"이라 함은 팔과 다리가 완전하고 두 눈의 맨눈시력 각각 0.2 이상 또는 교정시력 각각 0.8 이상을 말한다.
제24조제1항 각호 외의 부분 본문중 "경비업자"를 "경비대상시설의 소유자 또는 관리자로부터 경비업무를 도급받은 경비업자"로 한다.
제28조 전단중 "세입징수관사무처리규칙"을 "국고금관리법시행규칙"으로 한다.
별표 3 2. 강사기준의 기준란 마지막 항목 다음에 다음을 신설한다.
○ 교육과목과 관련이 있는 분야(기계경비실무 · 시설경비 · 소방 · 총기조작 · 총검술 · 사격 · 체포술 및 호신술 분야에 한한다)의 실무업무에 10년 이상 종사한 경력이 있는 사람
별지 제5호서식, 별지 제6호서식 및 별지 제15호서식을 각각 별지와 같이 한다.

부칙
이 규칙은 2003년 12월 19일부터 시행한다.
[별지 제5호서식] 경비업 신고서(폐휴업)
※ 경비업 신고서 참고사항

경비업법시행규칙

[시행 1999. 10. 1] [행정자치부령 제66호, 1999. 9. 21, 일부개정]

【제정 · 개정문】

[별표 1]경비지도사 교육의 교과과목과 시간(제7조제1항 관련)
※ 경비지도사 교육의 교과과목과 시간(제7조제1항 관련) 참고사항 목록

용역경비업법시행규칙

[시행 1996. 7. 15] [내무부령 제691호, 1996. 7. 15, 전부개정]

【제정 · 개정문】
법령 본문과 동일하여 제개정문을 생략합니다.

용역경비업법시행규칙

[시행 1992. 5. 25] [내무부령 제563호, 1992. 5. 25, 일부개정]

【제정 · 개정문】
◉ 내무부령 제563호(1992.5.25)
용역경비업법시행규칙중개정령

용역경비업법시행규칙중 다음과 같이 개정한다.
제10조에 제4항 및 제5항을 각각 다음과 같이 신설한다.
④ 용역경비협회는 신임교육을 받은 자에게 교육이수증을 교부하여야 한다.
⑤ 용역경비업자는 주된 사무소에 신임교육을 받은 자의 명부를 작성 · 비치하여야 한다.
[별표 1]의 위반사항란에 제14호를 다음과 같이 신설한다.

부칙
이 규칙은 공포한 날부터 시행한다.

용역경비업법시행규칙

[시행 1991. 9. 19] [내무부령 제543호, 1991. 9. 19, 타법개정]

【제정 · 개정문】

◉ 내무부령 제543호(1991.9.19)

경찰표창규정시행규칙중개정령

[본문 생략]

부칙

제1조 (시행일) 이 규칙은 공포한 날부터 시행하되, 1991년 7월 31일부터 적용한다.

제2조 ①내지 ⑧ 생략

⑨ 용역경비업법시행규칙중 다음과 같이 개정한다.

제2조중 "서울특별시장 · 직할시장 또는 도지사(이하 "도지사"라 한다)"를 "지방경찰청장"으로 한다.

제9조제2항중 "도지사가"를 "지방경찰청장이"로, "내무부장관"을 "경찰청장"으로 한다.

[별표 2]의 비고 제3호중 "내무부장관"을 "경찰청장"으로 한다.

[별지 제5호서식] 내지 [별지 제12호서식]중

"내무부장관"을 각각 "경 찰 청 장"으로 한다.

시 · 도지사 지방경찰청장

[별지 제13호서식]중 "내무부장관"을 각각 "경 찰 청 장"으로 한다.

시 · 도지사 지방경찰청장

⑩및 ⑪ 생략

제3조 생략

용역경비업법시행규칙

[시행 1991. 2. 26] [내무부령 제525호, 1991. 2. 26, 일부개정]

【제정 · 개정문】

◉ 내무부령 제525호(1991.2.26)

용역경비업법시행규칙중개정령

용역경비업법시행규칙중 다음과 같이 개정한다.

제2조중 "부산시장"을 "직할시장"으로 한다.

제7조제1항제1호중 "작업모"를 "기동모"로, "작업복"을 "기동복"으로 하고, 동항제2호를 다음과 같이 하며, 동항제3호중 "작업모"를 "기동모"로 하고 동항제6호중 "혁대 · 경봉 및 경적으로"를 "혁대 · 경적 · 경봉 및 분사기로"로 한다.

2. 제1호의 복제의 제식은 각각 경찰공무원의 것과 같이 한다. 다만, 정모 · 동근무복 · 하근무복 · 성하복 · 외투 및 잠바는 담청색, 기동모 · 기동복은 청색, 방한모 · 방한복은 흑색으로 한다.

제7조제2항 본문중 "혁대 및 경봉을 착장하며 경적을 휴대하여야 한다."를 "혁대 · 경봉 및 경적을 착장 또는 휴대하여야 하며, 분사기를 휴대할 수 있다."로 하고, 동항 단서중 "작업모 · 작업복"을 "기동모 · 기동복"으로 하며, 동조에 제6항을 다음과 같이 신설한다.

⑥ 경비원이 경비시설의 특수성 등으로 별도복장을 착용할 필요가 있을 때에는 허가 관청의 승인을 얻어 별도복장을 착용할 수 있다. 이 경우 별도복장의 색상이 군인 또는 경찰공무원의 것과 유사하여서는 아니된다.

제7조의2를 다음과 같이 신설한다.

제7조의2 (분사기의 휴대) 용역경비업자는 총포 · 도검 · 화약류등단속법에 의한 분사기의 소지허가를 받아 경비원으로 하여금 당해분사기를 휴대하여 직무를 수행하게 할 수 있다.

제12조중 "추가로 공탁하거나 이행보증보험을 체결한 때에는 7일 이내에 별지 제5호서식에 의한 추가공탁(보험계약)신고서를 허가관청에 제출하여야 한다."를 "추가로 공탁하거나 이행보증보험 또는 공제에 가입한 때에는 7일 이내에 별지 제5호서식의 추가공탁(보험 또는 공제가입)신고서를 허가관청에 제출하여야 한다."로 한다.

제14조를 다음과 같이 신설한다.

제14조 (서식) 법 및 영의 규정에 의한 신청서 · 신고서 및 허가증의 서식은 다음 각호와 같다.

1. 법 제4조제2항제4호의 규정에 의한 기계경비시설의 설치 · 폐지 · 변경신고서 : 별지 제6호서식
2. 제1호의 신고에 대한 신고필증: 별지 제7호서식
3. 영 제2조의 규정에 의한 허가신청서: 별지 제8호서식
4. 영 제3조제2항의 규정에 의한 허가증: 별지 제9호서식
5. 영 제3조제5항의 규정에 의한 허가증재교부신청서: 별지 제10호서식
6. 영 제5조 및 제6조의 규정에 의한 폐업 · 휴업신고서: 별지 제11호서식
7. 영 제7조제2항의 규정에 의한 변경신고서: 별지 제12호서식
8. 영 제17조제1항의 규정에 의한 신청서: 별지 제13호서식

[별표 1] 및 [별표 2]를 각각 별지와 같이 한다.

[별지 제5호서식]을 별지와 같이 한다.

[별지 제6호서식] 내지 [별지 제13호서식]을 각각 별지와 같이 신설한다.

부칙

① (시행일) 이 규칙은 공포한 날부터 시행한다.

② (복제에 대한 경과조치) 이 규칙 시행당시 종전의 규정에 의하여 착용하는 경비원의 복장은 제7조제1항제1호의 개정규정에 불구하고 1991년 12월 31일까지 착용할 수 있다.

③ (행정처분기준 적용에 관한 경과조치) 이 규칙 시행당시 행정처분을 하기 위하여 절차가 진행중인 자에 대한 행정처분은 종전의 규정에 의한다.

[별표 1] 행정처분기준 (제9조제1항 관련)

※ 행정처분기준 (제9조제1항 관련)참고사항 목록

용역경비업법시행규칙

[시행 1977. 11. 22] [내무부령 제242호, 1977. 11. 22, 제정]

【제정 · 개정문】

법령 본문과 동일하여 제개정문을 생략합니다.

경비업법 시행규칙 제정 · 개정이유(용역경비업법 포함)

경비업법 시행규칙

[시행 2023. 7. 17.] [행정안전부령 제418호, 2023. 7. 17., 일부개정]

【제정 · 개정이유】

[일부개정]

◇ 개정이유 및 주요내용

과학기술의 발달로 첨단 보안장비의 활용이 증가하는 등 경비 환경변화를 고려하여 경비지도사의 교육 과목에 「개인정보 보호법」에 따른 개인정보 보호지침 및 보안장비 등의 장비 사용법을 추가하고, 일반경비원의 직무교육 시간을 매월 4시간 이상에서 2시간 이상으로, 특수경비원의 직무교육 시간을 매월 6시간 이상에서 3시간 이상으로 각각 단축하여 운영하도록 하는 한편, 경비업자가 작성해야 하는 경비원 명부에서 재산, 가족관계 등 경비원의 개인정보를 과도하게 요구하고 있어 해당 서식을 간소화하고, 경비업 허가신청서 등의 서식에 처리기간이 명시적으로 규정되어 있는 경우 처리일란을 신설하여 처리기간 등을 보다 체계적으로 관리할 수 있도록 하는 등 현행 제도의 운영상 나타난 일부 미비점을 개선 · 보완하려는 것임.〈경찰청 제공〉

경비업법 시행규칙

[시행 2022. 12. 19] [행정안전부령 제363호, 2022. 12. 19, 타법개정]

【제정 · 개정이유】

◉ 행정안전부령 제363호(2022.12.19)

자격 취득 등에 요구되는 실무경력의 인정범위 확대 등을 위한 3개 법령의 일부개정에 관한 행정안전부령

[일괄개정]

◇ 개정이유 및 주요내용

대학 등에 재학하면서 일과 학업을 병행하거나 취업하여 실무경력을 쌓고 나중에 대학에 진학하는 청년 등의 구직 활동을 지원하기 위하여, 특수경비원 신임교육 실시기관에 두는 강사의 자격기준 중 실무경력의 기간 및 방재기술 개발사업을 추진하기 위한 협약 체결 대상 기관의 연구 전담요원 자격기준 중 연구경력의 기간을 산정할 때 학위 또는 자격을 취득하기 전의 실무경력도 그 기간에 포함하여 산정하도록 「경비업법 시행규칙」 및 「자연재해대책법 시행규칙」을 정비하는 한편, 소방기술자의 기술등급을 부여할 때 갖춰야 하는 소방 관련 실무경력 기준을 일부 완화하도록 「소방시설공사업법 시행규칙」을 정비하려는 것임.

경비업법 시행규칙

[시행 2021. 12. 31] [행정안전부령 제298호, 2021. 12. 31, 타법개정]

【제정 · 개정이유】

◉ 행정안전부령 제298호(2021.12.31)

어려운 법령용어 정비를 위한 11개 법령의 일부개정을 위한 행정안전부령

[일괄개정]

◇ 개정이유 및 주요내용

"제식"을 "형태 및 규격"으로, "피탈되다"를 "빼앗기다"로 바꾸는 등 현행 법령에 사용되고 있는 전문용어, 잘 쓰지 않는 한자어 등 어려운 법령용어를 쉽고 자연스러운 우리말로 대체함으로써 실질적 법치주의를 확립하고 국민의 법 활용 편의성을 높이기 위하여 「경범죄 처벌법 시행규칙」 등 11개 행정안전부령을 국민이 알기 쉽게 개정하려는 것임.〈경찰청 제공〉

경비업법 시행규칙

[시행 2021. 7. 13] [행정안전부령 제269호, 2021. 7. 13, 일부개정]

【제정 · 개정이유】

[일부개정]

◇ 개정이유 및 주요내용

성년후견제도의 활성화를 도모하고 직무수행능력이 인정되는 피후견인의 기본권 보장을 위하여 특수경비원의 결격사유에서 피한정후견인을 삭제하고, 국가중요시설에서 경비업무를 수행하는 특수경비원에 대한 결격사유로 심신상실자, 알코올 중독자 등 정신적 제약이 있는 자를 추가하는 등의 내용으로 「경비업법」(법률 제17894호, 2021. 1. 12. 공포, 7. 13. 시행) 및 같은 법 시행령(대통령령 제31884호, 2021. 7. 13. 공포, 7. 13. 시행)이 개정됨에 따라, 관할 경찰관서장이 특수경비원에게 정신적 제약이 있는지를 확인할 수 있도록 하기 위하여 경비업자가 특수경비원의 배치신고 시 병력(病歷) 신고 및 개인정보 이용 동의서를 제출하도록 하는 등 관할 경찰관서장에게 제출해야 하는 정신적 제약 관련 서류 등에 관하여 정하고, 관련 절차 및 서식을 마련하려는 것임.〈경찰청 제공〉

경비업법 시행규칙

[시행 2021. 1. 1] [행정안전부령 제224호, 2020. 12. 31, 타법개정]

【제정 · 개정이유】

◉ 행정안전부령 제224호(2020.12.31)

경찰공무원 임용령 시행규칙 일부개정령

[일부개정]

◇ 개정이유 및 주요내용

자치경찰제 도입의 법적 근거를 마련하고 지방경찰청의 명칭을 시 · 도경찰청으로 변경하는 등의 내용으로 「경찰법」이 「국가경찰과 자치경찰의 조직 및 운영에 관한 법률」로 개정(법률 제17689호, 2020. 12. 22. 공포, 2021. 1. 1. 시행)되고, 자치경찰사무를 수행하는 경찰공무원에 관한 사항 등을 정하는 내용으로 「경찰공무원법」이 개정(법률 제17687호, 2020. 12. 22. 공포, 2021. 1. 1. 시행)됨에 따라 이를 반영하여 관련 조문을 정비하려는 것임.〈행정안전부 제공〉

경비업법 시행규칙

[시행 2019. 4. 23] [행정안전부령 제112호, 2019. 4. 23, 일부개정]

【제정 · 개정이유】

[일부개정]

◇ 개정이유 및 주요내용

경비지도사 제1차 시험을 면제받으려는 사람은 면제 사유를 증명할 수 있는 서류를 경비지도사시험의 관리를 위탁받은 기관 또는 단체에 제출하도록 하고, 면제 사유의 증명 서류 중 재직증명서 또는 경력증명서를 제출받은 경우에는 행정정보 공동이용을 통하여 직접 확인하도록 하며, 경비원 신임교육 이수증이 훼손되거나 이를 분실한 경우 원거리에 있는 교육기관을 방문하여 재발급을 받아야 하는 불편이 있으므로 이를 개선하기 위해 경비원 신임교육 기관 또는 단체의 장은 신임교육 이수자 현황을 경찰청장에게 통보하도록 하고, 지방경찰청장 또는 경찰서장은 경비원 신임교육을 받은 사람의 요청이 있는 경우 경비원 신임교육 이수 확인증을 발급할 수 있도록 하는 등 현행 제도의 운영상 나타난 일부 미비점을 개선 · 보완하려는 것임. 〈행정안전부 제공〉

경비업법 시행규칙

[시행 2017. 7. 26] [행정안전부령 제3호, 2017. 7. 26, 타법개정]

【제정 · 개정이유】

◉ 행정안전부령 제3호(2017.7.26)

경찰청과 그 소속기관 직제 시행규칙 일부개정령

[일부개정]

◇ 개정이유 및 주요내용

경찰청과 그 소속기관 소속 공무원 정원 중 육지에서의 해양 관련 수사 및 정보 수집 등에 관한 사무의 수행에 필요한 정원 505명(총경 5명, 경정 17명, 경감 31명, 경위 62명, 경사 168명, 경장 179명, 순경 40명, 8급 3명)을 해양경찰청으로 이체하는 내용으로 「경찰청과 그 소속기관 직제」가 개정(대통령령 제28215호, 2017. 7. 26. 공포 · 시행)됨에 따라, 경찰청과 그 소속기관에 설치된 육지에서의 해양 관련 수사 및 정보 수집 등에 관한 사무를 담당하는 부서를 폐지하고, 해양경찰청으로 이체되는 인력의 직급별 정원을 반영하려는 것임.〈행정안전부 제공〉

경비업법 시행규칙

[시행 2015. 9. 24] [행정자치부령 제36호, 2015. 9. 24, 일부개정]

【제정 · 개정이유】

[일부개정]

◇ 개정이유 및 주요내용

국민이 법 문장을 이해하기 쉽게 정비하기 위하여 일본식 표현인 시건장치를 우리말인 잠금장치로 바꾸려는 것임.

〈행정자치부 제공〉

경비업법 시행규칙

[시행 2014. 12. 10] [행정자치부령 제7호, 2014. 12. 10, 일부개정]

【제정 · 개정이유】

[일부개정]

◇ 개정이유 및 주요내용

일반경비원이 현장에 배치되기 전에 필수적으로 받아야 하는 신임교육 시간 중 입교식, 수료식 등 단순행사에 소요되는 시간과 직업윤리 및 서비스 과목 등 매월 직무교육을 통하여 보완 가능한 과목의 교육 시간을 축소하여 총 교육시간을 현행 28시간(4일 소요)에서 24시간(3일 소요)으로 축소함으로써 일반경비원이 보다 신속하게 업무 현장에 투입될 수 있도록 하여 국민의 안전을 저해하지 않는 범위에서 경비업무의 활성화에 기여할 수 있도록 하려는 것임. 〈행정자치부 제공〉

경비업법 시행규칙

[시행 2014. 11. 19] [행정자치부령 제2호, 2014. 11. 19, 타법개정]

【제정 · 개정이유】

◉ 행정자치부령 제2호(2014.11.19)

경찰청과 그 소속기관 직제 시행규칙 일부개정령

[일부개정]

◇ 개정이유 및 주요내용

인천광역시지방경찰청의 직급을 치안감에서 치안정감으로 상향 조정하고, 하부조직을 2부에서 3부로 확대 개편하며, 이에 필요한 인력 1명(경무관 1명)을 증원하고, 울산광역시 · 전라남도 · 경상남도지방경찰청에 부장제를 도입하며, 경찰청 소속기관에 지역경찰, 수사 · 형사 등 민생치안 역량강화에 필요한 인력 1,780명(경무관 3명, 경감 56명, 경위 285명, 경사 206명, 경장 562명, 순경 660명, 기록연구사 8명)을 증원하고, 한시정원으로 운영하고 있는 전투경찰순경 대체 경찰공무원 3,458명에 대한 유효기간을 2015년 12월 31일로 연장하는 등의 내용으로 「경찰청과 그 소속기관 직제」가 개정(대통령령 제25689호, 2014. 11. 4. 공포 · 시행)됨에 따라 관련 지방경찰청의 부별 하부조직을 정하고, 증원된 직급별 정원을 반영하는 한편,

인력의 효율적 운영을 위하여 경찰청 본부의 경정 이하 공무원 183명 및 소속기관 경정 이하 공무원 193명의 직급별 정원을 조정하고, 종전의 해양경찰청 소관 사항 중 수사 · 정보 기능(해상에서 발생한 사건의 수사 및 정보에 관한 사무는 제외)을 경찰청으로 이관하는 등의 내용으로 「경찰청과 그 소속기관 직제」가 개정(대통령령 제25755호, 2014. 11. 19. 공포 · 시행)됨에 따라, 경찰청과 그 소속기관의 인력을 조정하는 등 현행 제도의 운영과정에서 나타난 일부 미비점을 개선 · 보완하려는 것임.〈행정자치부 제공〉

경비업법 시행규칙

[시행 2014. 6. 8] [안전행정부령 제72호, 2014. 6. 5, 일부개정]

【제정 · 개정이유】

[일부개정]

◇ 개정이유

경비업의 허가 요건을 강화하고, 경비업자와 경비원들의 불법 행위에 대한 처벌을 강화하는 등의 내용으로 「경비업법」이 개정(법률 제11872호, 2013. 6. 7. 공포, 2014. 6. 8. 시행)됨에 따라, 집단민원현장 일반경비원 배치허가 신청, 경비원 복장 및 장비의 신고 절차 등 법률에서 위임된 사항과 그 시행을 위하여 필요한 사항을 정하려는 것임.

◇ 주요내용

가. 집단민원현장에 선임 · 배치된 경비지도사의 직무(안 제6조의2 신설)

집단민원현장에 배치되는 경비원의 지도 · 감독을 위하여 집단민원현장에 배치되는 경비지도사로 하여금 경비원 등의 의무 위반행위에 대한 예방 및 제지, 경비원의 복장 착용에 대한 지도 · 감독 등의 직무를 수행하도록 함.

나. 경비원 복장 및 출동차량 등의 신고(안 제19조 및 제21조)

경비원의 복장 및 출동차량 등에 대하여 복장 착용 전과 출동차량 운행 전에 관할 지방경찰청장에게 신고하도록 하고, 복장 및 출동차량 시정명령에 대한 이행보고 시 이행사실을 입증할 수 있는 사진 등의 서류를 첨부하도록 함.

다. 경비원 휴대장비(안 제20조)

경비원으로 하여금 근무 중 경적, 단봉, 분사기, 안전방패, 무전기 및 그 밖에 경비 업무 수행에 필요한 것으로서 공격적인 용도로 제작되지 아니한 장비를 휴대할 수 있도록 하고, 안전모 · 방검복 등의 안전장비를 착용할 수 있도록 함.

라. 집단민원현장에의 일반경비원 배치허가 신청(안 제24조의2 신설)

경비업자로 하여금 집단민원현장에 일반경비원 배치허가를 신청할 때 집단민원현장에 배치될 일반경비원의 신임교육이수증 등을 첨부하여 관할 경찰관서장에게 제출하도록 하고, 배치기간 연장 및 새로운 경비원 배치 시 별도로 배치허가를 받도록 함.

마. 경비원 근무상황 기록부의 작성 · 보관(안 제24조의3 신설)

경비업자로 하여금 경비업무를 수행하는 경비원의 인적사항, 배치일시, 배치장소, 폐지일시, 근무여부 등 근무상황을 기록한 근무상황기록부를 작성하여 주된 사무소 및 출장소에 갖추어 두고, 이를 1년 동안 보관하도록 함. 〈안전행정부 제공〉

경비업법 시행규칙

[시행 2014. 1. 8] [안전행정부령 제50호, 2014. 1. 8, 타법개정]

【제정 · 개정이유】

◉ 안전행정부령 제50호(2014.1.8)

행정규제기본법 개정에 따른 재검토기한 규정을 위한 경비업법 시행규칙 등 일부개정령

[일괄개정]

◇ 개정이유 및 주요내용

규제심사를 내실화하기 위하여 기존 규제에 대하여 존속기한 또는 재검토기한을 설정하여 법령에 규정하도록 하는 내용으로 「행정규제기본법」이 개정됨에 따라, 「경비업법 시행규칙」 등 경찰청 소관의 5개의 안전행정부령에 규정되어 있는 경비원이 휴대하는 장구 등의 규제에 대하여 3년 주기의 규제 재검토기한을 설정하고 기한 도래 시마다 해당 규제의 타당성을 검토하여 개선 등의 조치를 하도록 하려는 것임.〈안전행정부 제공〉

경비업법 시행규칙

[시행 2013. 10. 22] [안전행정부령 제20호, 2013. 10. 22, 타법개정]

【제정 · 개정이유】

◉ 안전행정부령 제20호(2013.10.22)

법령 서식 개선을 위한 경비업법 시행규칙 등 일부개정령

[일괄개정]

◇ 개정이유 및 주요내용

개인정보 보호 강화 및 민원인 편의 도모를 위하여 행정 업무상 반드시 주민등록번호를 처리할 필요가 없는 경우 관련 서식에 주민등록번호 대신 생년월일을 적도록 하는 한편, 「행정업무의 효율적 운영에 관한 규정 시행규칙」에 따른 서식의 설계기준에 맞게 관련 서식을 정비하기 위하여 「경비업법 시행규칙」 등 6개 안전행정부령을 일괄 정비하려는 것임.〈안전행정부 제공〉

경비업법 시행규칙

[시행 2013. 3. 23] [안전행정부령 제2호, 2013. 3. 23, 타법개정]

【제정 · 개정이유】

◉ 행정안전부령 제2호(2013.3.23)

경찰청과 그 소속기관 직제 시행규칙 일부개정령

[일부개정]

◇ 개정이유 및 주요내용

효율적인 조직 운영을 위하여 경찰청과 그 소속기관의 조직과 기능을 개편하고, 공통·지원부서 인력을 감축하는 내용으로 「경찰청과 그 소속기관 직제」가 개정(대통령령 제24419호, 2013. 3. 23. 공포·시행)됨에 따라,

신설된 경무인사기획관 밑에 경무담당관, 인사교육담당관 및 복지정책담당관을 두고, 신설된 교통국 밑에 교통기획과, 교통안전과, 교통운영과를 두는 등 경찰청과 그 소속기관의 하부조직과 기능을 개편·조정하고, 공통·지원부서 정원 25명(경정 1명, 경감 4명, 경위 4명, 경사 1명, 경장 1명, 행정서기 3명, 기능9급 전화상담원 9명, 기능9급 사무실무원 2명)을 감축하려는 것임. 〈안전행정부 제공〉

경비업법 시행규칙

[시행 2012. 5. 31] [행정안전부령 제297호, 2012. 5. 31, 타법개정]

【제정·개정이유】

◉ 행정안전부령 제297호(2012.5.31)

개인정보 보호를 위한 공공기록물 관리에 관한 법률 시행규칙 등 일부개정령

[일괄개정]

◇ 개정이유 및 주요내용

행정 업무상 주민등록번호를 처리할 필요가 없음에도 행정기관에 제출하는 관련 서식에 주민등록번호를 적도록 하고 있는 경우에 주민등록번호 대신 생년월일을 적도록 함으로써 행정기관의 개인정보 수집으로 인한 사생활 침해 가능성을 최소화하기 위하여 행정안전부 소관 「공공기록물 관리에 관한 법률 시행규칙」 등 19개 부령의 관련 서식을 일괄 정비하려는 것임.〈행정안전부 제공〉

경비업법 시행규칙

[시행 2011. 7. 5] [행정안전부령 제210호, 2011. 4. 4, 일부개정]

【제정·개정이유】

[일부개정]

◇ 개정이유 및 주요내용

지방경찰청장에게 제출하도록 되어 있는 경비업 허가신청서 등을 법인의 주사무소를 관할하는 지방경찰청 소속의 경찰서장에게도 제출할 수 있도록 개선하는 등 현행 제도의 운영상 나타난 일부 미비점을 개선 보완하려는 것임.〈행정안전부 제공〉

경비업법 시행규칙

[시행 2011. 4. 27] [행정안전부령 제190호, 2011. 1. 26, 일부개정]

【제정 · 개정이유】

[일부개정]

◇ 개정이유 및 주요내용

일반경비지도사 자격증 취득자 또는 기계경비지도사 자격증 취득자가 다른 경비지도사 시험에 합격할 경우에는 자격증 취득일부터 3년 이내에는 시험합격 후 받는 교육에서 공통과목의 이수를 면제함으로써 불필요한 교육 부담을 완화하는 한편, 일반경비원 신임교육의 내실을 도모하기 위하여 일부 교육과목 및 시간을 조정하며, 일반경비원 및 특수경비원에 대한 직무교육의 내용을 신설하는 등 현행 제도의 운영상 나타난 일부 미비점을 개선 · 보완하려는 것임.〈행정안전부 제공〉

경비업법 시행규칙

[시행 2010. 9. 10] [행정안전부령 제161호, 2010. 9. 10, 타법개정]

【제정 · 개정이유】

◉ 행정안전부령 제161호(2010.9.10)

행정정보의 공동이용을 위한 경비업법 시행규칙 등 일부개정령

[일괄개정]

◇ 개정이유 및 주요내용

행정정보 공동이용 대상이 확대되는 등 「전자정부법」이 개정(법률 제10012호, 2010. 2. 4. 공포, 5. 5. 시행)됨에 따라 정보주체의 정보열람 동의가 불필요한 공시성 정보에 대한 열람 동의 여부를 삭제하고 관련 규정을 정비하는 등 「전자정부법」 개정내용을 반영하고, 「가족관계의 등록에 관한 법률」의 시행에 따라 호적제도가 가족관계등록제도로 개정된 내용을 반영하기 위하여 「경비업법 시행규칙」 등 6개의 부령을 한꺼번에 개정하려는 것임.〈행정안전부 제공〉

경비업법 시행규칙

[시행 2009. 7. 1] [행정안전부령 제90호, 2009. 7. 1, 일부개정]

【제정 · 개정이유】

[일부개정]

◇ 개정이유 및 주요내용

2009년 3월 27일 국가정책조정회의에서 경제위기 조기극복을 위해 경기활성화에 부담이 되는 규제를 일정기간 유예하거나 완화하는 '한시적 규제유예 제도'를 도입 · 추진하기로 함에 따라 경비업자가 경

비원을 새로 채용한 경우에 실시하는 신임교육 기한을 연장하고, 경비원 배치 및 폐지 신고의 기한을 연장하여 경비업자의 업무부담을 완화하려는 것임.

경비업법 시행규칙

[시행 2008. 12. 5] [행정안전부령 제43호, 2008. 12. 5, 타법개정]

【제정 · 개정이유】

◉ 행정안전부령 제43호(2008.12.5)

과태료 부과 · 징수절차 정비를 위한 경비업법시행규칙 등 일부개정령

[일괄개정]

◇ 개정이유 및 주요내용

과태료의 부과 · 징수절차를 일원화하는 내용으로 「질서위반행위규제법」이 제정(법률 제8725호, 2007. 12. 21. 공포, 2008. 6. 22. 시행)됨에 따라 과태료의 부과 · 징수와 관련하여 중복되는 규정을 정비하고, 각종 통지서 등 서식에 사용되는 주민등록번호 항목을 생년월일로 바꾸는 등 과태료 규정 정비 및 개인정보 보호를 위하여 「경비업법 시행규칙」 등 4개 법령을 개정하려는 것임.

경비업법시행규칙

[시행 2008. 3. 6] [행정안전부령 제4호, 2008. 3. 6, 타법개정]

【제정 · 개정이유】

◉ 행정안전부령 제4호(2008.3.6)

경찰청과 그 소속기관 직제 시행규칙 일부개정령

[일부개정]

◇ 개정이유 및 주요내용

효율적인 조직운영을 위하여 대변인이 홍보업무를 담당하도록 하고, 종전의 총무과를 운영지원과로 변경하는 등의 내용으로 「경찰청과 그 소속기관 직제」가 개정(대통령령 제20692호, 2008 .2 . 29 . 공포 · 시행)됨에 따라 대변인의 업무범위 등 관련 규정을 정비하는 한편, 운전면허시험관리단의 정원 849명을 감축하는 내용으로 「책임운영기관의 설치 · 운영에 관한 법률 시행령」이 개정(대통령령 제20703호, 2008. 2 . 29 . 공포 · 시행)됨에 따라 운전면허시험관리단에 두는 공무원의 종류별 정원을 조정하는 등 대통령령에서 위임된 사항과 그 시행에 필요한 사항을 정하려는 것임.

경비업법시행규칙

[시행 2006. 9. 7] [행정자치부령 제345호, 2006. 9. 7, 타법개정]

【제정 · 개정이유】

◉ 행정자치부령 제345호(2006.9.7)

행정정보의 공동이용 및 문서감축을 위한 경비업법 시행규칙 등 일부개정령

[일부개정]

◇ 개정이유 및 주요내용

행정기관이 보유하고 있는 행정정보의 공동이용을 통하여 국민의 서류제출 부담을 줄이고, 행정업무를 효율적으로 처리하기 위하여, 지금까지 국민이 각종 인 · 허가 등을 신청하는 경우에 제출하던 주민등록표 등본 및 건물등기부 등본 등 24종의 행정정보에 해당하는 서류의 제출을 생략하는 대신 담당공무원이 행정전산망을 통하여 이를 확인하도록 의무화하되, 민원인이 이의 확인에 동의하지 아니하는 경우에는 민원인이 그 서류를 직접 제출하도록 하는 내용으로 경비업법 시행규칙 등 14개 행정자치부령을 한꺼번에 개정하려는 것임.

경비업법시행규칙

[시행 2006. 2. 5] [행정자치부령 제318호, 2006. 2. 2, 일부개정]

【제정 · 개정이유】

[일부개정]

◇ 개정이유

「경비업법」이 개정(법률 제7671호, 2005. 8. 4. 공포)됨에 따라 경비원을 배치하기 24시간 전까지 배치신고를 하여야 할 장소 등 동법에서 위임된 사항을 규정하고, 경비원 교육과정에 테러 대응요령 · 응급처치법 및 범죄예방론 등의 과목을 신설하여 새로운 경비수요에 대처할 수 있도록 하는 한편, 현행 제도의 운영상 나타난 일부 미비점을 개선 · 보완하려는 것임.

◇ 주요내용

가. 일반경비원 신임교육 위탁제도의 폐지(제12조제2항)

(1) 경비업자가 경비협회의 위탁을 받아 일반경비원에 대한 신임교육을 자체적으로 실시하고 있어 교육의 전문성이 낮아 경비원 자질향상에 한계가 있고, 상위법령의 위임범위를 벗어나고 있음.

(2) 경비협회가 경비업자에게 경비원 교육을 위탁할 수 있는 근거 규정을 삭제함.

(3) 일반경비원 신임교육이 경비업자에 의한 자체교육 형태에서 경찰청장이 수립한 교육계획에 따라 전문교육기관에 의한 교육 형태로 전환됨에 따라 경비원 자질향상이 기대됨.

나. 경비원 복장기준 완화(제19조제5항 및 제6항)

(1) 배치지 특성이 고려되지 않은 일률적인 경비원 제복 착용이 배치지의 근무 환경과 어울리지 않는 경우가 발생함.

(2) 경비원의 근무 지역 및 내용에 따라 제복 외의 복장을 착용할 수 있도록 함.
(3) 배치지 근무 환경에 가장 적합한 복장을 착용함으로써 경비원의 적극적인 근무 의욕을 증진시킬 것으로 기대됨.

다. 실제로 경비원을 배치하는 경비업자가 경비원 배치신고 의무자가 되도록 함(제24조제1항)
(1) 경비원 배치신고 의무자가 원도급 경비업자로 한정되어 있어 실제 경비원을 배치하는 자와 불일치하는 경우가 있음.
(2) 배치신고 의무자를 「경비업법」의 관련규정과 맞추어 경비원을 배치하는 경비업자로 함.
(3) 실제로 경비원을 배치하는 자가 배치신고 의무자가 되도록 하여 경비원배치신고제도가 현실에 맞게 운용될 수 있을 것으로 기대됨.

라. 「경비업법」의 개정에 따라 경비원을 배치하기 24시간 전까지 경비원 배치신고를 하여야 할 장소를 구체적으로 규정함.(제24조제1항)

경비업법시행규칙

[시행 2004. 12. 10] [행정자치부령 제259호, 2004. 12. 10, 타법개정]

【제정 · 개정이유】

◉ 행정자치부령 제259호(2004.12.10)
전자적민원처리를위한경비업법시행규칙등중개정령

[일부개정]

◇ 개정이유 및 주요내용
전자적 민원처리의 활성화를 위하여 종이문서에 의한 각종 민원을 전자문서로도 신청할 수 있도록 하고, 행정기관이 공동 이용하는 행정정보에 의하여 관련사항을 확인할 수 있는 경우에는 첨부서류를 생략할 수 있도록 하며, 현금 · 수입인지 및 수입증지로 납부하고 있는 민원수수료를 전자화폐 · 전자결재 등 전자적 방식에 의하여도 납부할 수 있도록 하는 등 전자정부구현을위한행정업무등의전자화촉진에관한법률의 내용을 5개 행정자치부령에 한꺼번에 반영하려는 것임.

경비업법시행규칙

[시행 2003. 12. 19] [행정자치부령 제209호, 2003. 11. 17, 일부개정]

【제정 · 개정이유】

[일부개정]

◇ 개정이유 및 주요골자
총기를 휴대하거나 사용할 수 있는 특수경비원의 경우 사격을 함에 있어서 장애가 없도록 그 신체조건에 시력 외에 '완전한 팔과 다리'의 요건을 추가하고, 경비원의 배치 및 배치폐지의 신고의무자를 경비대상시설의 소유자 또는 관리자로부터 경비업무를 도급받은 경비업자로 하여 경비업무가 하도급된 경우의 신고의무자를 명확히 하며, 특수경비원의 강사기준에 교육과목과 관련이 있는 분야의 경력자를 추가하는 등 현행 제도의 운영상 나타난 일부 미비점을 개선 · 보완하려는 것임.

경비업법시행규칙

[시행 2001. 7. 9] [행정자치부령 제141호, 2001. 7. 9, 전부개정]

【제정 · 개정이유】

[전문개정]

◇ 개정이유

국가중요시설에 대한 효율적인 경비체제를 구축하기 위하여 경비업의 종류에 특수경비업을 추가하고, 기계경비산업의 급속한 발전에 따라 기계경비업의 신고제를 허가제로 변경하는 등의 내용으로 경비업법(2001. 4. 7, 법률 제6467호) 및 동법시행령(2001. 7. 7, 대통령령 제17298호)이 전문개정 됨에 따라 경비업 허가 및 변경허가와 허가사항 변경신고 등 신고의 절차, 일반경비원 및 특수경비원에 대한 신임교육의 과목 및 시간, 국가중요시설의 시설주 등이 준수하여야 하는 무기관리수칙과 경비원 배치신고의 절차 등을 규정하는 등 현행 제도의 운영상 나타난 미비점을 개선 · 보완하려는 것임.

◇ 주요골자

가. 특수경비원이 되고자 하는 자는 두 눈의 맨눈시력이 각각 0.2 이상이거나 교정시력이 각각 0.8 이상이어야 함(제7조).

나. 특수경비원 교육과정을 개설하고자 하는 기관 또는 단체는 100인 이상을 수용할 수 있는 강의실, 감지장치 · 수신장치 · 관제시설을 갖춘 기계경비실습실, 체육관, 운동장 및 사격장 등의 교육시설을 갖추도록 함(제14조제1항 및 별표 3).

다. 특수경비원의 신임교육은 형사법 및 경비업법 등의 학과교육, 기계경비 및 시설경비 등의 실무교육과 사격 등 80시간의 교육으로 하고, 직무교육은 매월 6시간 이상 실시하도록 함(제15조, 제16조제1항 및 별표 4).

라. 국가중요시설의 시설주, 무기관리책임자 및 특수경비원은 안전을 위하여 무기관리수칙에 따라 무기를 관리하도록 하여야 하며, 시설주는 정신질환자나 무기 및 탄약을 지급하기에 부적합하다고 인정되는 사람 등에게는 무기를 지급하지 아니하도록 함(제18조).

마. 기계경비업자는 출동차량의 도색 및 표지를 경찰 및 군의 차량과 명확히 구별될 수 있는 것으로 정하도록 하고, 이를 정한 때에는 그 도색 및 표지를 확인할 수 있는 사진을 주된 사무소를 관할하는 지방경찰청장에게 제출하도록 함(제22조).

경비업법시행규칙

[시행 1999. 10. 1] [행정자치부령 제66호, 1999. 9. 21, 일부개정]

【제정 · 개정이유】

[일부개정]

◇ 개정이유 및 주요골자

행정규제기본법에 의한 규제정비계획에 따라 경비지도사시험에 합격한 자가 받아야 하는 교육이수시간을 80시간에서 44시간으로 단축하여 경비지도사의 자격취득에 따른 부담을 완화하고, 용역경비업법 및 동법시행령이 개정됨에 따라 동 법령에서 위임된 사항과 그 시행에 관하여 필요한 사항을 정하며, 그 밖에 현행 제도의 운영상 나타난 일부 미비점을 개선 · 보완하려는 것임.

용역경비업법시행규칙

[시행 1996. 7. 15] [내무부령 제691호, 1996. 7. 15, 전부개정]

【제정 · 개정이유】

[전문개정]

◇ 개정이유

용역경비업법 및 동법시행령의 개정(1995.12.30, 법률 제5124호 및 1996.7.1, 대통령령 제15108호)에 따라 동법과 동법시행령에서 위임된 사항과 그 시행에 관하여 필요한 사항을 정하고, 기타 현행규정의 운영상 나타난 일부 미비점을 개선 · 보완하려는 것임.

◇ 주요골자

가. 경비지도사시험의 제1차시험이 면제되는 자를 전문대학이상의 교육기관에서 경비지도사시험과목 3과목이상을 개설하는 1년이상의 과정을 이수한 자 등으로 정함(제5조).

나. 경비지도사시험의 응시원서서식, 시험공고 및 합격자의 교육에 관한 사항등을 정함(제6조 내지 제8조).

다. 용역경비업자는 20일이상 경비원을 배치하거나 그 기간을 연장할 때에는 경비원배치신고서를, 그 배치를 폐지한 때에는 경비원배치폐지신고서를 관할경찰서장에게 제출하여야 함(제9조).

라. 경비원의 복제는 경찰공무원 또는 군인의 복제와 색상 및 표지장과 구별되는 범위안에서 업체별로 자율적으로 정하도록 함(제11조).

용역경비업법시행규칙

[시행 1992. 5. 25] [내무부령 제563호, 1992. 5. 25, 일부개정]

【제정 · 개정이유】

[일부개정]

◇ 개정이유

용역경비원에 대한 신임교육을 효율적으로 관리하기 위하여 용역경비업자로 하여금 신임교육이수자명부를 작성 · 비치하도록 하고 용역경비업의 허가신청에 대한 처리기간을 단축하며, 기타 현행 규정상의 일부 미비점을 개선 · 보완하려는 것임.

◇ 주요골자

가. 신임교육을 받은 용역경비원에게 교육이수증을 교부하도록 하고 신임교육의 효율적관리를 위하여 용역경비업자는 신임교육을 받은 자의 명부를 작성 · 비치하도록 함(제10조제4항 및 제5항).

나. 용역경비업 허가를 받은 후 1월 이내에 경비장비를 갖추지 아니한 용역경비업장에 대한 행정처분의 기준을 정함(별표 14).

다. 용역경비업의 허가신청에 대한 처리기간을 30일에서 15일로 단축함(별지 제8호서식).

용역경비업법시행규칙

[시행 1991. 2. 26] [내무부령 제525호, 1991. 2. 26, 일부개정]

【제정 · 개정이유】

[일부개정]

◇ 개정이유

용역경비업법의 개정(1989.11.27. 법률 제4,148호) 및 동법시행령의 개정(1990.6.8. 대통령령 제13,019호)에 따라 동 법령에서 위임된 사항과 그 시행에 필요한 사항을 정하고, 현행 규정상의 일부 미비점을 개선 · 보완하려는 것임.

◇ 주요골자

가. 경비원 제복의 색상중 동모 · 동근무복 · 외투 및 잠바는 감색에서 담청색으로 변경하여 밝고 명랑한 분위기를 조성하도록 함(제7조제1항제2호).

나. 경비시설의 특수성등으로 별도복장을 착용하게 할 필요가 있을 때에는 허가관청의 승인을 얻어 이를 착용할 수 있도록 함(제7조제6항).

다. 용역경비업자는 총포 · 도검 · 화약류등단속법에 의한 분사기의 소지허가를 받아 경비원으로 하여금 이를 휴대하여 직무를 수행하게 할 수 있도록 함(제7조의2).

용역경비업법시행규칙

[시행 1977. 11. 22] [내무부령 제242호, 1977. 11. 22, 제정]

【제정 · 개정이유】

■ 경비업법 시행규칙 [별지 제6호서식] 〈개정 2013.10.22〉

경비업 허가사항 등의 변경신고서

접수번호	접수일자	처리기간 7일
신고인	법인명칭	허가번호
	소재지 (전화번호 :)	

신고 내용	
	현재
	변경 후
	사유

「경비업법」 제4조제3항, 같은 법 시행령 제5조제4항 · 제5항 및 같은 법 시행규칙 제5조제2항에 따라 위와 같이 경비업의 허가사항 등의 변경을 신고합니다.

년 월 일

신고인(대표자) (서명 또는 인)

○○ 지방경찰청장 귀하

구분	내용	수수료
신고인 제출서류	1. 명칭 변경의 경우: 허가증 원본 2. 대표자 변경의 경우: 법인 대표자의 이력서 1부 및 허가증 원본 3. 임원 변경의 경우: 법인 임원의 이력서 1부 4. 주사무소 또는 출장소 변경의 경우: 허가증 원본 5. 정관의 목적 변경의 경우: 법인의 정관 1부	수수료 2,000원
담당 공무원 확인사항	법인의 등기사항증명서	

처리절차

신청서 작성	→	접수	→	결재	→	허가증 교부
(신청인)		(경찰서 · 지방청)		(경찰서 · 지방청)		(신청인)

210㎜×297㎜[백상지 80g/㎡(재활용품)]

■ 경비업법 시행규칙 [별지 제5호서식] 〈개정 2012.5.31〉

경비업 [ ] 폐업 [ ] 휴업 [ ] 영업재개 [ ] 휴업기간연장 신고서

※ [ ]에는 해당되는 곳에 √표를 합니다. (앞쪽)

접수번호	접수일자	처리기간 즉시

신고인	법인 명칭	허가번호
	소재지 (전화번호 :)	
	대표자	생년월일

신고 내용	주소 (전화번호 :)
	폐업 연월일
	휴업기간 또는 영업재개 연월일

사유	

휴 · 폐업상황			
계약 회사명	경비장소	경비원 성명	경비원에 대한 조치

「경비업법」 제4조제3항, 같은 법 시행령 제5조제1항, 제2항 및 같은 법 시행규칙에 따라

경비업의 [ ]폐업 [ ]휴업 [ ]영업재개 [ ]휴업기간연장 을(를) 신고합니다.

년 월 일

신고인 (서명 또는 인)

지방경찰청장 귀하

첨부서류	허가증	수수료 없음

210mm×297mm[백상지 80g/㎡]

저자 약력

강경수

용인대학교 경호학과

용인대학교 대학원 경호학 석사

용인대학교 대학원 경호학 박사

용인대학교 학점은행제 융합보안학과 주임교수

권순재

용인대학교 태권도학과

용인대학교 교육대학원 체육교육학 석사

고려대학교 대학원 체육학 박사

호남대학교 태권도경호학과 교수/학과장